中央在京高校重大成果转化项目"京津冀协同一体化发

U0610641

区域科技合作
推动京津冀协同发展研究

Study on Regional Technological Cooperation
Promoting Collaborative Development in Beijing-Tianjin-Heibei Area

文余源◎著

经济管理出版社
ECONOMY & MANAGEMENT PUBLISHING HOUSE

图书在版编目（CIP）数据

区域科技合作推动京津冀协同发展研究/文余源著. —北京：经济管理出版社，2016.6
ISBN 978-7-5096-4366-2

Ⅰ.①区… Ⅱ.①文… Ⅲ.①区域经济—经济技术合作—协调发展—研究—华北地区
Ⅳ.①F127.2

中国版本图书馆 CIP 数据核字（2016）第 094527 号

组稿编辑：申桂萍
责任编辑：侯春霞　高　娅
责任印制：黄章平
责任校对：赵天宇

出版发行：经济管理出版社
　　　　　（北京市海淀区北蜂窝 8 号中雅大厦 A 座 11 层　100038）
网　　址：www. E-mp. com. cn
电　　话：（010）51915602
印　　刷：北京玺诚印务有限公司
经　　销：新华书店
开　　本：720mm×1000mm/16
印　　张：17.5
字　　数：314 千字
版　　次：2017 年 5 月第 1 版　2019 年 4 月第 2 次印刷
书　　号：ISBN 978-7-5096-4366-2
定　　价：78.00 元

前　言

　　伴随全球化和区域一体化的推进，产业地理分工不断深化，区域合作的空间尺度、层次范围和内容方式都发生了新的变化，国际上跨国界的合作蓬勃发展，一国内部的区域合作也方兴未艾，我国的区域合作深入发展，如以长三角、珠三角为代表的区域合作已经取得了瞩目的共赢成效。作为我国区域经济第三极的京津冀地区正在快速崛起，并被国家赋予多重的重大战略使命，实施京津冀协同发展战略、打造世界级城市群和建设雄安新区是其中最耀眼的目标亮点。要达到这些战略目标需要京津冀三地各方的不懈努力和共同参与，京津冀合作是取得成功的关键。而京津冀科技合作在实现上述战略任务过程中具有极其重要的地位，是推动这些战略实施的重要方式和区域合作拓展的主导力量。京津冀科技合作对于提高我国科技持续创新能力，推动经济社会战略性转型，加快培育国家新的增长引擎，促进京津冀乃至国家的协同发展，均具有重大意义。

　　京津冀地区是我国科技智力资源最密集区，是我国推动自主创新和建设创新型国家的重要支撑和先行引领者，是北京打造具有世界影响力科技创新中心的基础依托和直接依靠。当前京津冀地区正处于全面建成小康社会的关键时期，整体上已步入从要素驱动型向创新驱动型的转型发展期，其中北京已经进入主要依靠创新和服务驱动的发展阶段，天津正在进入创新驱动型发展阶段，而河北基本处于要素投入驱动型发展阶段，发展梯度层级特征明显。京津冀地区未来的发展应该是依靠其强大的人才智力资源、科技创新能力，打造中国乃至世界的科技创新枢纽，引领京津冀地区向创新型世界级城市群迈进。因此，如何通过科技合作发挥京津冀三地各自的优势，构建区域科技创新链，调整区域创新体系结构，优化区域创新空间布局，整合区域创新力量，是当前和未来一段时期内促进京津冀协同发展的核心内容和重要举措之一。《京津冀协同发展规划纲要》《"十三五"时期京津冀国民经济和社会发展规划》和《"十三五"国家科技创新规划》等规划已经颁布实施，北京建设全国科技创新中心的定位已经明确，雄安新区建设创新发展引领区的目标已经确定，在此背景下，京津冀科技合作必须立足于推动京津冀协同发展的重大战略，立足于建设世界级城市群，立足于构建世界影响力的科技创新中心，立足于雄安新区的快速创新崛起，立足于创新型国家目标的实现，肩负历史重任，将京津冀地区建设成为我国自主创新的基地，建设成为辐射华北、东北亚，引领中国走向世界创新国家的创新中枢。然而，由于体制机制、行政壁垒、政策分割等因素的制约，京津冀科技合作面临着许多障碍和困难，如何建立一种长效的合作与分工机制，突破因素制约，推动地区合作互动、优势互补，极大地促进人才、科技资源的流动，产业分工的深化，直至上述战略目标的最终实现，是京津冀地区面临的重大课题。

本书的基本内容源于笔者参与的中央在京高校重大成果转化项目"京津冀协同一体化发展研究"的研究成果。课题主要研究内容和思路为：首先，分析区域科技合作推动京津冀协同发展的时代背景和历史条件，分析京津冀科技合作和区域协同发展过程中存在的问题与障碍，从科技势能、科技转换能力、科技潜力和基础设施能力等方面评估分析该地区的科技能力，以"五大发展理念"为指导，结合京津冀协同发展、世界级城市群、雄安新区等重大战略，提出区域科技合作推动京津冀协同发展的战略定位与重点任务；其次，分析现有京津冀合作机制的缺陷与不足，设计京津冀科技合作新的组织体系和机制路径，并探讨六大重点领域的科技合作对策；最后，借鉴国内外区域科技合作的模式经验，切合创新型国家和创新型区域目标的需要，提出并构建了区域科技合作推动京津冀协同发展的政策框架体系，供有关决策者参考。

在课题研究和本书成书的过程中，得到了北京市科学技术委员会、北京技术市场管理办公室、北京市政研室、北京市科学学研究中心、中关村国家自主创新示范区核心区发展研究中心等相关部门的大力支持，得到了许多领导和专家的指导，在此谨向这些单位和个人致以诚挚的感谢！本书在写作过程中参阅了大量的文献和资料，笔者尽力标注清楚，但仍不免存在疏漏甚至错误，在此一并作谢和表示歉意。

本书的出版得到了经济管理出版社特别是该社申桂萍主任的热忱帮助，特此致谢！

文余源
2017 年 5 月

目　录

第一章 导 论

进入 21 世纪以来，科学技术成为引领世界经济和社会发展的主导力量，科技发展日新月异，新型技术层出不穷，并深刻地改变着经济社会，科技创新能力成为一个国家、一个区域发展的重要推动力和财富形成的主要源泉，也是形成国家（区域）核心竞争力的关键要素。科技作为第一生产力，是解决经济社会可持续发展系列重大问题的重要工具和必然途径。可以预见，未来数十年，依然是世界科技突飞猛进的时期，也是我国大国崛起、经济社会发展的重要战略机遇期。加强自主创新，建设创新型国家，是我国审时度势、面向未来提出的重大战略。通过科技创新，推进经济结构调整、经济发展方式转变，建设"两型社会"，提高国际综合竞争力，这既是我国必须面对的严峻挑战，也是必须完成的艰巨任务。只有抓住世界科技革命的难得机遇，显著提高我国的科技实力和自主创新能力，才能破解我国人口、资源、环境、发展的难题和瓶颈制约，实现经济安全、社会和谐、国家富强和全面建成小康社会的宏伟目标。

京津冀地区作为我国参与全球竞争的正在崛起的巨型城市区域（以下简称"巨型区"），是我国政治、外交、文化和科技中心，具有发达的交通运输网络，是中国城市、产业、港口密集地区，是中国北方最大的"海洋经济"和"大陆经济"的连接枢纽，是中国科技智力资源最为富集的地区，是中国三大经济区域增长极中极具战略地位的一极。京津冀巨型区地缘地位突出，面向太平洋，辐射东北亚，连接欧亚大陆桥，影响全球事务，肩负着我国参与全球竞争和率先实现现代化的重任，是国家自主创新战略的重要载体，是实现国家科技和经济战略目标的主要阵地之一。

当前，京津冀巨型区正处于全面建成小康社会的关键时期，总体上已经进入由要素投入驱动增长向由创新驱动转型发展的阶段，其中，北京已经迈向创新驱动发展阶段，天津正在步入创新驱动发展阶段，河北还主要处于要素投入驱动发展阶段，客观上形成了经济、社会、科技发展的三级区域梯度。京津冀巨型区作为我国经济最具活力和竞争力的三大地区之一，在新的国际、国内发展形势下，尤其是"2·26"习近平对京津冀提出多重期望使京津冀地区协同发展上升为重大国家战略的有利机遇，在继珠三角和长三角之后，即将迈入新的大发展时期。京津冀巨型区作为一个整体，无论是推进新型城镇化、新型工业化，构建创新型区域，走可持续发展之路，还是中关村、滨海新区、曹妃甸等新型增长极带动，它的发展都需要科技引领和支撑，主要依靠科技创新来推动，其未来目标应是大力提高自主创新能力，打造中国创新中枢，加速转变发展方式，提升产业结构能级，破解交通拥堵、环境污染、生态退化等发展难题，推进新型城镇化、市场化、现代化、国际化和知识化进程，优化国土空间结构，促进区域协同一体化发展。而这一切的实现取决于能否将区域科技资源富集优势转化成产业的国际竞争力，能否整合区域优势、科技资源创建充满活力的区域创新体系，能否建立京津冀区域科技资源、科技体制、科技政策融合一体的长效合作机制，能否在宽领域、大范围、深层次构建京津冀科技发展全方位的合作格局。然而，由于体制、政策、机制等方面的制约，京津冀科技合作发展还面临诸多障碍和问题，多方博弈的僵局有待破解。

第一节　京津冀区域科技合作的内涵

　　区域合作正在成为中国区域经济发展的大趋势。随着市场经济的发展和产业分工的深化，区域合作领域、范围、内容、层次和模式都发生了新的变化，伴随各类跨区域规划和政策的制定和实施，继珠三角、长三角之后，京津冀区域深度合作也开始进入轨道，新一轮区域合作的浪潮正扑面而来，席卷中国大地。在这一宏观背景条件下，区域科技合作正在成为区域合作最为重要也最为活跃的领域，成为推动区域合作和协同发展向深层次和宽领域拓展的主导力量。

　　京津冀巨型区是全国科技资源最富集的地区，京津冀科技合作是京津冀区域合作的核心命题，也是推动京津冀协同一体化发展的重要内容和重点切入领域。中国工业化、城市化和现代化道路行至今日，靠廉价生产要素投入拉动经济发展将日益成为过去，取而代之的必将是以科技创新、自主创新来支撑中国经济的继续前行。京津冀巨型区中，北京市是国家最大的科技智力中心，天津拥有百年工业发展的深厚积淀，河北是中国北方的重要工业基地，拥有良好的产业基础和港口群及广阔的空间资源优势，科技与产业的结合将释放出巨大的创新潜能和生产力威力，科技经济实力强大的京津冀区域理应成为国家自主创新的先行者和科技合作推动区域协同发展的典范。

京津冀三地都各有优势、各处于不同的发展阶段，并呈现明显的区域经济梯度特征。为了更好地发挥各自的优势、充分展现各自的特色、符合各自的发展方向、实现合作多赢的格局，必须首先界定区域科技合作的科学内涵，明确区域科技合作中各主体的角色定位。

一、京津冀区域科技合作的界定

京津冀科技合作，有狭义和广义之分。

（一）狭义的京津冀区域科技合作

狭义的京津冀区域科技合作，主要指京津冀科技能力方面的合作，包括科技投入、人才培养、研究开发、科技攻关、成果转化、科技服务、管理创新等方面的合作。狭义的区域科技合作旨在通过释放京津特别是北京的科技现实和潜在能量，促进整个京津冀地区创新能力的提高，为京津冀区域协同发展创造更好的环境和条件。

（二）广义的京津冀区域科技合作

广义的京津冀区域科技合作，是指京津冀在与科技相关各领域的宽泛合作。合作内容涵盖面广，如京津对河北地区对口支持、帮扶援助的合作；在市场机制下京津冀企业开展的各式技术项目、高新技术产品和研究开发方面的合作；产业科技合作和区域发展科技支撑合作等。事实上，广义的区域科技合作范围还可以突破京津冀的地理界定合作方式，如京津合作、京冀合作、津冀合作、京冀与河北的具体地区城市合作，甚至可以拓展到与国际的合作等方式。

二、京津冀区域科技合作中各主体的作用

京津冀区域科技合作中涉及多个主体，包括企业、政府、科研机构、服务中介等，它们共同承担了科技合作的推动，每个主体的作用不可或缺，但按照市场在资源配置中起决定性作用的要求，企业显然应该是最主要的合作主体和载体。

（一）京津冀区域科技合作的企业主体

京津冀区域科技合作中，企业的主体作用主要包括两个方面：一是企业发挥其自身拥有的技术、规模、营销、管理和融资等优势，积极开展京津冀企业之间在各领域各层面的合作，在合作中实现各自利益最大化的多赢效应。二是以市场机制为引导，实现京津冀企业的产业对接发展和优势互补，如产业转移与承接、

总部与生产地分离、产业链关联等，共同进行技术创新、产品创新，共同培育壮大潜在市场。

（二）京津冀区域科技合作的政府主体

政府在京津冀区域科技合作中的作用主要有四个：一是推进要素聚集效应的创造，促进区域协调发展，建立健全科技合作体制机制。二是大力建设基础设施，改善交通条件和投资环境，提供有利于三地科技合作的公共服务体系。三是推动体制机制改革和制度创新，为区域科技合作提供制度支持，比如，如何破解京津冀三地的行政壁垒。四是研究制定区域科技合作对策和政策，规范和优化区域科技合作环境。

（三）京津冀区域科技合作的科研机构主体

高等院校和科研院所等科研机构在京津冀区域科技合作中的作用主要包括：一是面向世界先进水平，面向区域经济战略性调整需要，面向京津冀协同发展和雄安新区建设的重大问题，发挥京津冀三地各科研院所的研究队伍、研究设备、研究基地优势，联合起来进行合作研发活动，提高区域技术创新和知识创新水平。二是利用京津冀三地科研机构已经形成的为区域经济服务的网络，整合优势，服务于京津冀区域经济建设和社会事业发展。

（四）京津冀区域科技合作的服务中介主体

科技合作的服务中介主体有多种类型，如金融、保险、咨询业（包括科技、法律、会计、审计、资产评估等）、信息服务业和各类技术服务业等与科技进步相关的高知识含量的新兴行业，都可以充当科技合作服务中介的角色。其中金融和咨询机构在京津冀区域科技合作中的地位尤为突出，金融中介可为京津冀科技合作提供及时的金融支持，保证科技合作的投资、融资需要。咨询机构可参与重大合作项目的咨询论证，提高京津冀科技合作的金融运作效率和效益。通过中介服务可传播科技合作的知识和技术，为京津冀科技合作充当媒介。

第二节 区域科技合作推动京津冀协同发展的战略意义

改革开放 40 年来，不可否认，京津冀地区的经济发展整体上已落后于长三角和珠三角，区域发展不协调，其原因很多，其中缺乏合理的区域分工与合作是其主要原因之一。因此，在京津冀开展区域分工与合作，特别是区域科技合作推动京津冀协同发展在新形势下具有重要的战略意义。

一、有利于实现习近平同志对京津冀协同发展的多重期望

习近平同志于 2014 年 2 月 26 日在北京专题听取京津冀协同发展工作汇报时强调，实现京津冀协同发展，是面向未来打造新的首都经济圈、推进区域发展体制机制创新的需要，是探索完善城市群布局和形态、为优化开发区域发展提供示范和样板的需要，是探索生态文明建设有效路径、促进人口经济资源环境相协调的需要，是实现京津冀优势互补、促进环渤海经济区发展、带动北方腹地发展的需要，是一个重大的国家战略，要坚持优势互补、互利共赢、扎实推进，加快走出一条科学持续的协同发展路子来。协同发展是实现京津冀地区协调发展的根本手段，而科技合作是推进协同发展继而协调发展的重要途径和快速切入通道，这显然有助于实现习近平同志对京津冀地区发展的多重期望。

二、有利于雄安新区的建设与崛起

2017 年 4 月 1 日，中共中央、国务院决定设立国家级雄安新区，这是继深圳经济特区和上海浦东新区之后又一个具有全国意义的新区，是千年大计、国家大事。雄安新区的设立是京津冀协同发展战略的延续，也是其核心重点工程和战略推进的抓手。其目的是要"探索人口经济密集地区优化开发新模式，调整优化京津冀城市布局和空间结构，培育创新驱动发展新引擎"，雄安新区建设具有重大的现实意义和深远的历史意义。雄安新区建设和发展的核心特征是"创新驱动"，而以该区为焦点的京津冀科技合作是实现"创新驱动"的重要途径和基本内容。从这一点来讲，推动京津冀科技合作十分有利于雄安新区建设的顺利推进和崛起。

三、有利于推动自主创新的国家战略

确立京津冀科技合作的目标不能仅局限于京津冀三地，要立足于国家目标的实现。中国已经进入一个新的发展阶段，并提出在 2020 年进入世界创新型国家行列的宏伟目标，能否实现这一目标，取决于在推进实施自主创新战略的过程中，全国各地需要依据自身的资源禀赋特点确立个性化的创新战略。在新的产业发展阶段，创新已经从单个企业、研究机构，向大量企业参与的创新群转移，联系与互动是创新最本质的含义，企业、大学、研究机构、政府等的关系不断复杂

化和相互依赖，是具有活跃创新氛围区域的典型特征。京津冀区域科技合作将扩大企业、大学、科研机构的联系与互动范围，深化分工，提高创新效益。京津冀三地区各有优势特点，北京拥有全国最庞大的知识群和科技力量，天津拥有历史久远和深厚的产业基础，河北拥有良好的产业发展后劲和广阔的空间资源，三者的合作将促进三地企业、大学、研究机构、政府的联系与互动，从而产生巨大的创新效益，通过区域科技合作，推动建立中国原始性创新和自主创新的基地，成为辐射环渤海、引领中国未来经济和科技发展科技中心，推动创新型国家战略目标的实现。

四、有利于京津冀地区经济结构的调整升级

经过多年的博弈，京津冀三地的产业发展初步形成了各自的区域分工和区域定位，北京是研发中心、高端制造业中心，天津是研发转化基地，河北则成为了基础资源产品的供应基地，但京津冀的产业差距有扩大延伸之势。这一方面，使得京津地区的一些衰退产业难以疏解到周边，科学技术难以辐射到外围，而河北的产业发展则在低层次和低水平重复徘徊；另一方面，也严重影响了京津冀地区的协同一体化发展水平。当前京津冀一体化发展已上升为国家战略，京津冀三地如何利用各自优势开展科技合作，提升各自产业发展的层级，是当前必须面对和解决的问题。本书正是契合这一论题，研究如何通过科技合作通道来协调京津冀地区产业的空间重新调配，推进三地经济结构的调整升级。

五、有利于京津冀地区协同发展众多问题与矛盾的解决

目前，京津冀区域的协同发展虽取得了一些进展，但由于受到行政区划的影响，尚未达到预期的效果，仍处于初级发展阶段，科技合作和区域一体化的水平不高，推进科技合作的体制尚不健全。与长三角和珠三角的科技合作发展水平与层次相比，京津冀还存在比较大的差距。京津冀之间尚未形成合理的科技合作和产业分工，科技合作渠道不畅，上下游相关产业联系很少，未形成有效的科技合作模式和产业价值链条；科技发展和产业规划仍然限制在行政区范围内，缺乏区域层面的统筹协调，竞争资源等矛盾突出，导致区域科技合作推进和整体发展相对缓慢。一方面，京津难以对河北形成带动性的辐射效应；另一方面，由于河北与京津差距扩大引发经济断裂而不能对京津地区加快方式转变形成外围支撑。本书将就这些问题和矛盾的产生原因及其关键影响因素展开系统研究，寻找扫清问题与障碍的合适路径，提出以科技合作为切入点来推进京津

冀地区协同发展的对策与措施。

六、科技合作推进京津冀地区协同发展具有区域性和全国性意义

随着改革开放的深化和我国逐步融入全球产业链，我国各地区的经济发展步入了快速轨道。其中以广州为核心的珠江三角洲和以上海浦东新区为核心的长江三角洲地区先后经历了区域经济的快速发展。环渤海地区作为我国第三个增长极将延续区域的又好又快的发展。以京津为"双核"的京津冀地区处于环渤海地区的核心地带，极具增长潜力。京津冀地区的经济发展不断加快的同时，也面临着诸多问题，如产业结构的调整、环境保护和资源的使用，以及行政区政府间的竞争与合作等。在新的历史时期和国际环境不断变化的形势下，如何通过科技合作来推进京津冀区域又好又快地发展不仅关系到本地区的发展，同时也对全国经济培育新增长极和实现可持续发展具有重大意义。

七、科技合作推进京津冀地区协同发展有利于北京发展目标的实现

京津冀区域整体处于工业化中期阶段，其中北京已在全国进入工业化后期阶段，已从以前的经济引领角色渐次向创新和经济"双引领"角色转变。但由于主体利益存在冲突、行政区域分割等原因，京津冀各地区定位功能重叠、分工衔接不佳，区域长期未能实现协同共荣发展。北京已经提出瞄准世界城市的发展目标，世界城市的发育需要周边广阔的腹地支持和周边地区的协同发展支撑。然而目前京津冀地区发展的协同性显然不能满足北京建设世界城市的目标要求。如何借助科技创新快速发展和通过科技合作推进京津同城化、北京与周边河北近邻城市"一小时"经济圈、京津冀协同发展，进而推动京津冀一体化发展，既是全国区域协同发展的重要内容，更是北京打造世界城市必需的要件。

八、打造中国新的增长极需要推进京津冀区域的科技合作

改革开放以来，中国经济发展呈现若干区域带动的局面，20 世纪 80 年代的珠三角，20 世纪 90 年代的长三角，21 世纪国家经济重心渐次北移，开始向环渤海地区倾斜，以滨海新区建设和雄安新区设立为标志，继珠三角、长三角之后，打造以京津冀为核心的环渤海经济增长极成为我国当前和未来重要的空间发展战略举措。这种增长极的建设无疑将推进包括科技合作在内的广泛区域合作。

第三节　区域科技合作推动京津冀协同发展的历史条件

自 20 世纪 80 年代开始，京津冀区域合作的推进就已经开始，然而 40 年来，区域合作的实际性成效并不理想。那么现在重提合作是否真正能够取得预期目标？从环境背景来看，当前和未来包括区域科技合作在内的京津冀区域合作面临的背景条件已经发生了深刻变化，这种变化客观上使得京津冀推进区域合作变得迫在眉睫，势在必行。

一、国家级重大战略为区域科技合作提供了高层保障

习近平"2·26 重要讲话"的直接成果就是催生了京津冀区域协同一体化发展成为国家重大区域战略的共识和行动。这是 40 年来京津冀地区发展问题首次得到国家最高元首的重视、指示和推动。为此，以国家发改委为首的相关国家部委正在加紧研究出台有关京津冀地区协同一体化发展的区域规划。该规划的出台意味着京津冀区域合作将具有国家法律地位和效力，并以国家重大战略予以行动和实施，这为京津冀三地展开区域科技合作提供了政策制度环境和高层政治保障。

二、新型城镇化规划为区域科技合作提供了空间依据

伴随城市化进程的加速，城市群逐渐形成。根据《国家新型城镇化规划（2014~2020 年）》，我国新型城镇化空间上，是以城市群为主体形态，推动大中小城市和小城镇协调发展，发展方向上，京津冀城市群与长江三角洲和珠江三角洲城市群一样，作为我国经济最具活力、开放程度最高、创新能力最强、吸纳外来人口最多的地区，其目标是要建设世界级城市群，要继续在制度创新、科技进步、产业升级、绿色发展等方面走在全国前列，加快形成国际竞争新优势，在更高层次参与国际合作和竞争，发挥其对全国经济社会发展的重要支撑和引领作用。要求统筹制定实施城市群规划，明确城市群发展目标、空间结构和开发方向，明确各城市的功能定位和分工，统筹交通基础设施和信息网络布局，加快推进城市群一体化进程；建立完善跨区域城市发展协调机制，以城市群为主要平

台，推动跨区域城市间产业分工、基础设施、环境治理等协调联动，破除行政壁
垒和垄断，促进生产要素自由流动和优化配置，建立城市群成本共担和利益共享
机制，推进跨区域互联互通，促进基础设施和公共服务设施共建共享，实现城市
群一体化发展。而城市群一体化发展必须通过包括科技合作在内的区域合作和分
工来实现。因此，我国新型城镇化规划从空间政策层面提供了京津冀推进区域科
技合作的依据。

三、结构调整与产业升级为区域科技合作提供了机遇

从产业结构而言，京津冀具有互补性。2016 年，北京的三次产业结构为
0.5：19.2：80.3，天津为 1.2：44.8：54.0，河北为 11：47.3：41.7，北京第三
产业占据绝对优势，天津次之，河北第三产业比重最低，京津冀三地第三产业
比重形成 80%：54%：42% 的明显梯级差异。第二产业则相反，京津冀呈现
19%：45%：47% 的梯度，主要表现为北京与天津和河北的显著不同。第一产
业，北京和天津的比重已经很低，都仅为 0.5%，但河北为 11%，高于全国平
均水平的 8.6%。在市场配置资源的决定性作用下，产业结构的差异是京津冀
三地产业合作与分工的基础。

京津冀三地区的高成长性产业，如电子信息、汽车、医药、新材料、新能源
等产业领域基本相同，但在产业价值链、产业不同环节方面存在某种程度的分
工。这些高成长性产业的发展表明，三地区虽然存在较强的产业竞争关系，但同
时也具有巨大的合作基础和潜力。京津冀三地区未来的科技合作应着眼于各自的
要素禀赋优势、擅长的领域和结构调整的升级目标，从增量角度切入，通过技术
梯度和产业对接加强产业技术研发与转化的分工和合作，优化产业技术布局，推
动产业集聚发展，加快产业技术的创新与扩散，构建基于区域科技合作引领京津
冀地区快速发展的产业集聚带。

国家宏观层面的新一轮产业结构调整与升级，为京津冀合作提供了难得的机
会。伴随中国产业结构的升级，现代服务业和现代制造业的快速发展为京津冀三
地提供了结构优化和产业跃升的巨大机遇。北京现代服务业发展在全国居于领先
地位，2016 年北京服务业增加值占 GDP 的比重高达 80.3%，其内部构成上排在
前五位的服务业分别为金融业，批发和零售业，信息传输、计算机服务和软件
业，租赁和商务服务业，科学研究、技术服务和地质勘查业。其中，除批发和零
售业外，其余均为现代服务业，其增加值达 13230 亿元，占整个第三产业的
54.7%，较 2003 年提高了 10 个百分点。其中，科学研究与技术服务业、计算机

服务和软件业达 4775 亿元，远超过高技术制造业的增加值 1540 亿元，也远超过现代制造业的增加值 2180 亿元，在全国处于领先水平。计算机服务和软件产业在全国居绝对优势地位。

天津市 2016 年服务业增加值占 GDP 的比重为 54%，排在前五位的服务业分别为批发和零售业，金融业，交通运输、仓储和邮政业，房地产业，科学研究、技术服务和地质勘查业。其中，现代服务业（金融业、房地产业，科学研究、技术服务和地质勘查业）增加值为 2936 亿元，占整个第三产业的 34%。工业结构调整优化，航空航天、石油化工、装备制造、电子信息、生物医药、新能源新材料、轻纺和国防八大优势产业占规模以上工业的 89.3%，高新技术产业占规模以上工业的 30.8%，航空航天、新一代信息技术、生物技术与健康、高端装备制造等战略性新兴产业不断发展壮大，产业聚集效应显现。

河北省主要是制造业呈现发展优势，"十二五"以来，钢铁、装备制造、石化等传统产业改造升级步伐加快，其中装备制造业增加值 2016 年达到 3032 亿元，占规模以上工业比重为 26%。电子信息、生物医药、新能源等新兴产业加速发展；科技创新能力明显增强，2016 年高新技术产业增加值为 2146 亿元；现代服务业不断壮大，2016 年服务业增加值达到 13276 亿元。

从京津冀产业发展及其结构变动来看，北京、天津都在大力发展现代服务业，尤其是北京的产业结构更是服务化趋势明显，但要维持北京、天津服务业的不断发展升级，需要依托外围制造业的发展和支撑，显然北京由于商务成本很高、生态环境制约等因素，制造业的潜力有限，而天津制造业基础雄厚，河北制造业基础良好且发展迅猛，能够为北京发展服务化经济创造支撑条件。京津冀这种结构调整趋势和各自升级的内在需求，为三地推进区域科技合作提供了良好的机遇和条件。

四、区域科技合作是解决经济社会协调发展问题的基本手段

京津两地的人均 GDP 均已超过 1.8 万美元，河北省的人均 GDP 超过 6000 美元，都已经进入经济发展新的阶段。在这一阶段，社会、环境等问题越来越成为突出矛盾，对科技发展提出新的需求。作为地域相邻、文化相近、人脉相通的三地区，必然面临着众多共同的问题，如人的全面发展、生活质量的提高、生态环境的改善、基础设施的共享、公共卫生的提升、各类灾害的管理等。科技是解决这些问题的基本手段和选择。进行科技联合攻关、科技信息交流、科技资源共享、科技平台共建等多种形式的区域科技合作，是共同应对和解决京津冀三地经

济社会发展中突出问题的基本手段，是在京津冀协同一体化发展上升为重大国家战略后，需要重点关注的问题。

五、区域科技合作是发挥整合优势、推进科技创新的重要途径

在我国工业化、现代化进入新的发展阶段以及信息化、全球化影响日益深刻的大背景下，如何发挥科技的先导作用，是我国结构调整和产业升级的重要课题。京津二市的科技实力和资源在全国占有绝对的优势地位，而紧邻外围的河北省为二市的发展提供了直接支持和各类资源，如何整合和发挥这种优势，如何推动京津冀地区建立一个有助于创新的一体化区域，是京津冀三地合作的基点。创新是京津冀三地区域合作的主要优势和特色，目前北京已进入工业化后期并逐步向后工业化时期转型，天津正在从重化工化时期向工业化后期阶段进发，河北则总体处于重化工化深化时期；北京拥有全国最庞大的知识群，天津拥有历史深厚的产业基础，河北拥有良好的工业化活力，对于这样一个处于不同发展阶段、各具禀赋特色、呈梯级状态分布的格局，在信息化、全球化和国际产业转移推动下，世界范围内的技术更新迅速，产业技术垂直分工转向网络化分工，技术的国际竞争更为激烈，在此情形下，京津冀三地通过区域科技合作，必将促进三地企业、大学、科研机构、政府、市场的联系和互动，必将发挥整合优势，推进协同创新和产生巨大的创新效益。

六、自下而上的区域合作趋势为科技合作创造了良好条件

我国自 20 世纪 70 年代两次扩大地方自主权之后，在国务院推动下，各地曾多次尝试加强区域合作的行动，然而并未取得实质性进展，其重要原因在于，这种区域合作是在计划体制要求地方建立独立经济体系的前提下提出来的，地方政府主导地方投资、企业经营，加之总体上经济发展程度低、技术层次低，地方之间分工程度低、同质性高，区域之间更多地表现为一种竞争关系，如 20 世纪 80 年代资源大战、20 世纪 90 年代的商品流通限制壁垒。经过 30 余年的改革开放，上述限制区域合作的因素发生了变化，一是伴随外资经济和民营经济的迅速发展，政府不再是地方经济的唯一主体，其角色转换为营建发展环境、提供公共服务引导地方经济发展；二是经济发展水平提高后区际产业的分工不断深化，过去那种"大而全""小而全"的发展道路已无法适应于国内外的生产网络环境。因此，进入 21 世纪后，新一轮区域合作潮流出现，如长三角设立了"区域科学合作基金"，"15+1"城市"市长论坛"，建立技术市场、人才流动、金融发展等联

席会议和相关协调机制。珠三角 2004 年也启动了"粤港澳"合作之旅。京津冀 2004 年"廊坊共识"意图推进"京津冀经济一体化",科技合作也开始行动,2004 年北京与天津签署了《京津科技合作协议》,旨在共同打造京津引领的环渤海区域科技创新体系,2005 年成立环渤海技术转移联盟等。近十年来的区域合作与过去相比,其显著特点是自下而上发动,而非中央政府安排,企业层面的合作已经通过产业技术网络形成紧密的合作基础,地区间产品、技术交易的扩大推动了地方政府的合作欲望。总而言之,这种自下而上的区域合作趋势为京津冀的科技合作创造了良好的氛围和条件。

第二章　区域科技合作推动协同发展研究进展

第一节　区域科技合作理论进展

区域科技合作的动力在于技术边际报酬的递增效应和外溢效应。即在知识型经济中，生产者收益随技术和知识要素投入的增加而呈递增趋势，同时也在其知识和技术传播中使其他主体受益。区域科技合作以知识和技术传播为途径，通过合作各方主体的配合行动来完成。区域科技传播和转移是区域科技合作的前提和基本内容，因此这里着重介绍区域科技合作的传播理论。

一、区域科技传播流行病理论

早期的科技传播理论关注科技创新时间维度的传播，而不考虑空间维度。20世纪 70 年代出现了技术传播的流行病理论，该理论认为技术传播与流行病扩散相似，创新技术早期传播较慢，随着时间推移将逐步加快，由于潜在接受创新传播的对象有限，传播过程中会出现断点，传播再次变慢，最后达到极限即饱和点，形成一条拉平的 S 形曲线。该理论虽然在一定程度上展示了技术创新的传播特征，但有两点不足：一是忽略了创新技术接受者的不均质性，显然不同企业接受新技术的获益存在差异，只有那些有吸收新技术能力的企业才可能获益；二是该理论无视技术创新供给方，技术传播的关键是该技术能转化成现实生产力并带来相关效益。

二、区域科技传播新古典理论

新古典增长理论是西方经济学中理解国家经济增长和研究经济增长源泉的基

本理论工具。它也常被用来研究区域经济增长问题。1960 年，Borts 首次建立了新古典区域增长模型，该模型在严格假设下认为技术对所有区域都有竞争性，并且在区域间的传播是即时完成的，据此，技术很容易通过设计、发明等形式进行编码，各地区可以快速获得这些技术，也就是说技术创新的传播很快，能在瞬间完成，没有地理差异。显然新古典区域增长模型的严苛假设与现实相去甚远，技术传播不可能瞬时完成，技术创新从源地扩散到其他地区会受距离、接受能力等诸多因素的影响，况且技术不光只有编码知识，还有隐性知识，尤其是后者与地理区位相关的企业相关联，不可能瞬时完成传播。

三、区域技术传播差距理论

针对流行病理论、新古典增长理论等早期理论的缺陷，有关文献又提出了不完全传播理论，认为技术创新的传播是有条件的，主要包括技术差距理论、空间维传播理论和新经济地理学理论（王劲峰，2006）。

区域技术差距理论的基本思想是区际经济差距为落后地区提供了模仿发达地区先进技术进而追赶的可能性。这种可能性能否实现取决于落后地区的社会能力和技术一致性两个条件。社会能力是指促进模仿技术和获得技术外溢的各种因素，而技术一致性则指模仿的先进技术对落后地区的适用性。技术落后而社会能力高的落后地区具有追赶先进技术的潜力，并可能因追赶而导致技术差距缩小甚至趋同。区域技术差距理论为经济技术水平不同地区的技术合作提供了可能。

四、区域科技时空传播理论

区域科技时空传播理论认为，技术创新可在任何地方发生，但其传播路径则是有规律的。总的来说有两种路径：一种是波浪式空间传播，以 Morrill（1970）和 Darwent（1969）为代表，另一种是等级空间传播，以 Richardson（1973）、Casetti（1969）、Pedersen（1970）为代表。波浪式空间传播理论认为经济增长从中心向外围扩散，技术创新的应用首先发生在源地周围，然后一波一波地传播至邻近地区乃至更远地区，但很少能传播到较小的城镇和乡村，因为其技术创新接受能力低。等级空间传播理论与波浪式传播理论不同，认为技术创新从源地向与其等级接近的较大中心扩散，而不是遵循邻近原则，随着时间的推移，技术创新渐次传递到低等级中心城镇乃至乡村，传播遵循技术梯度渐进规律。在这里，距离因素影响小，而等级邻近性影响突出。其结果对落后地区往往不利，因为落后地区与创新源地常常落差较大，等到传播到这里时，创新技术已经沦为普通标准化的技术，对区域增长的推动力有限。其启示在于，落后地区要引入先进技术，应该大力发展其中心城市使之与创新源地的等级拉近距离，提高等级层次以更快接受来自创新地区的技术创新。

五、Siebert 技术传播理论

德国经济学家 Horst Siebert（1969）在其著作"*Regional Economic Growth：Theory and Policy*"中，试图将技术创新、应用和传播纳入新古典经济增长模型。他假定技术创新不完全流动，但存在缓慢的时空扩散传播。影响技术创新流动的有三种因素，即技术传播者、技术接纳创新者和传播交流方式。其中，技术传播者包括政府研究机构和企业，对于前者做出的技术创新成果，其流动性很高，因为政府研究机构愿意交流和传播扩散其成果，而企业由于希望从技术创新中获得技术垄断利润往往不愿意出让和传播其成果，以保持其技术竞争优势。因此，一个地区的政府研究机构越多，其技术创新流动性也越大。一般而言，发达地区拥有技术精英的聚集优势，各类政府研究机构的资源丰富，其成果流动性高；相反，落后地区其技术人才短缺，政府研发机构少，自身创新成果不足，接受先进地区扩散的技术创新能力低，因而不可流动性也大。技术创新接纳者上，技术创新能够被接纳者采纳，要求接纳地区拥有应用该技术创新的特定产业，并且接纳者具备接纳新知识、新技术的能力。传播交流方式上，要求技术传播者与接纳者之间的传播交流要有效率。Siebert（1969）认为，传播交流有正式与非正式之分。与政府研究机构保持非正式交流联系的企业往往会更快获得创新技术，靠近大学也使得企业由于非正式交流而能更便捷地获得技术知识。因此，如果一个地区拥有很多上述企业，则该区域可获得更多的技术创新并有助于其经济发展；相反，如果一个区域很少有上述类型的企业，则获得技术创新并从中获益的机会将很低。由于各地知识储备和能力的差异，并不是每个地区都会形成创新源地和毫无障碍地成为创新接纳地，也并不是每个地区都能囊括所有技术创新和接纳所有创新知识，最后均衡的结果，根据 Siebert（1969）的研究，所有地区最终都会实现专业化，一些地区会专门从事创新，因为这些地区具备知识创新最有利的环境条件（比如北京），而其他地区则专门进行模仿或采纳来自创新源地的技术知识，最后，技术创新会产生区域极化。这种创新极化并不必定导致区域发展的极化，因为只要创新源地和创新接纳地保持良好的合作互动，两者会相得益彰，实现双赢。

六、区域技术传播的新经济地理学理论

20 世纪 90 年代崛起的新经济地理学，将区域技术传播差距理论与区域技术时空传播理论加以融合，形成了新经济地理学的技术传播理论。著名的新经济地理学者如 Krugman（1991a、1991b，1995）、Fujita 等（1999）、Brakman 等（2009）从宏观视角研究了企业聚集地的形成与发展，关注规模收益递增、空间运输成本和市场需求的相互关系，对生产的地理集中进行经济学的地理解释。新经济地理学强调技术外溢是产业地理集中的重要原因之一（Krugman，2011）。产业集中的地理区位分析中，有三个因素导致产业的地理集中，一是拥有大量专门化的熟练技术工人；二是工业中心能满足一个产业所需要的多元化、低成本非贸易投入；三是技术外溢能发挥作用。其中第三个因素——技术外溢只有在存在技术差距的情况下才可能发生，而且外溢会随距离衰减。这表明新经济地理学综合了区域技术传播差距理论与区域技术时空传播理论的合理内核，是其二者的融合。其启示在于，地方发展产业集群，技术外溢是重要因素，低技术梯度区应该与高技术梯度区保持紧密联系，最好是空间上尽可能靠近，这样更容易获得技术外溢效应。

上述区域科技传播理论为区域科技合作提供了不同视角的理论机制。早期的区域科技传播流行病理论虽然没有考虑空间维度，但其揭示的技术创新传播随时间推移呈现先慢后快再慢的趋势特征有助于我们认识区域科技合作的生命周期规律。区域科技传播新古典理论假定技术创新传播瞬时完成备受诟病，但其将技术纳入增长源泉，为不同地区技术合作促进经济增长提供了启示。技术传播差距理论为区域科技合作提供了最基本的前提条件。时空传播理论则将区域技术创新传播扩散的时间维度和空间都纳入其中，反映了区域科技合作需要顾及时空属性。Siebert 技术传播理论对技术创新不完全流动性的假说更符合现实，尤其是该理论对技术创新传播的三因素分析，对区域科技合作的实施具有很好的启示价值。而新经济地理学理论将技术外溢作为产业地理集中的重要原因，同时指出其空间距离衰减特性，对于区域科技合作同样很有参考意义。

第二节　区域科技合作推动区域协同发展研究进展

全球化的快速发展，使世界各国、各地区围绕发展问题不断开展各领域的合作和交流，科技作为最活跃的第一生产力，更是各国、各地区合作的热点领域。一国内部，尤其是大国，往往由于其内部因自然条件、资源禀赋、历史沿革、制度文化等原因而存在巨大的区域差异，各区域经济、技术发展不平衡，客观上也要求展开区域的合作，科技合作同样是重要领域。伴随国际或者一国内部各地区科技合作的不断加深，国内外学者对科技合作以及科技合作对国家（区域）发展作用展开了深入研究。这里分国外和国内两个层面对相关进展进行简要梳理。

一、国外研究现状与趋势

国外有关科技合作及其对区域发展作用的研究主要包括以下几个方面：

（一）合作影响因素、机制与作用

区域科技合作受什么因素影响，其合作机制和驱动力是什么，会产生什么作用和效应，是研究首先要廓清的问题，不少文献对此进行了探讨。Erol 和 Naime（2012）探讨了土耳其如何通过区域发展机构与大学和企业的合作来提高生产率和促进区域发展，发现那些与高校和创新型企业合作的区域发展绩效显著，影响技术合作的因素中政府推动和合适的产业领域具有重要意义。Alexander 和 Cosima（2011）从定性和定量两个角度系统地研究了欧盟与东南亚国家科技合作的机会、障碍，深入分析了驱动两个地区科技合作的影响因素，包括高等教育政策、科研政策、产业贸易与经济政策、开发政策和全球挑战、外交政策、对外与安全政策、地区分异等，并从欧盟和东南亚两个视角给出了促进科技合作的政策建议。Saleem（1999）分析了南亚区域合作协会（SAARC）对于促进该地区区域合作的角色和作用，并就该协会进一步推进南亚地区产业合作、出口加工合作、技术合作和经济制度建设等方面的政策给出了建议。Mirzokhid（2010）深入剖析了中亚地区各国间开展区域合作的内部和外部动力因素，一方面区域合作有诸多经济利益驱动因素，但另一方面也面临众多地缘政治和安全冲突难题，其解决之道亦与这些难题的疏解紧密相连。Pedro 等（2010）以葡萄牙第三次团体创新调查资料研究了技术创新活动合作中合作伙伴的重要性问题，发现具有更高技术吸收能力和更多创新投资的高技术产业对吸收外溢的管理很重要，来自这些产业的企业更重视创新过程中的合作伙伴。

（二）合作框架构建与合作模式

合作框架和合作模式是区域科技合作能够顺利建立和推进的重要环节，并直接影响到合作的成效和可持续性。Martin（1999）讨论了南太平洋岛国和地区为解决沿海和海洋资源与环境管理问题而构建包括科技合作在内的诸多区域合作的制度框架问题，认为制度框架的建立是展开科技合作的便捷通道。Niklas（2002）认为，环太平洋地区合作的关键在于区域合作结构中的冲突管理机制构建，该作者试图创建一个理论模型解释区域间相互作用、区域合作和冲突管理机制，采用过程—跟踪法揭示可以解释相互作用的一套变量。案例研究表明，区域相互作用会随着组织结构、冲突管理机制、组织与国家的相互作用、地理与文化差异等经济因素，非对称性以及国内外影响因素的不同而不同。合作框架和合作模式意义重大，但具有多样性，应根据具体情况采用合适的合作框架和模式。

（三）区域科技合作的作用与意义

区域科技会给合作各方带来什么影响和效应，对利益相关者会产生什么重要意义，是参与合作各方也是研究者所关注的问题。Min（2001）讨论了东亚地区控制空气跨界污染的政策问题，认为各国进行联合科技和经济研究即区域科技和经济合作对于防治和减少跨界污染具有关键性作用。Mirzokhid（2010）认为，中亚地区各国间未来的区域合作和紧密的国际伙伴关系有助于地区稳定、促进经济改革和区域民主化。Michael 和 Grit（2004）研究了区域知识溢出和研发合作对德国三地区创新活动的影响，采用知识生产函数的量化分析发现，研发合作能够起到知识溢出的媒介作用。联合国亚太经济社会委员会南亚西南亚办公室（Economic and Social Commission for Asia and the Pacific South and South-West Asia Office）（2013）的研究报告表明，南亚、西南亚地区各国的区域合作可以解决这些地区面临的众多挑战，是确保该次区域持续发展的重要战略，合作可以有助于增长包容性和减少贫困，更大的区域一体化不仅可以提高区际贸易水平，而且可以改善效率性投资，增加更多优质的就业机会和减少次区域的自然灾害。可见，科技合作对合作各方都会产生重要影响和积极意义，是一种双赢的合作博弈。

（四）专题领域的技术合作

区域科技合作很多情况下是从某些专题领域开始的，专题领域的科技合作往往是合作双方共同关注的且通过合作可以比较好地得到解决。Yu（2003）探讨了大湄公河次区域能源开发中的国际区域合作问题，就该流域电力开发项目如何减少社会和环境影响方面，应建立包括技术合作在内的区域能源机构合作机制，以促进能源的有效开发和区域的共同发展。Min（2001）讨论了东亚地区控制空气跨界污染的科技合作问题，认为相关各国进行联合科技合作对于防治跨界污染意义重大。事实上，很多情况下，区域科技合作从专题领域切入往往更容易实施，也往往更容易取得合作成效，并为进一步深入合作奠定好基础。

（五）区域科技的合作对策

区域科技合作双方达成意向后，如何进一步推进，需要相关政策配合合作的实施。拉丁美洲和加勒比海经济系统（SELA）（2013）研究了拉丁美洲和加勒比海地区各国跨边界区域经济与技术合作问题，评估了各国双边边境区域合作的进展和区域一体化进程，并为这些国家未来加强区域海事合作和促进边境区域一体化发展提出了建议。Haruhiko 等（2007）研究了基础设施与区域合作的关系问题，如果跨境基础设施项目很复杂，需要各类利益相关者如亚洲政府、私人部门、民间社会组织和多边机构共同采取协调行动，才能产生好的合作效果。可见，合作的政策和对策对于合作的顺利推进具有良好的保障作用。

国际学术界对区域科技合作从多个角度和多个层面展开了较深入的研究，空间范围既有针对国内区域的合作问题，也有以跨国合作区域为研究对象的，研究内容方面，既有对影响区域科技合作的因素及其作用机制的研究，也有对如何有效推进区域合作的对策措施研究，既有探讨区域专题领域的科技合作问题，也有区域科技合作共性问题的研究，既有讨论区域科技合作与科技发展本身和地区经济社会发展的作用和意义研究，也有探索如何建立区域科技合作框架和合作模式的问题。国外文献对中国国内区域合作问题涉及不多。其未来研究发展的关注点：一是区域科技合作模式与机制仍将是研究重点；二是科技合作推进地区多层面的合作进而区域联动协同发展将成为新的热点。

二、国内研究现状与趋势

国内对区域科技合作研究所包含的内容也十分广泛。主要体现在以下几方面：

（一）研究对象以东部地区为多

由于我国东部地区相对比较发达，又聚集了国内绝大多数的科技和人才资源，为区域科技合作创造了良好条件，因而很多研究关注东部沿海地区的科技合作问题。东部沿海成为合作的研究热点，其中又主要集中在我国东部沿海三大增长极地区，如对"泛珠三角"区域科技合作的研究（张小青等，2007），对京津冀区域合作的研究（何一，2011；孙久文，2013；魏进平等，2005；于海珍，2013），对长三角地区科技合作的研究（皮宗平，2009；杨立春，2007；孙长青，张仁开，2008）。

（二）关于区域科技合作机制与模式问题

机制和模式问题是国外学者研究区域科技合作关注的问题，也是国内研究的重要内容。区域科技合作的顺利展开首先需解决合作机制和合作模式问题。李廉水（2002）讨论了我国东西部科技合作的内涵特征和合作模式问题，认为东西部地区科技合作有潜力的新模式是知识创新联盟模式、产业结构互动模式、产品合作创新模式和高新技术产业园区协作模式等。张小菁等（2007）研究了"泛珠三角"区域科技合作要素、动力，探索了区域科技合作与发展的新型模式和新机制。他们认为，新型合作模式包括知识创新联盟模式、产品合作创新模式和高新技术产业园区协作模式，新机制包括联席会议制度、制定合作规范、政府间协调机制、跨省区产学研合作体制、科技资源共享机制和合作培养科技人才机制。王磊、于川江（2007）对长三角电器行业的科技合作模式进行了探讨，认为该地区电器行业有多个合作模式，并且有进一步多样化的趋势。魏进平等（2005）分析了京津冀区域科技合作特殊性与合作基础、紧迫性与现存问题，基于区域创新理论，提出了建立京津冀跨行政区域创新系统的构想和京津冀区域科技合作的对策建议。黄友爱（2007）指出泛珠三角科技合作适应中国—东盟自贸区建设新形势，宜采取产业互动演化科技合作模式和产品创新联合攻关模式，泛珠三角科技合作要充分发挥中国香港的国际平台作用，正确选择合作突破点。李国平（2016）在深入分析京津冀科技协同发展现状和问题的基础上，从国家和区域两个层面提出完善京津冀科技创新合作体制机制、创新人才培养和流通机制问题，并提出构建多元主体协同创新的合作模式。

（三）关于区域科技合作的影响因素问题

区域科技合作能产生更多的效益并使合作各方都能受益这一点，已获得共识，但合作的推动涉及众多影响因素，有些因素对合作的推进甚至有关键性作用。分析这些影响因素并找出解决途径是学者们关注的问题。孙久文（2013）总结了北京参与京津冀区域合作取得的新进展，指出了合作中存在的发展不平衡、协调机制不完善、生态环境等问题，提出了若干重点区域合作领域，以试图突破京津冀区域合作的深层难题。张华和刘波（2010）采用问卷调查法，分析了长三角地区区域内创新主体的科技合作需求，认为科技合作的主要障碍在于人才流动障碍、合作双方信息不畅、资金缺乏等，提出了若干针对性政策。武义青和李伟红（2015）认为，京津冀科学协同创新存在创新资源流动不畅、制度和政策等创新环境欠佳等障碍。李国平（2016）认为，京津冀地区科技创新合作的发展存在区域行政壁垒、产业分割、市场化程度不高、核心技术能力瓶颈、区域科技资源不平衡等多个影响因素。

（四）关于区域科技合作对地区经济发展的作用问题

区域科技合作对于地区经济和创新发展的推动具有重要的现实意义，一些研究也证实了这一点。杨立春（2007）认为，长三角两省一市的科技合作对促进区域经济与科技发展产生关键作用，但面临缺少全局性科技政策协调和"诸侯经济"等问题，延缓了科技创新与经济发展进程，有必要建立科技政策协调机制进而推进区域创新体系的建立。王元和巨文忠（2007）认为，区域科技合作对于推动自主创新的国家战略、促进分工网络的形成、拓展区域的发展空间和提升区域的国际竞争力具有重大作用。李国平（2016）认为，加快京津冀区域科技创新协同合作，构建京津冀协同创新共同体，是深入实施创新驱动发展战略和建设创新型国家的内在要求。

（五）关于区域科技合作的对策、政策问题

区域科技合作对策政策是配套推进合作的顺利实施和持续发展的主要机制，因而也是文献中探讨得比较多的内容。李廉水等（2002）认为，我国东西部科技合作要有正确的认识，核心是要认识到西部特色资源区域是科技合作最重要的区域，政策支持是东西部科技合作的最重要动力。李廉水和郁明华（2002）对我国东西部科技合作的政策和措施进行了反思，认为当前应加快西部制度创新，完善知识产权制度、激励制度，健全法制环境，以保障东西部科技合作顺利进行。皮宗平（2009）认为，2003年以来，长三角两省一市的科技合作取得了多方面的成效，但存在体制机制不健全、配套政策不完善问题，针对此提出了对策建议。邓庭辉（2008）讨论了《泛珠三角区域经济合作框架协议》下，粤澳可能的科技合作模式，探索了基于互惠互利、优势互补、共同发展的原则构建粤澳科技合作平台建设及相关政策建议。孙长青和张仁开（2008）在梳理了长三角两省一市环保科技合作状况的基础上，给出了若干旨在推进长三角区域环保科技协调创新的政策建议。于海珍（2013）认为，科技合作正日益成为区域合作的主要内容，科技合作可以实现优势互补，增强创新能力，提升社会经济发展能力，而构建京津冀三地科技政策体系对于提升区域科技自主创新能力和促进社会经济全面发展具有重要意义。边继云和陈建伟（2012）从河北省产业体系特点入手，明确了京津冀三地区各自的产业技术优势和需求，提出了农业现代技术、传统产业技术、新兴产业技术、现代服务技等领域中河北与京津合作的科技重点，同时提出了构建环首都科技合作带的战略布局。吴宇和孔东梅（2012）认为，京津冀科技金融合作可以提升该地区的金融服务水平，发展对策上认为京津冀地区应加强科技金融合作意识、加强科技金融资源合作、建立区域科技金融统筹协调机制和共同培养科技金融队伍。刘钒等（2013）认为跨行政区科技合作对提升长江中游城市群区域创新能力具有重要意义，鄂湘赣应共同制定科技合作的路线图，破除妨碍科技合作的体制机制障碍，建立科技信息共享机制和政产学研协同创新机制，以促进区域创新能力的共同提升。孙树杰（2013）认为对京津冀科技合作，应发挥国家规划的引导作用、构建高效运行机制、完善区域创新体系、以共赢促合作。曾伶俐（2013）通过完全信息静态博弈论建立模型，基于中国台湾农业企业的视角，分析闽台农业科技合作各主体间的行为关系，并提出相应的对策和建议以促进闽台农业科技合作水平的整体提高。武义青和李伟红（2015）认为，京津冀科技协同发展首先应加强协同创新的顶层设计，并从围绕产业链布局创新产业链、发展新型研发机构、制定协同创新政策和人才培养政策等方面来推动三地科技协同合作创新。李国平（2016）认为，促进京津冀区域科技创新协同合作发展首先应明确三地科技创新的功能定位，其次要发挥中关村的自主创新示范区作用、完善科技创新体制机制，最后要优化三地的科技创新空间格局。

（六）关于区域科技合作国外经验问题

区域科技合作有广泛的国际经验可供借鉴，他山之石，可以攻玉，因而对国际相关区域科技合作案例的研究和经验的总结也是国内关注的重要方面。如王建华和郭莉姣（2009）选取了法国、德国、西班牙和意大利四国的典型地区，对其区域科技合作的发展与经验进行了梳理与总结，归纳了对推动我国地方看重区域科技合作的若干启示与借鉴。武义青和李伟红（2015）对德国巴登—符腾堡和美国发展生物产业技术集群的技术合作问题进行了分析。李廉水和徐建国（2004）选取美国、德国、意大利、俄罗斯、巴西、法国、以色列等国家分析了其区域科技合作的类型和经验启示，认为中央政府重视并投资、高度重视法律法规和政策作用、建设完善的基础设施、大力培育中小企业发展等是值得借鉴的主要经验。

从国内文献来看，对区域科技合作机制与模式、区域科技合作对策政策的探讨比较多，但无论是合作机制与合作模式，还是合作对策政策问题，目前尚未形成大家公认的共同体系，因而未来这仍将是研究的重点内容。此外，关于如何以科技合作促进区域协同协调发展问题，文献尚不多见，影响区域科技合作的因素也需要系统挖掘和剖析其作用方式。这正是本书以京津冀地区为对象进行探讨的内容。

第三章　京津冀区域科技合作历程与现状问题

京津冀地区是一个联系紧密、互相依存的区域。从历史上考察，京津冀三地在经济发展中始终保持着很高的经济关联性和依存性，其区域科技合作也随着我国区域开发格局的演变而呈现不同的发展特点。区划合作的历程和现状分析有助于我们了解京津冀地区合作发展的路径特点，梳理合作已有的形式和成就，厘清合作存在的问题和障碍，把握未来合作的挑战和机遇，为构建新的区域科技合作机制和推进区域全面合作奠定基础。

第一节　京津冀区域科技合作的历程

京津冀区域合作早期以经济技术协作为主要内容，随着我国经济技术制度的建立与完善而逐步展开。在 20 世纪 50 年代，在中央政府推动下，三地之间固有的经济关系比较密切，经济联系较为畅通，经济技术协作与往来较多。20 世纪 70 年代，中央提出各地建立自成体系的工业经济，随后，燕山石化、石景山钢铁厂、东方红炼油厂等大项目相继在北京建设，造成京津冀产业同构而产生三地争资源、争能源、争投资、争项目的格局。20 世纪 70 年代末以后随着改革开放与国民经济的迅速发展，京津冀区域经济进入了一个产业结构急剧变动的时期，各自发展都需要对外联系的支持，于是三方之间的经济技术合作逐步加强。考虑到京津冀未来科技合作主要受其近 40 年的发展影响，因此本书主要关注改革开放以来的历程和特征。

一、起步发展阶段（1978~1995 年）

改革开放以后，伴随国民经济的迅速发展，京津冀三地的产业结构发生了巨大的调整变化，初步实现了工业化中期的主要目标，发展过程中三方之间的经济技术合作逐步加强。1981年，在呼和浩特市召开了华北地区经济技术协作会议，并成立了中国第一个区域经济合作组织——华北经济技术协作区（由京、津、冀、晋、内蒙古组成），成为了京津冀三地最早的科技合作官方组织机制。1982年，《北京市建设总体规划方案》出台并首次提出了"首都圈"概念，其地理范围包括内外两个圈层，内圈层由京津二市和河北的唐山、廊坊和秦皇岛组成，外圈层由河北的承德、张家口、保定和沧州四市构成，为三地的区域科技合作限定了空间层次。1986年之后，华北协作区由于地域范围过大、各区经济关联度不高、区域凝聚力低下等弊端，加之缺乏常设性工作机构的组织缺陷等原因，在包括科技合作在内的区域合作方面并未展现实质性作用，1990年，召开第七次会议后基本上名存实亡，该框架下的区域科技合作也无所进展。由于华北协作区过大，无法满足各自的需要，于是小范围的区域合作开始兴起。1988年，北京与河北的保定、廊坊、唐山、秦皇岛、张家口、承德六个环京地市组建了环京经济协作区，并建立了市长、专员联席会议制度和设立日常工作机构，通过建立地区企业间的联系有效地推进了区域经济合作和发展，为区域科技合作创造了一定条件，但遗憾的是，由于种种原因，该协作区自1994年后也进入了松散状态，科技合作渠道并不通畅。由于缺少有效的区域协同机制，企业间、地区政府间无序竞争、重复建设、产业趋同不断加剧，区域生态环境恶化严重，沙尘暴连年冲击京津地区。

尽管这一阶段区域合作存在诸多问题，但科技合作依然取得了一些进展。一是合作领域得到了扩展。比如，20世纪80年代中期，北京与环京地市合作建立了肉蛋菜生活资料基地和纯碱、生铁等生产资料基地。20世纪90年代共建港口、道路等多领域合作，如京冀合作共建京唐港；创办了农副产品交易市场、工业品批发交易市场，组建了信息网络、科技网络、供销社联合会等行业协作组织，在地区企业之间建立起广泛的联系。这些经济领域的合作也包含了较丰富的科技合作内容。二是技术合作由一般通用技术的联合向新技术开发和应用联合转变。1993~1994年，京津冀三地间发生了2300个技术合作项目，其中年创利税50万元以上的有562个。河北省1995年高新技术产业的52个项目中约半数项目是通过引进京津等地高等院校、科研单位的高新技术发展起来的。①

① 马海龙.历史、现状与未来：谈京津冀区域合作［J］.经济师，2009（5）：16-18.

二、快速发展阶段（1996~2013 年）

自 1996 年以来，京津冀包括科技合作在内的区域合作开始复兴，合作步伐加快、力度加大、领域拓宽、规模增大、方式增多、层次有所提高。

1996 年，北京制定《北京市经济发展战略研究报告》，提出首都经济圈（以京津为核心，包括河北省的唐山、秦皇岛、承德、张家口、保定、廊坊、沧州）的概念。河北省提出了两环带动战略，即外环渤海，内环京津。2001 年，吴良镛院士在《面向新世纪建设"大北京"》中提出了大北京地区规划的思路。其中都涉及北京作为科技智力中心如何辐射和转化科技成果到周边地区的内容。

2004 年 2 月，国家发展改革委员会牵头召开了京津冀区域经济发展战略研讨会，最后达成了加强区域合作的"廊坊共识"。"廊坊共识"中有关区域合作的内容广泛，包括合作的意义、原则、区域规划、统筹发展基础设施、资源环境、产业布局、城镇体系等多方面内容，强调了要积极引导和支持区域内行业及企业间的技术合作。

2004 年 5 月，京津两地政府科委系统共同签署了《京津科技合作协议》，提出了按照"优势互补、互惠互利，市场导向、政府推动，整体规划、分层次推进"的原则加快进行京津科技合作，通过多层次、多形式的合作与联合，发挥京津科技合作潜力，谋求共同繁荣。

2004 年 6 月 26 日，环渤海合作机制会议在廊坊达成《环渤海区域合作框架协议》，确定这个合作机制名称为环渤海区域经济合作联席会议，为环渤海地区的政府官员、企业家、专家学者提供一个高层次、有组织的定期磋商机制，以加强内部交流、协调和对外经济合作，并成立三层组织架构，负责推进合作发展：第一层架构是确立由各省省长、直辖市市长、自治区主席担任环渤海合作机制轮值主席，每年举行一次联席会议制度，研究决定区域合作的重大事宜。第二、第三层架构是建立政府副秘书长协调制度和部门协调制度。明确环渤海区域经济合作联席会议接受国家有关部委指导，对外联络由博鳌亚洲论坛负责，各省市均设专门的联络机构和联络人员。联席会议为京津冀科技合作提供了一种合作机制。

"廊坊共识"及《环渤海区域合作框架协议》是目前京津冀地区区域合作最为重要的标志性事件和最为重要的成果。总体来看，这一时期合作的深度和广度都获得了空前的发展，从经济领域扩展到非经济领域，而且建立了新型的正式合作机制，签署了正式的合作框架协议。在国家发改委的推动下，京津冀都市圈区域规划从 2004 年就开始着手编制，尽管该规划至今尚未出台，但现实中的合作一直在推进。科技合作也取得了实质性进展，如京津冀三地农业领域的合作，形成了以河北为北京、天津提供农副产品的主要形式，河北省已经成为京津农副产品的主要生产基地，蔬菜、生猪、活牛、活羊、果品在京津地区的市场占有率分别达到40%、50%、40%、25%、40%以上。[①] 而北京、天津的一些食品、饮料等企业，都纷纷在河北省建立了原料生产基地。政府、企业与科研机构之间以科技为纽带的联合成为区域合作的一种新形式，带动了这一区域的农业合作和发展。第二产业内的合作中科技合作是重要内容，比如，以科技合作为重要内容的京津塘高速公路沿线高新技术产业带初具规模，形成了一条主要以高新技术产业和现代制造业为主导的新经济产业带的雏形；跨行政区产业梯度转移正在进行，部分基于科技合作的产业链条正在形成。北京的一些传统重工业如钢铁、传统制造业，正逐步转移至河北。京津的汽车和电子信息产业的零部件、配套生产企业在为本行政区的企业提供产品的同时，也为相邻政区的企业提供产品和服务。这些产业转移和服务都伴随了科技合作的内容。

此外，2008年，天津和河北共同签署了《天津市人民政府、河北省人民政府关于加强经济和社会发展合作备忘录》，其中强调了产业转移对接与加强科技和人才合作的内容。2011年，京津冀共同签署了《京津冀区域人才合作框架协议书》。2013年，河北省发布了《河北省院士工作站管理办法（试行）》，对加强河北与京津的科技合作、推动京津科技成果在河北的转化具有积极作用。

这一阶段，合作的内容从简单物资交换发展到技术合作、资本联合、资源优化配置以及水资源保护与合理利用、重大生态建设和环境保护等方面。合作的地域范围由较发达地区向落后地区扩展，而且涉及环渤海地区的其他省区。在基础设施领域，京津冀在机场、港口、轨道交通和公路等基础设施建设方面的合作不断深化。首都机场和天津机场实现了跨区域的联合，北京与天津港口岸已开始直通。北京的城市公交线路已经延伸到河北的涿州、廊坊、固安等地，京津城际轨道也已经通车，京津"半小时"都市圈初步形成。京冀城际铁路也正在推进，京津冀"一小时"经济圈正在变为现实。

三、新的发展阶段（2014年至今）

以2014年2月26日习近平同志在北京主持召开座谈会，专题听取京津冀协同发展工作汇报后，对京津冀协同一体化发展做出一系列指示，随后，京津冀协

---

① 赵国岭. 京津冀区域合作的问题研究 [M]. 北京：中国经济出版社，2006.

同一体化发展上升为国家重大区域发展战略，为三地合作发展带来历史性机遇。不久，京津冀三地迎合该战略纷纷采取了合作行动。其中与区域科技合作相关的主要包括以下内容：

2014年4月，天津宣布将与北京中关村联合打造具有世界创新影响力的京津创新共同体，形成具有国际竞争力的（中关村）科技创新中心和（滨海新区）产业创新中心。双方将共建武清、北辰、宝坻、东丽、滨海科技园五大创新社区，发挥中关村科研与产业的溢出效应、示范效应。

2014年4月15日，京津冀三地政府科技部门在北京签署《北京市科委、天津市科委、河北省科技厅共同推动京津冀国际科技合作框架协议》，三地将共建国际科技合作平台，建立国际科技合作机制，共享国际科技合作资源，推动园区、机构、技术成果落地京津冀地区。

2014年5月，北京市、天津市与河北省分别签署了《北京市—河北省2013至2015年合作框架协议》和《天津市—河北省深化经济与社会发展合作框架协议》，共同推进区域一体化进程、完善交通网络体系、深化港口物流合作、提高水资源保障能力、推动产业转型升级、加强科技研发合作、加强农副产品对接、加快旅游会展融合、拓宽金融合作领域、建立合作协调机制十个方面进一步深化合作。

2014年5月12日，中关村海淀园秦皇岛分园在秦皇岛经济技术开发区揭牌成立。这是中关村海淀园在全国建立的首个分园。该分园的成立，标志着京秦两地在资源、空间、产业、技术、人才等方面实现了有效对接，在推进京津冀协同发展战略进程中迈出了实质性的步伐。

2014年8月6日，北京市与天津市签署了《贯彻落实京津冀协同发展重大国家战略推进实施重点工作协议》《共建滨海—中关村科技园合作框架协议》《关于进一步加强环境保护合作的协议》《关于加强推进市场一体化进程的协议》《关于共同推进天津未来科技城京津合作示范区建设的合作框架协议》《交通一体化合作备忘录》五份文件。

2014年8月16日，北京市科委、天津市科委、河北省科技厅正式签署了《京津冀协同创新发展战略研究和基础研究合作框架协议》，加快建立和完善战略对话、信息交流、工作对接、科技资源和成果开放共享的协同机制和长效机制，并在协同创新发展战略研究和基础研究层面进行了具体的工作部署。在战略研究层面，着力搭建协同创新战略研究平台，充分调动中央和三地智库的研究力量，打造京津冀创新发展战略高地，为促进全国科技创新中心建设和京津冀协同发展提供决策支撑。在基础研究层面，着力搭建基础研究交流平台，推动基础研究资源共享，服务京津冀协同创新发展。

2014 年 8 月，京津签署了多项协议，推进京津在 30 个重点领域的深化合作。双方提出将协同推动科技创新一体化发展。未来将发挥北京全国科技创新中心、天津现代制造中心的优势，以北京中关村、天津滨海新区等园区为重点，共同推动双方创新链的深度融合。充分发挥首都科技条件平台的作用，鼓励双方开放重点实验室、工程技术研究中心、企业中试基地、科技孵化机构等。

2015 年 5 月，京津冀三地科协签署《科技成果转化平台合作协议》，为区域科技合作提供平台建设支撑。

2015 年 6 月，中共中央、国务院颁布《京津冀协同发展规划纲要》，该规划为京津冀地区科技合作奠定高层合作推进机制。

2015 年 7 月，北京市通过《中国北京市委、北京市人民政府关于贯彻〈京津冀协同发展规划纲要〉的意见》，为京津冀科技合作的推进提供了具体路径和方式，河北省通过《中国河北省委、河北省人民政府关于贯彻落实〈京津冀协同发展规划纲要〉的实施意见》，天津市通过《中国天津市委、天津市人民政府关于贯彻落实〈京津冀协同发展规划纲要〉的意见》。这三个意见为三地展开科技合作提供了现实指导。

2015 年 9 月，中共中央办公厅、国务院办公厅联合印发《贯彻落实〈京津冀协同发展规划纲要〉分工方案》，明确了中央各部委和京津冀地方政府的责任和任务，进一步为三地的科技合作提供了具体依据。

2017 年 4 月，国家正式设立国家级雄安新区，这是"千年大计，国家大事"，为京津冀三地科技合作提供了空间抓手。可以预计，雄安新区将成为京津冀三地科技合作的新热点区。

第二节　京津冀区域科技合作的特征

多年来，京津冀三地已经展开了广泛的科技合作，并取得了较丰硕的成果。根据《北京技术市场统计年报（2015）》，2015 年，流向津冀的技术合同成交额较快增长，流向津冀技术合同 3698 项，成交额 111.5 亿元，比上年增长 34.1%，占北京流向外省市技术合同成交额的 5.9%。其中，流向河北省技术合同 2291 项，成交额 53.9 亿元，下降 14.1%；流向天津市技术合同 1407 项，成交额 57.6 亿元，增长 1.8 倍。伴随京津冀科技事业的发展和科技交流的日趋活跃，合作领域不断拓宽，合作层次日益提高，呈现出比较鲜明的特征。

一、资源互补性是科技合作基础

在经济一体化和全球化大趋势下，京津冀产业发展势必参与国际分工并面临激烈的国际竞争。三地在科技产业各环节发挥各自的优势条件，进行科技资源的合理配置，合理利用科技成果，加快科技产业化发展。显然，京津冀三地的要素禀赋地理分布的不均匀性和经济地域系统演变的不均匀性，形成了三地资源分布、结构和规模的差异，这构成了京津冀三地互补和优化配置资源的现实基础。京津冀三地在科学技术和基础研究上各有其独特优势。北京科技资源丰富，其科技活动人员所占比例以及国家重点实验室、工程技术中心、企业孵化器数量均远远高于天津和河北，北京科技活动经费筹集、科技活动经费内部支出方面也遥遥领先于津冀，创新优势明显。北京科技资源优势得天独厚，研发能力全国第一，众多跨国公司和知名企业在京都设有研发中心，使得北京聚集了高技术产业的产业链高端。截至 2016 年，世界 500 强有 58 家总部设在北京，占中国入围企业的52.7%，连续四年位居世界城市之首。外资总部、科技创新型总部、金融和信息总部分别占全市总部企业的 1/7、1/5、1/4。世界知名企业在京设立跨国公司地区总部达到 161 家，其中外世界 500 强企业投资地区总部达 67 家。天津工业门类齐全，已形成电子信息、生物制药、光机电一体化、新材料、新能源、新环保六个高新技术产业群，在电子通信、汽车制造等行业具有较高的竞争力。天津科学研究和创新基础较好，2016 年，拥有 55 所高校和国家级研究中心，有 75 家市级企业技术中心，8 个国家级企业技术中心，8 个国家重点实验室，有专业技术人才 42.2 万人，其中自然科技人员 22.6 万人。高素质的人力资源和突出的科研优势为高新技术产业的发展和产业结构优化提供了智力支持。河北省工业门类齐全，主导产业市场竞争优势明显，钢铁、装备制造、石化、建材、纺织、食品、医药具有较强的竞争力。河北矿产资源丰富，矿业经济发达，是全国主要的能源供应地。但缺少知名高校和国家级科研院所，知识创造能力相对较低。从上述三地的产业特点和科技优势分析可知，京津冀三地的产业资源和科技资源具有互补性，正是这种互补推进了京津冀三地的科技合作。

二、三地科技资源交流日趋通畅

由于地理邻近性、文化相通性、禀赋差异性和交通通信等基础设施的便利性，京津冀三地的人力资源流动特别是科技人才的交流合作日益频繁。近十年来，京津冀三地铁路、公路年客运量迅速增长，人力资源交流日趋增多，2015年，京津仅高铁客运量就达2400万人次，加上其他客运方式，年客运量在4000万人次以上。铁公客运量中有公务员、科技人员、企业工作人员以及游客等，其中科技人才是其重要组成部分。

京津冀三地科技基础设施的相互开放与合作程度近年来也迅速提高。京津是我国最早开展大型科学仪器设备协作的地区之一，京津两地的科研基础设施特别是大型科研仪器已经实现网络化，京津两地已拥有北京科学仪器共用网、天津市大型科学仪器开放共享平台、首都科技条件平台、天津科研条件网等提供科技资源交流共享的网络平台，河北也建立了河北科技基础条件网络平台、河北院士联谊网等网络化科技合作平台。这些基础设施和网络平台的建立，加强了三地科技资源的合作与共享，促进了京津冀地区间科技创新基础设施的相互开放和高效利用，推进了京津冀的科技合作。

三、合作领域不断拓宽和深化

近40年来，尽管京津冀三地的合作表现出了不少不尽如人意的方面，但从三地合作的领域、范围和程度来讲，是在不断拓宽、扩大和深化的。合作领域从简单的物资交换发展到技术合作、资本联合、资源优化配置以及水资源保护与合理利用、重大生态建设和环境保护等方面。从具体产业领域扩展到基础设施等公共产品领域，京津冀在机场、港口、轨道交通和公路等基础设施建设方面的合作不断深化，首都机场和天津机场实现了跨区域的联合，北京与天津港口岸已开始直通。合作的地域范围由较发达的城市地区向落后的县域地区扩展。已经形成的京津"半小时"都市圈和京津冀"一小时"经济圈，将为京津冀更宽领域、更深层次的科技合作提供便利条件。

四、企业已成为科技合作主体

从20世纪八九十年代主要以政府推动下展开合作，到现在已发展到企业成为京津冀技术合作交流的主体，政府依然发挥着重要作用。根据《北京技术市场统计年报（2015）》，2015年北京市认定登记技术合同达72272项，成交额3452.6亿元，占全国的35.1%，是2010年（1579.5亿元）的2.2倍。2015年，技术交易增加值占GDP的比重比"十一五"末的2010年增长了0.47个百分点，年均增速接近0.1个百分点。技术市场对转换首都发展动力和转变发展方式的支撑作用不断提升。以企业为主的技术交易主体技术创新能力、水平和规模不断提升，技术交易的数量和内涵都发生了很大变化。企业输出技术 57727 项，成交额 3071.3 亿元，占全市技术合同成交额的 89.0%；内资企业输出技术 53259 项，成交额 2674.5 亿元，占企业输出技术合同成交额的 87.1%。技术含量不断提升，具有自主知识产权的技术秘密、专利、计算机软件、动植物新品种、集成电路布图设计、生物医药新品种和设计著作权技术合同成交额 1066.8 亿元，占全市技术合同成交额的 37.4%。

2015 年，流向津冀的技术合同成交额增长较快。流向津冀技术合同 3698 项，成交额 111.5 亿元，比上年增长 34.1%，占北京流向外省市技术合同成交额的 5.9%。其中，流向河北省技术合同 2291 项，成交额 53.9 亿元，下降 14.1%；流向天津市技术合同 1407 项，成交额 57.6 亿元，增长 1.8 倍。同样，买卖双方的主体也都是企业。企业已经成为京津冀技术交易和合作的主要推动力量。

五、高新技术、能源交通和生态环境领域是合作重点

京津冀地区科技合作主要发生在信息技术、先进制造技术、新材料、新的生产工艺和设备等高新技术以及先进能源、交通网络和生态环境治理等领域。

天津市"十二五"期间就加强了与中科院、医科院、农科院、军事医学科学院等国家科研院所的合作，100 多项国家科研院所科技成果在津实施转化和产业化。天津市在"十三五"规划中又提出"积极对接北京创新资源和优质产业，主动向河北省延伸产业链条，实现产业一体、联动发展。制造业，围绕高端装备、航空航天、汽车、电子信息、生物医药等产业，贯通产业上下游，完善产业配套"。"共建'菜篮子'产品生产基地、农业高新技术产业示范基地"。"与北京共建武清京津产业新城、未来科技城京津合作示范区、宝坻京津中关村科技城、京津州河科技产业园"。

河北省在其科技"十三五"规划中，提出"推进中科廊坊科技谷建设，与中科院合作共建研发中心、工程中心、科技企业孵化器、中试基地等，合力推进中科院科技成果转化和高新技术产业化"，"将环首都圈科技成果孵化园区建设成为集成果转化、中试开发、技术交易、金融服务等功能于一体的大型科技园区，成为环首都地区战略性新兴产业的加速器、承接首都高新技术产业转移的桥头堡、引领全省高新技术产业发展的先导区"，"在唐山凤凰新城、曹妃甸工业区引进清华大学等建设大学科技园、软件园区等科技成果孵化、转化基地"，"全面开展与中关村科技园、中国科学院、中国工程院、京津地区中央院所和科技型企业集团、国家军工集团和军工院校、世界 500 强企业、京津地区著名高校的科技合

作"，并"重点围绕提升我省钢铁、装备制造、化工等传统优势产业的竞争力，促进新能源、生物、电子信息、新材料等战略性新兴产业的快速发展"。

在生态环境治理领域，2013 年 11 月，北京市科委与河北省科技厅就加强区域大气污染防治科技合作进行了研讨并达成共识：一是建立京冀大气污染防治科技合作机制，定期开展技术交流、合作；二是加强京冀科技部门的协作，通过协作探索促进区域大气污染防治的新途径、新方法；三是共同谋划一批急需开展的大气污染防治研发项目，促进区域大气污染防治技术进步。2014 年 8 月，北京市科委、天津市科委、河北省科技厅在天津正式签署《京津冀协同创新发展战略研究和基础研究合作框架协议》，形成合作共识，将建立京津冀区域协同创新发展战略研究和基础研究长效合作机制，搭建三地共同研究战略平台，其重点聚焦领域涵盖科技创新一体化和生态建设。

六、科技合作的双赢效益巨大

京津冀三地科技合作产生了巨大的双赢经济效益，提高了津冀的产业技术水平与创新能力以及劳动生产率，也显著提高了北京科技资源的利用效益和水平，可谓是相得益彰。

根据 2014 年 6 月发布的《〈天津市科学技术发展"十二五"规划〉中期评估报告》表明，区域合作呈现出新亮点。天津市在推进院地合作中也取得了明显成效，与中科院合作项目已达到 190 多项，直接创造的经济效益达到 40 多亿元，共涉及中国科学院所属 60 多个研究所（机构）、3 个院所投资公司和天津市 60 余家企业和机构。此外，天津市在承接中关村成果来津转化上，也积极探索，取得了较好的成效。京津冀区域科技合作不断向纵深发展，目前京津塘科技新干线成为区域合作发展的重要抓手。通过深化与部院校的合作，天津和河北较好地开发利用了中央和北京的资源，在不少工作中形成了更为开放的合作机制。

区域科技合作为天津市和河北省科技发展带来新优势，京津冀合作日益深化，合作加速了天津和河北承接首都科技的辐射。2004 年，中关村与天津开发区共同倡议发起"京津塘高科技新干线"；2008 年，京津城际高铁通车，同城效应显现，"半小时"经济圈更具雏形；2012 年，京石高铁开通运营，京津石"一小时"经济圈形成，京津冀空间更显紧密，一体化经济效益日益显现；京津冀相继纳入国家战略；2017 年，位于河北的"雄安新区"正式设立，强化区域经济科技合作形成共识。宽领域的科技合作，既增强了天津和河北的产业技术储备，提升了产业技术品质，也加快了京津，尤其是北京的科技成果转化速度。

第三节　京津冀区域科技合作的问题与障碍

虽然京津冀科技合作取得了瞩目的成就，表现出良好的势头，但其进一步发展依然存在较多的问题和障碍。

一、区域合作意识不强

京津冀地区自身合作意识不强。各省市在发展战略和思路上各自为政，协调和沟通不畅，相互之间存在一定的隔阂。另外，京津冀地区缺乏利用市场机制推进区域合作的意识。与长三角、珠三角相比，京津冀地区市场意识淡薄，政府服务意识相对不足，"缺乏亲商环境"，习惯于政府推动经济发展，较多依赖财政投资对区域经济合作的推动作用，人们的市场观念、政府优化发展环境的意识和区际合作的意识都需进一步提高。

二、合作体制不尽完善

在合作组织方面，目前主要采取联席会议制度，缺乏一个"政策贯通、分工合作、利益兼顾"的统筹区域科技经济发展的组织机构，因而在政策法规制定、创新体系建设等方面很难突破行政壁垒的限制和已有的利益格局。三地的科技经济发展依然带有明显的地方特征，知识、技术和人才等创新要素跨地区的流动仍然存在不少障碍。在合作机制方面，没有形成"联合参与、开放共享、互利共赢"的协同机制。尽管京津冀三地都有共同建设区域科技合作与创新体系的意愿和共识，但现实整合力度仍然很弱。科技合作存在"重项目、轻人才，重形式、轻机制"的现象。尽管已经建立了诸如"北京科学仪器共用网""天津市大型科学仪器开放共享平台""首都科技条件平台""天津科研条件网""河北科技基础条件网络平台""河北院士联谊网"等公用科技平台，但科技资源共享仍然不够充分，大部分科技创新资源仍处于"孤岛""封闭"和难以扩散的状态，科技资源的利用率没有明显提高，重复建设、浪费资源的现象并不少见。在企业合作进行产业创新方面，没有形成合理的地域分工与专业化协作体系，产业布局趋同，各自的比较优势没有得到有效发挥。同时，在竞争领域开展的合作项目多局限于单一技术和产品的研发，缺乏产业的整体合作和协同创新。

三、配套政策尚不健全

目前，制约京津冀科技合作与创新向纵深发展的最关键因素是制度性、政策性障碍。一是区域性科技政策制定的主体不明确，科技合作缺乏配套的政策支持，只能以协议协商的方式将京津冀三地已有的科技政策进行对接，缺乏法律效力和约束，导致高新技术企业资质的互认、质量检验标准的互认、自主创新产品的互认等政策很难在实际中得到贯彻执行，政策落实的力度大打折扣。二是京津冀三地科技创新合作的制度安排不多。虽然 2004 年京津二市签订了《京津科技合作协议》，京冀 2006 年签署了《北京市人民政府、河北省人民政府关于加强经济与社会发展合作备忘录》，近年来，北京市、天津市与河北省分别签署了《北京市—河北省 2013 至 2015 年合作框架协议》《天津市—河北省深化经济与社会发展合作框架协议》和《共同推动京津冀国际科技合作框架协议》，在促进区域科技创新和合作方面发挥了或将要发挥一定作用，但是，出于各自科技、经济发展的利益需要，京津冀三地之间还没有完全形成协同一致与分工合作的有效机制，区域科技合作的制度安排很不够，在科技规划的相互衔接、计划的相互开放、联合开展重大科技创新、共建创新载体等方面缺少相应的配套措施，条块分割、资源分散的状况尚未得到根本改善。

四、合作投入、措施不力

区域科技合作机制是推进京津冀三地科技合作与创新的一个重要政策工具和手段，但是三地在科技合作方面都没有建立相应的财政预算制度，科技管理部门也没有设立专门的计划予以支撑，区域科技合作所需的专项经费支出多是从已有的科技计划预算中"挤占"出来的，势必会造成科技合作经费的投入不足。在京津冀三地各自的科技发展"十二五"规划中都提及了要开展联合攻关，但三地在科技合作方面投入的资金却非常有限。与 2008 年《长三角科技合作三年行动计划（2008~2010）》明确设立由沪苏浙二省一市政府共同出资长三角自主创新共同资金并给定首次启动资金的合作投入模式不同，京津冀三地的科技合作在投入上很不明确，如 2004 年的《京津科技合作协议》中虽然提及设立科技专项资金来展开合作，但对于该专项资金的来源和如何建立并未明确，2014 年签署的《共同推动京津冀国际科技合作框架协议》，也未明确如何保障投入的来源。仅有的通过"挤占"得来的科技合作投入经费在三地研发总经费中的比例也十分低，占政府财政科技投入也只有千分之几，对促进区域科技合作创新的作用非常有限。而且，科技合作缺少可操作的实施办法，在鼓励消化引进技术再创新、支持跨区域产学研创新网络建设、支持中小型科技企业参与联合攻关、知识产权共享与技术扩散等方面都没有相应的规定和政策导向。

五、利益协调机制未决

地方政府相互博弈争夺地方经济利益是影响京津冀区域合作的基本矛盾和核心问题。以行政区域的地方利益主体所做的绝大部分工作是为各自区域利益展开的，京津冀依然是三方独立行政区的现实，决定了三方政府在制定政策时，只是把其他利益主体和整体区域的利益作为影响自己利益实现的原因来考虑，而不会把其他主体的利益和区域利益作为行动目标来考虑。因此，未来建立健全京津冀三方利益协调机制是解决问题的核心和关键。其解决的步骤：首先，建立畅通的利益表达机制，确保各方都能充分表达自己的利益诉求；其次，建立利益共享机制，区域科技合作产生的利益要使参与合作者和利益相关者都能享受和共沾；最后，建立利益补偿机制，对于因区域合作而损失利益的参与者要给予对等补偿，比如对张家口和承德生态环境和水资源保护等方面给予足够的补偿和支持。否则，利益博弈问题永远无法消除。

六、组织机制政策缺乏

京津冀三地尚未建立起能够全面统筹和管理三方科技合作工作的高层领导机构或协调机制。目前，京津冀科技合作活动牵涉的领域繁多，根据形式和内容的不同，其具体组织管理工作分别由涉及三地的科技委（厅）、教育委（厅）、工信委、外经委等多个部门和机构负责，缺乏统一的协调机制，这种组织分工形式容易出现多头指挥、各自为政的现象。此外，多部门管理将造成考察重复、技术引进重复、项目合作重复等事件的发生，导致三方科技资源的浪费。

此外，京津冀三地也缺乏对科技合作进行总体设计的政策。科技合作与其他领域如经济合作、交通合作等类型的区域合作不一样，不只是资金投入的问题，更需要官产学研多个创新主体的参与，需要建立密切的分工合作网络，需要信息、人才、资金、技术等资源要素的通畅流动。因此，科技合作无法仅靠单个政策就能快速推进发展，而是需要一系列有关科技资源、创新主体和创新环境等政策体系的共同作用，需要相关配套政策的跟进。

第四章 京津冀协同发展现状与障碍

京津冀巨型区国土面积约 21.8 万平方公里，占全国的 2.27%，2016 年人口为 11205 万，占全国人口的 8%。改革开放以来，经济持续快速发展，经济总量一直处于全国较高水平，实力不断增强，2016 年该区域 GDP 为 74612 亿元，约占全国 GDP 的 10%。但是，京津冀内部经济发展不平衡现象严重，区域协同发展面临一系列矛盾与困境。下面通过与长三角的比较，来反映京津冀协同发展面临的问题。

第一节 京津冀地区发展现状特点

纵观京津冀地区发展的历程，存在诸多不协调的表现，其主要发展包括以下五个方面。

一、区域经济发展快速，但综合竞争力不强

改革开放以后，我国进入以经济建设为中心的时代，京津冀地区经济获得了快速发展，经济实力得到不断增强。1994~2016 年，天津 GDP 各年增长率都高于全国平均水平，河北 GDP 年增速除个别年份外也均高于全国平均水平，北京 GDP 年增速 2006 年之前一直高于全国平均水平，之后的多数年份低于或持平于全国平均水平，节奏有所放缓，但增速均未低于 6.7%（见图 4-1）。值得指出的是，天津自"十一五"以来，持续呈现高速增长，2016 年依然高达 9%，位居全国前列，人均 GDP 达到 114494 元，位列全国第一。综合而言，京津冀三地经济持续快速发展，带动了整个区域经济的规模快速扩大，经济总量在全国的比例持续上升，从 1993 年的 8.82% 提高到 2016 年的 10.03%（见图 4-2），表明京津冀地区已经成为我国充满活力、发展快速的地区之一。自 20 世纪 90 年代中期以来，京津冀地区

经济总量占全国比重总体呈上升趋势，2016 年与珠三角持平，按照目前的发展态势，京津冀经济总量将超越珠三角成为全国紧跟长三角的第二大增长极。

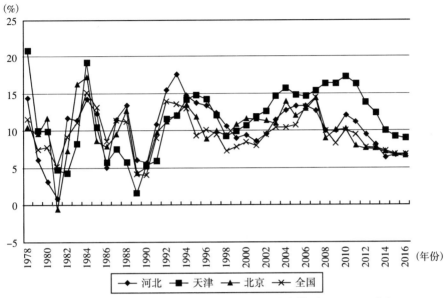

图 4-1　北京、天津、河北和全国 GDP 增速比较（1978~2016 年）

资料来源：《中国统计公报》(2016)、《北京统计公报》(2016)、《天津统计公报》(2016)、《河北统计公报》(2016)。

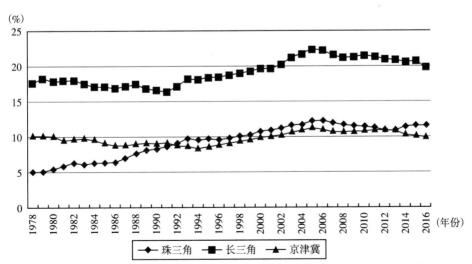

图 4-2　京津冀、长三角和珠三角历年经济总量占全国比重（1978~2016 年）

资料来源：《中国统计年鉴》(2016)、《北京统计年鉴》(2016)、《天津统计年鉴》(2016)、《河北经济年鉴》(2016) 和全国及京津冀 2016 年统计公报。

但是，与长三角地区相比，京津冀地区的竞争力明显偏弱。如表 4-1 所示，京津冀国土面积与长三角相似，比珠三角稍大，人口数量与珠三角大致相同，相当于长三角的 2/3，经济总量与珠三角大体相当，但仅大约是长三角的 1/2。人均产值略低于珠三角，但比长三角低 17708 元，只有后者的约 3/4。从经济密度来看，京津冀也是三大地区中最低的，且只有长三角经济密度的一半。经济总量在全国的比重也只有长三角的一半，与珠三角的贡献大致相同。

表 4-1　2016 年京津冀、长三角和珠三角经济发展比较

地区	人口（万人）	面积（平方千米）	GDP（亿元）	人均 GDP（元）	GDP 密度（万元/平方千米）	GDP 占全国比重（%）
京津冀	11205	21.715	74612.6	56939.43	3435.99	10.02
长三角	19014	21.074	147194.4	74647.94	6984.64	19.78
珠三角	10644	17.98	73118.77	68694.83	4066.67	9.83

资料来源：《中国统计公报》(2016)、《北京统计公报》(2016)、《天津统计公报》(2016)、《河北统计公报》(2016)。

二、区域差异两极分化，中心外围结构明显

京津冀地区在总体快速发展的同时，其区域内部却发展不平衡，呈现差异巨大的空间格局。北京和天津这两个超大城市集聚了大量的优势要素，集聚经济效应明显，区域发展差距呈扩大态势。北京和天津两大中心城市经济发达，2016年人均 GDP 分别达到 113731 元和 114690 元，按当年汇率 1 美元=6.7 元计算，二者大约都为 1.7 万美元。唐山市和廊坊市发展也比较迅猛，2015 年人均产值分别达到 78398 元和 54460 元，折合美元分别为 1.17 万美元和 0.82 万美元。从总量上考察，2016 年北京和天津二市占京津冀地区经济总量的 57.3%，是整个地区的经济中心和经济高地。

京津冀地区的快速发展，吸引了区域内的资源、资金、人才、技术等各种要素，而对周边区域的扩散反哺作用却比较有限，表现在人均产值（见表 4-2、图 4-3）和经济密度上（见表 4-3、图 4-4），北京和天津遥遥领先，河北的城市尽管发展也较快，但相对京津快速集聚的优势而言，差距越来越大。以北京人均 GDP 为 100，2015 年，河北发展比较好的城市沧州、唐山和廊坊，仅相当于北京的 89%、83% 和 81%，而发展较差的是邢台则在 30% 以下。经济密度差距更为明显，以北京人均 GDP 为 100，2015 年，河北省排在前三位的唐山、石家庄和廊

坊分别仅及北京的 32.3%、29.7% 和 27.6%，排位靠后的城市甚至不足 3%。环绕京津的河北地区经济明显落后，形成了所谓的"环首都贫困带"，发达的城市与其腹地之间形成巨大的发展落差，区域经济发展两极分化严重，呈现明显的以京津为核心的中心—外围结构。而且从趋势上，这种差距还有进一步拉大的态势，这种态势加重了区域间的矛盾，贫困带的存在客观上也制约了北京、天津的进一步发展，并严重影响区域协同发展和一体化战略的落实。

表 4-2　京津冀地区各城市人均 GDP 及其相对值时间变化（1990~2015 年）

年份	1990		1995		2000		2005		2010		2015	
	人均值	相对值	人均值	相对值	人均值	相对值	人均值	相对值	人均值	相对值	人均值	相对值
北京	6268	100	16883	100	23942	100	60919	100	117128	100	106497	100
天津	4255	68	12492	74	20422	85	44217	73	106087	91	107960	101
石家庄	4015	64	14360	85	25044	105	32488	53	50838	43	61795	58
唐山	3360	54	11298	67	17567	73	35941	59	73575	63	89144	83
秦皇岛	5172	83	15945	94	23090	96	39586	65	61474	52	53060	49
邯郸	3523	56	8154	48	12730	53	21998	36	36752	31	46034	43
邢台	3826	61	5772	34	10076	42	23091	38	30353	26	30186	28
保定	3904	62	11643	69	15747	66	22931	38	51216	44	35841	34
张家口	3536	56	8869	53	13704	57	20749	34	40210	34	42448	40
承德	2886	46	5264	31	12438	52	22425	37	35378	30	43202	41
沧州	2757	44	7576	45	13019	54	29134	48	79624	68	95188	89
廊坊	1293	21	5624	33	10457	44	17637	29	41592	36	86266	81
衡水	1861	30	7032	42	12202	51	23567	39	35161	30	48341	45

注：这里的人均 GDP 按市辖区人口统计口径计算。
资料来源：《中国城市统计年鉴》（1991~2016）。

三、区域产业梯度形成，同构现象依然严重

从京津冀三地三次产业结构总体演进趋势来看，第一、第二产业持续下降，第三产业持续上升，如图 4-5 所示。第二产业一直是京津冀地区的传统优势产业，1999 年之前，第二产业一直占据绝对优势，呈现"二三一"的产业结构，1999 年之后，第三产业不断增大并占据优势，第二产业比重缓慢持续下降，但依然占据 40% 以上的比重。可以预知，未来京津冀地区随着工业化和城镇化的推

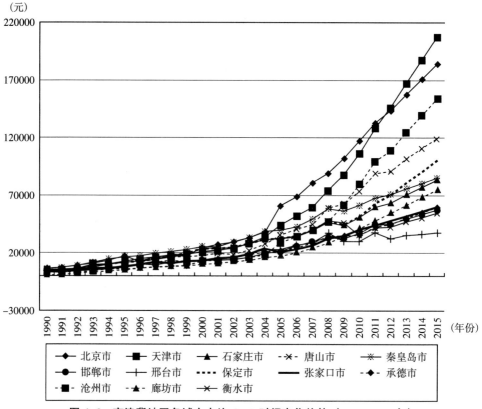

图 4-3 京津冀地区各城市人均 GDP 时间变化趋势（1990~2015 年）

资料来源：《中国城市统计年鉴》(1991~2016)。

表 4-3 京津冀地区各城市经济密度及其相对值时间变化（1990~2015 年）

年份	1990		1995		2000		2005		2010		2015	
	人均值	相对值	人均值	相对值	人均值	相对值	人均值	相对值	人均值	相对值	人均值	相对值
北京	267	100	755	100	1421	100	4123	100	8473	100	14024	100
天津	209	78	631	84	1184	83	2894	70	7280	86	13878	98.9
石家庄	33	13	134	18	264	19	460	11	782	9	4167	29.7
唐山	38	14	132	18	220	15	798	19	1680	20	4530	32.3
秦皇岛	33	12	128	17	203	14	394	10	681	8	1603	11.4
邯郸	32	12	82	11	140	10	257	6	451	5	2607	18.6
邢台	12	5	22	3	42	3	107	3	175	2	1419	10.1
保定	11	4	35	5	61	4	104	3	245	3	1352	9.6
张家口	6	2	19	3	32	2	49	1	98	1	371	2.6

续表

年份	1990		1995		2000		2005		2010		2015	
	人均值	相对值	人均值	相对值	人均值	相对值	人均值	相对值	人均值	相对值	人均值	相对值
承德	3	1	5	1	13	1	26	1	52	1	344	2.5
沧州	7	3	22	3	43	3	103	3	305	4	2366	16.8
廊坊	12	4	57	8	114	8	210	5	520	6	3876	27.6
衡水	7	3	31	4	58	4	121	3	195	2	1384	9.9

资料来源：《中国城市统计年鉴》（1991~2016）。

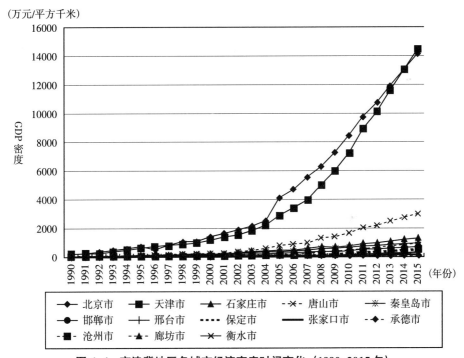

图 4-4　京津冀地区各城市经济密度时间变化（1990~2015 年）

资料来源：《中国城市统计年鉴》（1991~2016）。

进，第三产业的比重将进一步提高，服务化主导的经济时代即将到来。京津冀地区第三产业比重较高主要是因为北京和天津两个直辖市的贡献大，尤其是 1990 年以来北京快速发展的服务业带动明显。

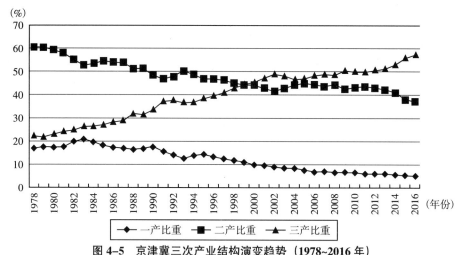

图 4-5 京津冀三次产业结构演变趋势（1978~2016 年）

资料来源：《中国城市统计年鉴》（1991~2016）、2016 年京津冀三地统计公报。

从图 4-6 可知，北京市从 1994 年开始，产业结构由"二三一"转换为"三二一"，也是我国迄今为止少数几个达到产业结构服务化高级阶段的地区之一。2016 年，北京市服务业比重已经高达 80.3%。但是天津、河北的第三产业比重不高（见图 4-7、图 4-8），天津的服务业发展很快，但目前尚未超过 50%，河北依然主要依靠第二产业支撑经济发展，其比重高达 47.3%，服务业比重仅为 41.7%，大农业在经济中占有较重要的地位，其比重为 10.9%。因此，京津冀地区未来产业结构的升级调整将主要依靠天津和河北第三产业的发展。

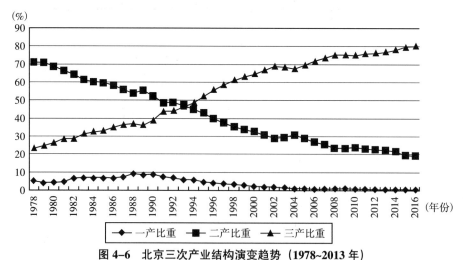

图 4-6 北京三次产业结构演变趋势（1978~2013 年）

资料来源：《中国城市统计年鉴》（1991~2016）、《2016 年北京统计公报》。

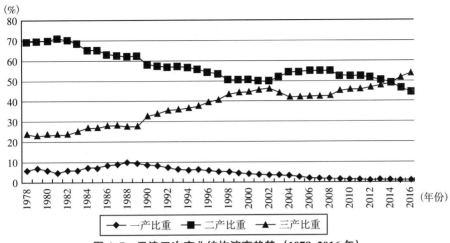

图 4-7　天津三次产业结构演变趋势（1978~2016 年）

资料来源：《中国城市统计年鉴》（1991~2013）、《2013 年天津统计公报》。

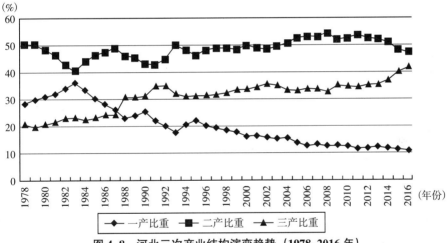

图 4-8　河北三次产业结构演变趋势（1978~2016 年）

资料来源：《中国城市统计年鉴》（1991~2016）、《2016 年河北统计公报》。

　　京津冀三地在产业结构上表现出明显的梯度差异。由于国家对京津二市的功能有明确的定位，根据《北京城市总体规划（2016~2035 年）》和北京市近年来提出的发展目标，北京市定位为"全国政治中心、文化中心、国际交往中心、科技创新中心"，产业结构调整也将服务于这一功能目标，首钢和焦化厂的外迁，表明北京正在将一些可能与功能定位相冲突的产业转移出去，同时发挥历史文化优势，着重发展文化创意产业、总部经济以及其他高端现代服务经济。经过数年的调整努力，现在北京市已经形成了以现代服务业为主导的产业结构，占据了京津冀乃至环渤海地区的经济发展高端，今后的发展依然将是服务化经济导向。2016年，北京市的三次产业结构为 0.5∶19.2∶80.3。

在北京加速服务化经济发展的同时，天津也在对其"中国北方经济中心"的定位目标加紧部署和行动，伴随滨海新区的建设和大规模的投资，2007~2015 年重大项目投资累计超过 3 万亿元，相当于 3 亿元/平方千米的投资带动了天津经济的快速发展，经济规模膨胀迅猛，经济中心的雏形渐次显现。由于重大项目绝大多数是工业项目，因此，天津市以工业为主导的第二产业一直维持在很高的地位，工业实力大大增强，经济增长全面提速，形成了以现代制造为主导的产业结构。2016 年，天津市三次产业结构为 1.2∶44.8∶54.0。

河北省相对落后，但随着国家战略《河北沿海地区发展规划》（2011~2020）的实施推进，以及河北省主动融入京津发展的行动，产业发展迅速，实力日渐增强，位于京津周边的唐山、保定、廊坊、秦皇岛等城市努力主动承接京津的转移产业，因而形成了北京现代服务业为主导—天津现代高端制造业为主导—河北现代制造业为主导的产业梯度势能。但是由于京津二核心过于强势，京津与其周边地区的发展存在脱节现象，尽管地域邻近，但彼此间的空间联系却不紧密，京津周边的城市实力过于弱小，难以承接京津需要转出的产业，产业梯度差距过于悬殊，反而不利于产业紧密联系的建立。

另外，京津冀地区又存在产业同构现象。一般而言，不同地区的产业结构应保持一定的差异，以便于分工协作，差异越大，地域分工水平也越高，构建区域联系的基础也越厚实。相反，如果地区产业结构相似，则地区分工程度就低，区际联系就松散。采用产业结构相似系数可以描述地区间的产业结构相似程度。根据有关分析，京津冀三地两两间的三次产业结构相似系数和 39 个工业部门的产业结构相似系数如表 4-4 所示。从产业结构系数来看，北京与河北的产业结构相似度较低，产业结构具有明显差异，尤其是工业结构相差较大。京津产业结构相似性很高，但近年来相似度有降低趋势，伴随北京经济服务化的调整，京津工业结构相似度有下降趋势，但其数值依然较高，对于一些利高税高的行业，比如二市都有汽车工业，不可避免地会存在竞争和重复建设问题。天津与河北的产业结构相似度最高，产业同构化严重，二者均是以工业为主导的经济，其工业结构相似系数近年来超过 0.8，且有上升趋势，竞争有可能趋于激化。

从现实情况来看，京津塘高速公路沿线的高新技术产业带在产业同构和竞争上体现得比较明显。高新技术产业带贯穿了京津冀三地，包括中关村国家自主创新示范区、北京经济技术开发区、廊坊经济技术开发区、天津滨海高新技术开发

表4-4 京津冀地区两两间的结构相似系数

地区\年份		2006年	2008年	2010年	2012年	2015年
三次产业结构相似系数	京—津	0.8507	0.8221	0.8572	0.8523	0.8546
	京—冀	0.7867	0.7381	0.7682	0.7492	0.7449
	津—冀	0.9822	0.9786	0.9762	0.9741	0.9729
工业结构相似系数	京—津	0.7399	0.6429	0.7208	0.6753	0.6664
	京—冀	0.3721	0.3576	0.4249	0.4121	0.4202
	津—冀	0.5867	0.6666	0.7856	0.8865	0.8936

资料来源：根据京津冀三地统计年鉴计算。

区、天津经济技术开发区等国家级开发园区和新区，是京津冀三地发展高新技术的产业高地。但从各开发区的现有产业定位、产品类别、品种和发展规划来看，大多集中在电子信息、光机电一体化、新材料、生物医药等行业领域。然而令人遗憾的是，空间上聚集在这条高新技术产业带中的各园区间并未形成上下游联系紧密、分工协作密切、多方共赢、有效的产业价值链。从京津冀区域整体来讲，京津地区的高科技产业和第三产业发展较快，产业定位高，而周边的河北地区则以农业和重工业为主，处于产业链的底端，产业发育滞后，各地区间产业梯度落差大，导致产业链中间断层。由于产业结构趋同，产业链断裂，导致区域间企业横向联系很少，缺乏企业层面的区域合作，区域间难以形成合理的产业分工，各自为政，甚至恶性竞争，整个区域缺乏活力，也很难实现协同发展。

四、整体生态质量下滑，环境整治任重道远

由于仍然处于快速工业化和城镇化的进程中，各类资源要素的集聚，势必会加剧社会经济发展对资源的需求，经济发展与资源环境保护的矛盾日益突出。尽管政府部门和社会各界一直以来都十分重视生态环境的保护工作，也为之付出了艰辛努力，近年来更是采取众多针对环境治理的措施，然而，从整体而言，生态环境恶化的趋势并未得到有效遏制，生态环境问题依然十分严峻。其主要有三方面的表现：

(一) 环境空间破碎，生态破坏严重

由于城市发展，各类建设用地扩展、基础设施建设、工矿用地增长等原因，占用了大量耕地，有的甚至是基本农田，在执行国家耕地占补平衡政策的压力下，大量的垦荒导致生态用地不断被蚕食，其结果是生态用地被各种建设和垦荒

弄得支离破碎，生态功能严重下降，生态服务价值大打折扣，甚至造成不可逆性的生态破坏。因为发展，生态环境面临严重威胁。

（二）雾霾污染频繁，大气环境恶化

近年来，京津冀地区已经成为我国大气污染最严重的地区，雾霾天气频繁发生，并困扰京津冀地区。根据 2014 年 6 月国家环保部对京津冀、长三角、珠三角等地区和 74 个城市空气质量状况的报告，空气质量最差的 10 个城市中京津冀地区有 5 个，占 50%。京津冀区域 13 个城市空气质量达标天数比例平均仅为 48.5%，低于 74 个城市平均达标天数比例 21.4 个百分点，属于监测地区中最差的组别。随着城市规模的扩张和工业化的推进，人口膨胀，空间缩减，交通拥堵，污染加重。在既有行政管辖条件下，如何打破行政壁垒，建立长效的区域合作机制，通过区域联动，共同应对大气环境污染问题，已经成为京津冀地区迫切需要解决的严峻问题。

（三）淡水资源匮乏，水体污染加剧

京津冀地区淡水资源一直都十分缺乏，2015 年，京津冀三地的人均水资源量分别为 123.8 立方米、124.84 立方米和 293.8 立方米，相当于全国平均水平的 6.02%、6.07% 和 14.3%，远低于国际公认的人均 1000 立方米的重度缺水标准。区域内各个城市都面临持续缺水的问题，而且由于种种原因，京津冀地区的水资源总量有下降趋势，由 20 世纪 50 年代末期的 290 亿立方米，下降至 2011 年 199.4 亿立方米。另外，京津冀地区水资源污染严重，且有加剧趋势，地表水污染普遍，河流水质差，地下水受到点源和面源的污染，加之连年超采，地下水水位不断下降，更加剧了水资源的供需矛盾。根据《京津冀蓝皮书：京津冀发展报告（2013）》中有关"承载力测度与对策"一节的预测，到 2015 年京津冀区域人口将达到 1.12 亿人，在其他条件都能满足的情况下，2015 年京津冀地区仅能承载 8620 万人，如果考虑各要素内部能够相互补偿的条件下，京津冀地区人口承载力 9800 万人，人口超出了区域水资源承载力。

五、科技各处不同能级，全面合作尚未深入

根据科技部《2014 年全国科技进步统计监测报告》，综合科技进步水平北京得分 83.12，居首位，天津连续多年位居第三，得分 78.63，仅次于上海的 82.48，河北排在第 25 位，得分仅 41.78，相比 2011 年下降 6 位。监测的科技进步环境、科技活动投入、科技活动产出、高新技术产业化、科技促进经济社会发展五项一级指标，北京分别位于第一位、第三位、第一位、第三位、第四位，天津则分别

位于第二、第二、第三、第二、第三位，河北与京津相差比较大，分别位于第17、第21、第25、第23、第14位（见表4–5）。北京和天津都位于科技进步水平较高的第一类地区，而河北位于较低的第四类地区。

表 4–5　京津冀科技发展差异比较

地区	科技进步环境				科技活动投入			科技活动产出			高新技术产业化			科技促进经济社会发展				总排序
	科技人力资源	科研物质条件	科技意识	排序	科技活动人力投入	科技活动财力投入	排序	科技活动产出水平	技术成果市场化	排序	高新技术产业化水平	高校技术产业化效益	排序	经济发展方式转变	环境改善	社会生活信息化	排序	
北京	1	1	3	1	22	2	3	1	1	1	2	12	3	4	11	4	4	1
天津	3	3	2	2	12	3	3	3	5	3	4	1	2	3	4	3	3	3
河北	21	11	10	17	15	21	21	23	26	25	20	26	23	14	9	16	14	24

资料来源：科技部《2014年全国科技进步统计监测报告》。

一般用科技人力资源来衡量地区科研开发能力的高低，它是指一个地区与科技发展密切相关的各种人力资源要素。京津冀三地的科技人力资源分布极不均衡，河北与京津两市差距很大。2015年，科技活动人员数北京为810195人，天津为240137人，河北为164006人。2015年，研发人员数北京为355000人，天津为177725人，河北为107508人。

北京市在 R&D 机构科技活动、高等院校科技活动、企业科技活动三方面的经费支出都处于绝对优势。2015年，京津冀三地区 R&D 经费支出分别为1479.8亿元、554.4亿元和400亿元，呈现一高（北京）两低（津冀）的特征，经费投入相差悬殊，前者是后两者的3倍和4倍（见表4–6）。

表 4–6　京津冀地区 R&D 经济支出比较

地区	R&D 经费支出（亿元）	R&D 经费占 GDP 比重（%）
北京	1479.8	5.94
天津	554.4	3.1
河北	400	1.26

资料来源：2016年《北京统计年鉴》《天津统计年鉴》《河北经济年鉴》。

通过上述比较可知，京津冀三地各处于不同的科技发展水平，区域层级特征明显，这种能级差别也为三地展开科技合作来推进区域协同发展提供了条件。近十年来，京津冀三地在不同层次展开了科技合作和交流，根据《北京技术市场统计年报（2015）》，2015年，北京流向天津和河北的技术合同项数分别为1407项和 2291 项，成交额分别为 57.6 亿元和 53.9 亿元；天津流向北京的技术项目数为 10785 项，成交额为 276.4 亿元。然而相比以科技合作成为解决三地目前区域差距扩大、发展不协调性增加、三地生态环境恶化等发展问题有效手段的预期目标而言，京津冀三地的科技合作还停留在表面层次，还需要进一步深入推进。

第二节　京津冀地区协同发展障碍

近 40 年来，虽然京津冀经济发展快速，在分工合作发展方面做出了不少努力，也取得了不少成果，然而总体而言，京津冀地区实现协同发展的目标还任重道远，面临诸多困难和障碍。

一、本位观念意识盛行，政府越位缺位并存

京津冀三地受行政区经济观念的束缚，地方本位主义思想盛行，各地以合作推进区域协同发展的态度都以本地利益为转移，如果一方利益低于合作前利益，则没有推进合作的意愿，甚至采取抵制态度。只有当双方收益同时提高的条件下，才会采取积极合作的态度（马海龙，2014）。可见，争夺地方利益是影响京津冀地区协同发展的核心关键问题。2014 年，习近平"2·26"讲话之前，京津冀地区的合作基本囿于县区、企业、民间合作层次，跨省市的区域合作项目不多，自身经济发展没吃饱，就不可能将产业外流，表面上签署的合作备忘录、战略合作协议，到现实执行中就大打折扣，因为不利于地方利益的合作形成不了约束，缺乏实实在在的项目合作，三地间的合作就无从谈起。迄今为止，区域协调、协同一体化发展依然停留在会谈和磋商层面。区域整体利益长期被忽视，经济利益共同体无法形成，整个区域经济的要素资源配置效率低下，协同发展困难重重。

计划体制下形成的政府主导一切的思维根深蒂固，在这种思维惯性下，京津冀区域协同发展就成了政府的"独角戏"，政府成了推进区域协同发展的唯一主体。从世界发达国家推进区域发展的实践经验来看，政府的主体作用无疑很重要，但并非唯一主体。市场机制和社会力量在推动地方合作中发挥着重要作用，是推动区域协同发展的另外两大主体。而在京津冀地区，地方政府对企业存在或明或暗的干预，企业自由迁移受到限制，不尊重市场规律和政府越位现象普遍。加之京津冀地区是国家首都所在地，行政力量的影响可谓无处不在，政府的影响

力得到强化。在此形势下，政府主导了一切事务。但如何推动由市场和社会自下而上地成为区域协同发展的主体角色上，政府的工作力度又不够，表现为某种程度的缺位，其结果是，使得京津冀推进区域协同发展失去了一个重要的非政府动力。

二、国家制度供给迟来，区域博弈规划延缓

从国家层面来讲，推进区域协同一体化发展需要有顶层设计、组织完善、有的放矢的一整套区域政策体系作为保障。然而，我国迄今为止尚未形成完善的区域政策制度基础，长期在政府全能、高度集权、市场扭曲等诸多因素影响下，一直未能形成合理的区域划分框架和政策工具。因此，国家制度层面的供给不足，导致"上有政策、下有对策""部门分割"、地域"碎片化"现象普遍。这是影响京津冀地区协同发展的国家层面的制度环境背景。我国的一些重大区域发展战略背后都有国家力量在主导，比如自 2000 年以来，对应于西部大开发、东北等老工业基地振兴和中部崛起等，国家都先后成立了相关国务院领导小组，并设立常设办公室，通过中央政府统一协调和推动其发展。然而，中央政府一直未能建立类似的部门来协调推动京津冀地区的协同一体化发展，直到 2014 年 2 月习近平讲话后，国家层面才开始真正重视起来并成立高级别的领导小组。至此，京津冀三地的协同发展战略开始步入国家级快速行动轨道。国家制度虽然来得有些迟，但毕竟为京津冀的协同发展提供了顶层支持。

另外，由于行政区域划分限制，京津冀地方政府多以自身利益最大化为决策的出发点，长期以来区域内未形成跨地区的统一协调机制，各区域在相互利益博弈下，区域如何分工合作和分工领域长期以来未达成一致共识，关于京津冀地区协同发展的总体规划经过了十余年的酝酿，直至 2015 年才由中央政府制定和颁布。尽管有了国家层面的规划，由于过去长期缺乏统一、健全的区域协调机制和区域规划约束，导致区域内公共资源重复建设、资源浪费现象严重，思维和发展的惯性使得道路"纠偏"和快速进入规划约束的轨道并非一件容易的事情，其中的摩擦和矫正产生的成本也会比较高昂。好在统一规划已经开始实施，区域合作和协同发展将步入新的历史阶段。

三、城镇体系很不完善，中心城市辐射不强

结构层次性强、中心城市辐射带动的城市体系是都市圈的普遍特征，也是区域资源合理分布于各城市实现功能互补的必要条件。大城市对于区域经济发展的

辐射带动作用是巨大的，而且要充分发挥这种作用，必须有"二传手"，方可形成最佳的城市体系。长三角区域经济一体化优势的发挥就有赖于这种科学合理的城市体系，相比之下，不合理的城市梯度和薄弱的中心城市辐射都成为京津冀区域经济一体化的障碍。

（一）城市结构梯度不合理

从城市规模分布研究中的"等级规模定则"（Rank-sizerule），可以发现一个国家或区域的城市应当是被赋予等级概念、功能互补、具有整体效益最大化的一组体系，是一个结构和谐、流通顺畅的金字塔结构体。在我国，城市体系最为完善的当属长三角地区。长三角都市圈城市分布层次清晰，结构合理。第一层次为特大城市上海，是国际性港口城市和全国性中心城市，为该巨型区的核心和经济文化中心；第二层次包括特大城市南京和杭州，分别为该区两翼（江苏省和浙江省）的政治、经济、文化中心；第三层次为苏州、无锡、常州、宁波、扬州等大中城市；第四层次为南通、镇江、湖州、嘉兴等中小城市；第五层次为其他极具活力的小城市和卫星城市。以 2016 年为例，GDP 突破 5000 亿元的有上海、苏州、杭州、无锡、宁波、南京、南通、常州、徐州、温州 10 座城市，而京津冀区域中除北京、天津、唐山、石家庄超过 5000 亿元，邯郸、沧州、保定 GDP 超过 3000 亿元，其他大多数城市 GDP 总量多为 2000 亿元以下甚至只有数百亿元。由此可见，京津冀区域内两个特大城市呈鹤立鸡群之状，地区城市结构梯度不合理，大城市处于绝对优势，缺少发挥中间传递作用的中等城市和小城市，与周边地区相对独立的小城市群在发展上相互脱节、自我封闭，尚未形成完善的网络体系。由此导致的最直接后果是发达地区所出现的产业聚集、形成的产业规模和产业链因为找不到适宜的生存和发展环境，没有能力向周边落后地区推广和扩散。因此，更加加剧了城市结构梯度的不合理，形成恶性循环。

（二）中心城市辐射作用不强

从区域经济学理论讲，都市圈内应有一个经济首位度大的中心城市，它与周边城市区域存在密切的经济联系或分工合作的关系，并且同时具有"极化"和"辐射扩散"两种效应。长三角巨型区的首位城市上海，2016 年其地区生产总值达到 27466 亿元，与第二位城市苏州的 15475 亿元相比，经济首位度为 1.77。作为长三角的核心城市，上海对周边城市的优质要素资源产生巨大吸附力，一些企业总部、研发中心以及优良金融资产和高素质人才纷纷向上海集聚；同时，上海的大发展也对周边城市区域产生较强的辐射拉动作用，苏锡常和杭嘉湖等城市均有不同程度的受益。在推进长三角一体化过程中，各城市纷纷遵循错位发展的思路，形成既竞争又合作，共同发展的良好局面。与上海所在的长三角区域的"群芳竞秀"相比，北京在京津冀区域内的发展成为"一枝独秀"，前者为辐射模式，而后者为吸收模式。在两种不同机制下城市体系的发展结果是，上海周围形成了与周边地区共同富裕的格局，而北京的发展对京津周边区域起到"釜底抽薪"的作用，与周边区域发展形成很难逾越的鸿沟。京津"双核"在产业布局等方面的交叉也减弱了"双核"整体对河北经济的综合拉动力。京津经济总量偏小，城市首位度偏低（经济首位度 2016 年为 1.39），致使中心城市难以发挥对整个地区经济的辐射带动作用，中心城市与圈内城市在产业分工方面容易出现矛盾，很难实现共赢。

四、国有经济比重过高，产业格局问题较多

长三角在经济发展水平和职能分工上，已经形成了以上海为龙头，以江浙为两翼，区域内联系紧密的职能分工与产业发展格局。在各地产业大举进驻上海的同时，上海也加大了结构调整产业外移的力度，形成了由各地配合，上海负责规划、设计、招商的商业运作模式，大大提高了区域内整体协调和跨区域合理布局的能力。有意识地错位发展，使产业产生互补效应，在长三角已经显现。如围绕IT 产业，一条清晰的产业链条已初步形成：上海形成了较高水平的芯片设计、生产、封装、测试产业链，目前国内拥有的 4 条已投产的 8 英寸 0.35 微米以下的芯片生产线，三条在上海；苏锡常地区则发展成为 IT 产品的生产制造基地；苏州已形成了笔记本电脑、显示屏产业链；无锡则形成"日资高地"，偏重于通信和 PC 相关零部件的生产；宁波则以波导手机为首，建立了手机生产基地。而京津冀区域由于合作观念的缺乏、行政区划的分割，在区域经济发展的过程中，存在着主导产业趋同的现象。而且长期以来由于国有企业占主导地位，地区经济自成体系，区域发展各自为政，北京、天津与周边地区产业梯度落差较大，京津"双核"竞争有余、互补动力不足，许多产业长期处于低水平竞争的状态，不利于区域经济的协同发展和城市群的可持续发展。

（一）产业同构现象严重

京津冀的"产业同构"现象具体表现在两个方面：一方面是北京和天津产业的相似，北京与天津的主导产业都分布在电子通信设备制造业、黑色金属冶炼及交通运输设备制造业、电器机械与器材制造业、石油加工及炼焦业、化学制品业等领域。严重的产业同构，使得京津两中心城市间出现了经济学中的"囚徒困境"现象，严重恶化了双边经济关系，且制约了京津两市，特别是天津市的发

展；另一方面是河北省内部各城市产业的相同，据统计，在承德、秦皇岛、唐山、张家口、廊坊、保定、沧州、衡水、邢台、邯郸、石家庄 11 个城市的核心区中，将化工作为支柱产业的选择率高达 72.7%、机械为 54.5%、建材为 63.6%、冶金为 45.5%、电子为 36.4%、机电和纺织为 27.3%。根据产业结构理论，比较不同区域之间的产业结构，可以用 1979 年联合国工业发展组织（UNIDO）国际工业研究中心提出的结构相似系数法来计算产业同构系数，用以衡量产业的同构程度。其表达式如下：

$$S_{ij} = \sum_{k=1}^{n} (X_{ik} X_{jk}) / \sqrt{\sum_{k=1}^{n} X_{ik}^2 \sum_{k=1}^{n} X_{jik}^2} \qquad (4\text{-}1)$$

式中，S_{ij} 是 i 区域 j 区域的结构相似系数，i 和 j 是两个相比较的区域；X_{ik} 是 i 区域 k 产业占整个产业的比重，X_{jk} 是 j 区域 k 产业占整个产业的比重。S_{ij} 的值在 0 和 1 之间变动。如果其值为 0，表示两个相比较地区的产业结构完全不同；如果其值为 1，表示两个地区间产业结构完全相同。也就是说，S_{ij} 的值越大，说明两个相比较地区间产业同构程度越高；反之，表明同构程度越低。据此，计算得 2000~2013 年京津冀地区产业同构系数如表 4-7 所示。

表 4-7　京津冀地区产业同构系数

年份	2000	2002	2004	2006	2008	2010	2012	2015
京津	0.9573	0.9721	0.9612	0.9597	0.9864	0.9533	0.9511	0.9543
京冀	0.4346	0.4483	0.4892	0.5114	0.4818	0.3589	0.4056	0.5197
津冀	0.5661	0.5781	0.5262	0.5720	0.5326	0.5104	0.4366	0.6227
均值	0.6526	0.6533	0.6625	0.6879	0.6585	0.6097	0.6095	0.7121

资料来源：根据《中国统计年鉴》（2001~2016）、《中国工业统计年鉴》（2001~2016）、京津冀三地统计局信息网数据整理所得。

从表 4-7 的数据可以看出，京津之间产业同构尤其严重，而且京津冀内部区域之间的同构系数多年来更是有增无减。产业结构趋同性不仅使得城市的产业特色难以得到有效体现，而且造成严重的资源浪费，一方面造成行业内的巨大内耗，限制了企业规模效益的发挥；另一方面各地区各自为政，破坏了地区间的经济合作，不利于区域经济的一体化进程，进而影响整个国民经济的协调发展。

（二）国有经济比重过高

以所有制结构来衡量，京津冀区域作为老工业基地，传统计划体制的惯性影响较大，尽管近些年企业加快调整所有制结构，但国有经济比重仍然偏高。据

2015 年统计，河北省的国有及国有控股企业实现工业增加值占规模以上工业增加值的比重仍为 35.7%，天津市公有制经济实现增加值占全市生产总值的比重达 46%。长三角都市圈较早出现了以集体和私营经济为主体的"苏南模式"和"温州模式"，近些年经过规范的股份制改造，在中国地区经济中继续保持旺盛的活力。非公有制经济进一步发展，实现增加值在地区生产总值中的份额达 63.2%，上海非公有制经济增加值占全市生产总值的比重为 49.4%。与长三角相比，京津冀区域中的国有经济比重过高，政府对资源的控制力强，对企业的干预大，经济的市场化程度相对较低。目前，京津冀区域的国有经济改革还处于攻坚阶段，最活跃的私营和民营经济都还没有足够的力量打破行政区划的空间限制，进行跨行政区域的行业集聚和整合，从而影响了区域经济一体化的形成。

五、基础设施网络薄弱，支撑能力明显不足

构建综合性的网络化基础设施是实现区域经济协同一体化的前提和基础。以长三角地区为例，目前以上海为中心的"一小时圈""两小时圈"已基本覆盖了长三角的所有城市。在区域信息资源共享方面，基本形成了两省一市电子政务信息资源共享合作项目的实施方案。此外，该区域正在与长江中上游各省协商，联合开发建设长江"黄金水道"，伴随"长江经济带"国家战略的实施，为长三角开展新一轮合作与发展创造了良好的硬件环境。

以交通为例，与长三角地区相比，京津冀地区高速公路密度低，高铁、港口、机场的整合刚起步，交通设施网络化程度与加快经济整合的矛盾突出。轨道交通方面，铁路运力不能满足区域需要，京津及近京津地区的铁路运力布局具有很大的差异。京津之间准时准点对开的高速列车将两个城市紧密地联系在一起，但是京唐之间的铁路交通却没有如此便捷；唐山与保定之间的联系均需要绕过京津。从高速公路层面看，目前京津冀区域内有 35 条高速公路和 280 多条一般国道和省干线相连，但这并没有完全打通京津冀区域所有城市之间的交通瓶颈，如河北的承德、张家口和秦皇岛等城市与省会石家庄的沟通与交流就显得很难，公路交通的不完善，势必会危及区域间合作与区域经济的可持续发展。在京津冀地区铁路与公路网络均以核心城市为中心向外辐射的情况下，内外交流（东北、内蒙古与黄河、长江流域以及东南沿海的客货交流）必须要经过北京枢纽或天津枢纽，大量过境运输的存在严重干扰了北京、天津两大核心城市交通体系的顺畅运作。而且，京津冀地区港口、机场等重大交通设施的重复建设问题，造成了严重的资源浪费现象。如北京机场高利用率使得机场建设一再扩大，而高标准建成的

石家庄机场和天津机场却与之形成鲜明对比，航班少，客流小。一个是"吃不了"，而另两个是"吃不饱"或"吃不着"。

六、区域内部极不平衡，行政壁垒依然严重

与长三角地区大中小城市发展相对比较均衡协调比较，京津冀区域内的中心城市与其外围中小城镇及腹地在发展水平上存在巨大的发展差距。研究表明，环京贫困带24个县，共有国家和省级扶贫工作重点县（区）21个，扶贫工作重点村2730个，贫困人口180.4万人。这一贫困带已成为我国东部沿海地区区域差距、城乡差别最严重的地区之一，甚至与西部最贫困的"三西"地区（定西、陇西、西海固）处于同一发展水平，有些指标甚至比"三西"地区还要低。贫困带的存在客观上制约着北京、天津两个中心城市的发展，也制约着京津冀一体化的发展。

（一）经济发展不平衡

在经济一体化进程中，北京、天津的综合实力最强，成为区域发展的"飞地"，而河北的经济实力较为薄弱，与两大直辖市形成巨大的落差，区域经济发展不平衡成为京津冀一体化的主要障碍。2016年，北京、天津两市人均生产总值均突破11万元，天津更是接近11.5万元，城镇居民可支配收入均远高于全国平均水平19109元，而河北人均生产总值还未突破5万元大关，城镇居民可支配收入28249元，比全国平均水平低近16%，比北京市低近一半。从三次产业结构看，北京的产业结构已经实现了"三二一"的结构调整，天津近两年来也转向了"三二一"结构，河北还没有摆脱"二三一"的产业结构模式。从市场开放度看，京津两市由于享受开放城市、沿海城市、开放区、开发区等优惠政策较早，在引进资金、扩大出口等方面占据了绝对优势，而河北省的对外开放步伐虽然也在不断加快，但在利用外资、外贸出口等方面的能力差距较大。相比之下，长三角地区不仅总体经济实力强而且内部区域的经济发展都较为均衡，呈现共同繁荣之势（见表4-8）。

表4-8　2016年京津冀内部地区之间以及与长三角之间经济实力对比

地区	人均GDP（元）	经济增速（%）	城镇居民人均可支配收入（元）	农村居民人均可支配收入（元）	三次产业结构	固定资产投资（亿元）	进出口总额（亿美元）	实际利用外资（亿美元）
北京	113731	6.7	57275	22310	0.5：19.2：80.3	8461.7	18625.2	130.30
天津	114690	9.0	37136	20127	1.2：44.8：54.0	14629.22	1026.51	101.00

续表

地区	人均GDP（元）	经济增速（%）	城镇居民人均可支配收入（元）	农村居民人均可支配收入（元）	三次产业结构	固定资产投资（亿元）	进出口总额（亿美元）	实际利用外资（亿美元）
河北	42607	6.8	28249	11919	11.0∶47.3∶41.7	31750.00	3074.70	81.50
上海	113510	6.8	57692	25520	0.4∶29.1∶70.5	6755.88	52334.85	185.20
江苏	95124	7.8	40152	17606	5.4∶44.5∶50.1	49370.90	33634.80	245.40
浙江	83157	7.5	47237	22866	4.23∶44.14∶51.63	29571	22202	103

资料来源：2016 年各省市国民经济和社会发展统计公报。

（二）资源分布不均衡

与长三角地区内部两省一市相互合作、优势互补相比，北京对周围地区人才和资源的"空吸"现象成为京津冀区域经济一体化的又一瓶颈。京津冀在地理位置方面浑然一体，北京与天津是河北省北部中心区域独立出来的两个直辖市。由于直辖市在集聚资源方面能够给创业者和投资者提供更好的平台，经济主体能够谋求更大的利润空间，各方人才资源都集聚到京津，使得本应在京津冀范围内均匀分局的经济格局转变为向京津聚集的不对称发展状态，导致"马太效应"的产生，使得不具备竞争力的经济个体被排斥到京津周边，因此河北省区域的产业布局完全不是主动的，而是在以京津发展为主导的情况下逐渐被边缘化的，并形成了一条罕见的环京津贫困带。加上长期以来，河北"勒紧裤腰带"在水资源、交通资源、用地资源上全力支持京津，却没有得到相应的补偿，这就加剧了河北经济的落后，使得三地的发展不能齐头并进。北京、天津和河北省的人均收入统计如图 4-9 所示。

据图 4-9 显示，河北省人均收入严重偏低，京津冀收入上的巨大差距使得河北无法留住和吸引高层次人才，进而造成了河北地区缺乏活力，加剧了在居民消费、社会福利、政府和企业投资、经济发展潜力等方面的差距。而这种差距，又进一步造成环渤海区域内其他省市的资金、人才等向北京、天津聚集，使发展的差距进一步扩大，形成恶性循环，严重地制约着京津冀区域经济协同的一体化进程。

（三）行政壁垒严重

长三角作为中国经济发展速度最快、经济总量规模最大的首位经济核心区，其经济发展格局是在分工协作的基础上推进整体区域市场协调发展，已经成功实现从"行政板块"向"经济板块"的转化。对局部行政区域而言，资源重新优化

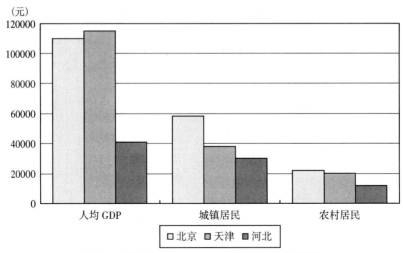

图 4-9　2016 年北京、天津和河北省的人均收入

资料来源：京津冀三地 2016 年统计公报。

配置可能有得有"失"，然而最终的结果是整体利益与局部利益的共赢。相比之下，京津冀区域带有相对明显的政治属性。长期以来，"京津冀"内部地区之间由于行政地位的对峙，导致经济"分工—合作—共同发展"的局面无法形成，行政区经济封闭的旧有格局依旧有较强的影响力，加上三地之间缺乏合作的内在动力。行政功能、体制性障碍已成为京津冀一体化进程中所需克服的主要难题。首先，京津冀区域内没有统一的经济发展规划。区域内各方没有从整体角度寻找各自的比较优势，错位发展，而且不顾资源等条件限制，追求"大而全"。核心城市和各卫星城找不准自己的产业定位，严重制约了京津冀经济和社会的快速发展。近年来，京津之间围绕机场、港口等基础设施之争，围绕汽车、重化工等制造业之争，围绕北方产权交易中心等平台选择之争，围绕生态环境、水资源之争，造成了资源、效率的巨大浪费，而且更加影响都市圈内部的协同发展。其次，缺乏高层次的合作磋商协调机制。尽管京津冀高层领导也进行了双边互访和多边协商，但一直未能就区域内的产业结构调整、基础设施建设等战略性合作问题进行深入磋商并达成共识，未能在寻求有关各方利益结合点及合作切入点上取得重大突破。河北一直寄希望于京津两地的辐射影响，实现京津冀经济一体化。事实证明，这个设想在目前的协调机制下难以有很大的作为。京津对河北的带动作用并不明显，河北与京津的合作除了在水资源、土地资源等生态屏障上较多以外，产业上的分工并不多。最后，没有形成以市场机制为主，以政府宏观调控为辅的有效机制。目前京津冀区域国有资本占绝对优势，多数民营企业规模较小。

这种客观现实决定了企业活力不足,辐射能力受到严重影响,而且政府对企业的行政干预多,使企业跨地区生产要素流动受到制约,市场配置资源的作用不能得到充分发挥。

七、行政财税体制制约,加剧地方无序竞争

财税体制直接影响政府间关系和政府利益。1978~1993 年,建立起"分灶吃饭"的"财政包干制"(划分收支、分级包干),并历经多次调整。财政包干体制采取中央政府与地方政府谈判的方式,地方政府征税越多其提留的就越多,因此,极大地刺激了地方政府广开财源和狠抓财政收入的积极性。然而这种财政包干体制的问题在于,政府对企业"条块分割"的行政隶属性并未根本改变,只是从"条"(部门)到"块"(区域),企业没有真正被放权,企业跨区域发展仍然受束缚。因此,为了追求本地区的利益最大化,往往构筑行政区划内的贸易壁垒、相互市场封锁、约束要素自由流动等。如天津与北京在汽车行业的分割,河北农产品进入北京的质检障碍等(马海龙,2014)。

现行财政体制虽调动了地方政府增加财政收入的积极性,但也促使了地方政府千方百计采取各种措施保护本地的经济利益。客观上催生了行政分割、市场封锁、产业同构、无序竞争等问题的发生。使得推进区域协同发展更加困难。新的规划纲要出台后,高层的协调和建立合作中税收分成机制一定程度上可以解决这一难题。

八、经济科技合作度低,整体优势难以发挥

京津冀区域政治属性明显。长期以来京津冀内部由于行政对峙,导致经济分工合作的协同发展局面始终无法形成,"一亩三分地"的行政区经济封闭思维和固守旧有格局的思想影响深刻,三地间合作的内在动力缺乏。由于长期以来京津冀缺乏统一的区域经济发展规划,区域内各方不能从整体角度寻找优势,错位发展,而是不顾资源环境条件限制,追求"大而全""小而全"的自成体系。中心城市和外围城镇产业定位不明,严重制约了京津冀经济科技合作的发展。相当长的时间内,京津之间围绕机场、港口等基础设施之争,围绕汽车、重化工等制造业之争,围绕北方产权交易中心等平台选择之争,围绕生态环境、水资源之争,造成了资源、效率的巨大浪费,各自为政,优势得不到整合,整体优势得不到发挥,进而更加影响区域内部的协同发展。河北一直寄希望于京津能够辐射带动其发展,但行政利益分割状态下,京津对河北的带动作用并不明显,河北与京津的

合作除了在水资源、土地资源等生态屏障上较多以外，产业上的分工并不多，经济科技合作度偏低，区域整体优势难以发挥，延缓了区域协同一体化发展的步伐。国家层面规划纲要的出台，为改变这种境况提供了规划政策保障，但要纠正过去长期发展的惯性还需要长时间的磨合和各方共同的努力。

第五章　区域科技合作推动京津冀协同发展的理论依据与必要性

　　没有理论指导的实践是盲目的实践。区域科技合作推动京津冀区域协同发展需要理论依据和指导。为了有效地引导和推进京津冀地区科技合作，形成合理的产业协作分工格局和提升京津冀地区整体的竞争能力，必须研究影响京津冀科技合作的相关理论，并运用理论来引导京津冀地区科技合作，推进区域协同发展的全过程。理论依据可归结为三大相互支撑的方面，即区域经济增长理论、区域开发开放理论和区域跨越式发展理论。

　　在新形势下，尤其是习近平同志"2·26"讲话后，京津冀地区无疑已经成为中国经济版图上新的热点地区。然而，正如前面章节所分析的，由于行政区划管理体制及区域自身利益最大化等因素的影响，京津冀三地间尚未建立起深层次的技术联系和形成合理的区域科技合作格局，科技资源分散，协调困难，甚至存在技术、人才引进上的恶性竞争，区域整体科技优势发挥受限。前文已经阐述了区域科技合作推进京津冀协同发展的背景、战略意义和存在的主要问题，本章在给出相关理论依据的基础上，进一步剖析了京津冀区域科技的内在联系，揭示了区域科技合作对推动京津冀协同发展的现实和长远意义。

第一节　理论依据

　　京津冀科技合作建立在三地现有经济和科技能力的基础上，准确把握京津冀科技与经济的供需要素，才能有效引导京津冀的科技合作。通过相关区域发展理论，可以进一步明确京津冀科技合作的方式、重点和发展方向等。

一、区域经济增长理论

传统均衡增长理论认为（马歇尔，1965），经济增长取决于土地、劳动和资本三大要素及其有效利用，其条件是生产要素的充分自由流动，资本从高工资高收入区向低工资低收入区流动，劳动力则相反，从低工资低收入区流向高工资高收入区，其结果是低工资低收入区资本积累率更高，工资增长更快，促使要素收益均等化，地区经济增长差异缩小直至趋同。因此，区域增长差异市场不完善的表现是短时间的，随着市场的健全和完善，区域发展差异就会逐步消除。当前，京津冀统一市场体系尚未完全形成，要素自由流动还受到诸多行政壁垒等主客观因素的影响，显然单靠市场机制来推动京津冀科技合作困难很大，必须同时运用"看不见的手"和"看得见的手"来促进三地的科技合作。

非均衡增长理论认为（赫希曼，2001），如果政府不干预经济发展，区域差距不仅不会消失而且趋于不断增大，区域差异是由环境、政策、制度和科技等因素造成的，其中科学技术是区域差距产生发展的根本因素。这些因素可以归为原生性因素和诱发性因素两大类，原生性因素即地区自然资源禀赋条件及其延续的经济、社会和文化发育程度等；诱发性因素包括各种政策、体制、科技及其他引发外部环境变化的因素。该理论承认区域间发展差距的客观现实，并认为应遵循"效率优先"的原则，通过集中资金资源进行重点发展，推动地区间形成接续的产业结构转换联系，最终实现不同地区的均衡协调发展。按照非均衡增长理论，在推进京津冀科技合作的过程中，政府应该发挥更好的作用，通过推动政策的协同、实施重大工程建设等措施来引导效率方向，从而为京津冀科技合作创造更好的环境条件。

梯度发展理论认为（Myrdal，1957），基于产品生命循环阶段的变化，创新发源于高梯度地区，然后随时间推移，按顺序依次从高梯度地区转向低梯度地区。这种按梯度由高向低推进的区域发展模式，符合利润最大化原则。在京津冀科技合作中，应当遵循梯度发展规律，京津两个科技高地尤其是北京应当不断创新、发展新产业、开发新产品、建立新企业，以保持技术创新的领先地位，同时将能够带动京津周围地区和整个河北省发展的技术产业转移，加速地区工业集聚和城市化进程。京津冀科技合作应当从梯度的现实情况出发，推进科技合作，加快推移速度，逐步缩小区域差距，实现科技合作推动下的京津冀地区协同发展。

增长极理论认为（Perroux，1955），经济增长并非同时出现在所有地方和部门，而是由于在一些地区或城市聚集了某些主导部门或创新能力强的企业，形成了一种资本与技术高度集中、具有规模效益、自身增长快速并能对周边地区产生强大辐射带动效应的增长极（Growth Pole），通过增长极的优先增长并带动周边相邻地区的共同发展。由于京津冀区域现有的科技水平及科技创新能力参差不齐，为增长极通过合作推动地区科技合作提供了可能性。

二、区域开放发展理论

根据比较优势学说（李嘉图，1962），一国如果两种产品的生产都有优势或都处劣势，但相比而言，在优势产品中可选择最具优势的，在劣势产品中避开最劣势的，那么两国通过贸易使双方都可获得更高收益。京津冀科技合作应当发挥各自优势，扬长补短，通过互通有无加强内部贸易可增进双方利益。

根据要素禀赋理论（Ohlin，1967），各国资源要素禀赋不同，有的资本丰富，有的土地丰富，有的劳动力丰富。一国将出口密集使用该国丰富要素的产品，而进口密集使用该国稀缺要素的产品，通过贸易各方都可获得最大收益。要素禀赋理论也适用于一国内部区域的贸易分工。根据该理论，京津冀科技合作项目、领域的选择，应当充分考虑各地要素禀赋优势，科技资金和科技能力的投向应当遵循三地各自的技术、资本和劳动力等要素优势的发挥，从而在京津冀科技合作中取得最好的效果。

根据垄断优势论（Hymer，1976），拥有垄断优势是跨国投资的必备条件，特别是技术垄断优势，如技术、知识、信息、无形资产、生产诀窍等。该理论摒弃了传统中自由竞争的苛刻假设，采用了不完全市场的假设前提，该理论以垄断优势和不完全竞争为核心概念，说明完善市场机制并非吸引更多外资的必要条件，而让对方获得足够的利润是更重要的前提，因此，在市场不完全条件下采取针对性措施吸引外资是可能的。京津冀科技高地京津，尤其是北京的市场环境和支撑发展的条件优于科技欠发达的河北省，在对河北进行产业转移和技术输出时必须拥有垄断优势，特别是技术和管理优势。

三、区域跨越发展理论

根据知识经济理论（Dale，1997），新经济的增长动力主要来自知识和技术创新，劳动者技能和人力资源质量是新经济发展的核心因素，生产知识、传播知识和应用知识是获得经济优势和推动增长的主要途径。在知识经济不断推进、其重要性越来越凸显的形势下，推进京津冀科技合作和跨越式发展，必须以知识经济为导向，要充分重视各类知识资源的开发利用，用知识创新、技术创新来挖掘传统资源的潜力和新用途，整合京津冀三地的知识创新资源，突破共性技术瓶颈制约，保证京津冀科技合作的长期开展，促进京津冀各领域的协同发展实现跨越。

根据国家创新系统理论（Lundvall，2010），国家创新系统与知识经济紧密关联，它是一个由有经济价值的新知识生产、传播和应用上互相作用的要素和关系所构成的创新系统。狭义的国家创新系统是与研究、创新有关的机构和制度。广义的国家创新系统包括影响研究、探索和创新的经济结构和制度。配置优化创新资源、协调国家创新活动和推动整个国家创新体系的建设是国家创新系统的主要功能。根据该理论，京津冀科技合作涉及高等院校、科研院所、企业、政府部门和中介机构等诸多组织机构，这些组织机构可看作是系统的创新要素。通过政府协调引导和市场机制来推动京津冀科技合作，最大限度地发掘利用这些要素，不断推进技术创新和知识创新，提高整体竞争能力。

技术转移理论实际上是关于科技成果转化的理论，主要包括技术差距论、技术转移选择论、需求资源关系理论、中间技术论等。技术差距论认为，科学技术是非常重要的生产要素，它独立于劳动和资本两类要素但又与其密切联系，技术转移的重要原因之一就在于不同国家（地区）间的技术差距。科学技术从技术创新源地的发达国家（地区）向缺少技术的发展中国家（欠发达地区）转移。根据该理论，发达国家（地区）的创新产品通常具有较高的价值，当创新产品成为成熟产品并转移到欠发达国家（地区）生产时，发达国家（地区）的工资水平将下降，欠发达国家（地区）的福利水平将提高；倘若发达国家的创新进程减缓或技术转移速度加快，发达国家（地区）与欠发达国家（地区）的差距就会不断减小。技术转移理论揭示，技术要素在京津冀地区间的转移流动，有利于调整和升级各方的产业结构。北京发展知识密集型产业，天津发展高端现代制造业，把不适宜在京津发展但河北工业化发展又需要的产业转移到河北，这也是河北产业结构调整和高级化的组成部分。河北从京津引进的技术与原有技术水平相比是先进的，可以建立和发展新兴产业，实现更快的发展，缩小与京津的差距，促进区域发展的协调。因此，技术转移能使京津冀各方都能受益。

四、区域科技合作理论的启示

从上述三大方面分析京津冀区域科技合作的理论依据，可得到以下启示：

（一）政府和市场必须并重

京津冀协同发展战略自 2014 年推进以来，虽然在交通、资源环境和部分产业领域取得进展，但总体上京津冀区域一体化市场目标还没有完全完成，统一市场机制尚不健全。在各类要素自由流动依然受限的条件下，仅仅依靠市场力量来推动京津冀科技合作还有不少的困难和障碍，必须更好地运用政府和市场"两只手"的力量进行双重调控。

（二）重点实现六方面突破

河北环京津贫困带要摆脱落后困境，要真正实现京津冀三地协同发展，就必须积极推进京津冀科技合作，必须在体制机制创新、收入分配格局调整、企业家精神培育、获得国家政策支持、引进技术含量高的外资和推进技术进步六个方面加以突破，才能有效缩小区域差距，实现一体化协调发展。

（三）效率优先为首要原则

尽管京津冀已经成为继长三角、珠三角之后国家事实上的"第三极"，但作为一个整体，京津冀发展水平还不是很高，在此条件下，京津冀科技合作仍应遵循效率优先、兼顾公平的原则，通过相应的合作政策引导效率方向，为京津冀科技合作创造更好的政策和制度环境。

（四）遵循梯度推移大规律

京津冀地区科技发展客观上存在北京—天津—河北的梯度差异，遵循梯度转移规律，北京和天津应当大力推进原始创新和产业发展共性关键技术创新，积极融入全球化和参与国际竞争，河北，尤其是较为落后的地区应当将重点放在引进资金和技术，积极承接来自京津等高梯度区转移出来的产业，加快本地新型工业化和新型城镇化进程，提升经济实力和科技合作能力。在河北省内部也要遵循梯度转移规律来加速推进梯级开发和技术的梯次合作，随着推移速度的加快，最终实现一体化协同发展格局。

（五）着力培育京津增长极

京津冀地区虽然地域相连，联系紧密，但由于种种原因，北京和天津对河北及其周围地区的带动力不强，并未成为真正强有力的增长极。为推进京津冀的进一步深入合作，北京和天津应当着力于将自己培育成科技带动地区经济发展的增长极，京津冀的科技合作是迅速提升北京和天津创新能力的重要途径，也是提高京津带动河北和周边地区经济发展能力的重要工具。

（六）整合资源合作出效益

京津冀三地资源禀赋存在差异，优势、劣势各不相同，三地应该发挥各自的资源要素禀赋优势，整合京津冀自然资源、资金、技术、人才、政策和管理等各种要素，建立科技共同发展平台，推动京津冀科技合作顺利展开并形成现实生产力，多出成果和效益。

（七）催化潜力跨越式发展

在京津冀科技合作过程中，通过技术和知识转移，汇集京津冀发展的合力，催化河北的发展潜力，实现京津冀欠发达地区的跨越式发展。

（八）让合作引领国家创新

京津冀地区对国家的发展和综合竞争力的形成具有举足轻重的地位，北京拥有全国最大、最密集的智力科技资源，天津拥有现代工业的坚实基础，河北拥有丰富的资源禀赋和巨大的工业化潜力，在目前该地区已经上升为重大国家战略和国家级"千年大计"雄安新区设立的形势下，京津冀地区科技合作不但要纳入国家创新系统，而且要成为以合作引领国家创新系统的典范，促使其支撑国民经济战略性调整，以保证京津冀地区乃至更广阔地区协同一体化目标的顺利实现，为雄安新区的迅速崛起奠定基础。

第二节　必要性

京津冀协同一体化发展战略的推进，既体现了京津经济能量集聚区需扩大释放经济腹地的内在要求，也反映了京津周边地区接受京津经济辐射的强烈愿望。京津冀地区内部发展水平不一，资源、科技、经济互补性强，具有广泛开展科技合作的有利条件。以科技合作推进京津冀协同发展，对于有效集成京津冀科技资源优势，提升区域科技创新能力和产业竞争力，非常必要且具有重要意义。

一、产业科技存在关联，但未形成互动协同机制

京津冀地区文化相通、地域相接，二市一省技术经济联系源远流长，经济、科技特别是产业技术具有广泛的关联性。首先，从现有产业结构形态考察，如前所述，京津冀三地产业结构具有较高的相似性和趋同性。根据 2015 年的统计数据，京津冀三地产值排名前 10 位的行业基本相似。尽管三地最近几年都在调整产业结构，但产业结构趋同的总体状况没有根本性变化，其中京津产业结构、津冀产业结构趋同性较高，二者工业结构相似度系数分别达 0.67 和 0.8。产业结构趋同不可避免地导致京津冀三地之间的技术竞争，同时也表明彼此间具有紧密的技术经济关联性。从产业发展规划考察，京津冀三地之间也存在紧密的技术经济

联系。根据三地"十二五"规划中列出的重点发展产业来看，如表 5-1 所示，产业趋同的态势仍未根本改变。随着各地发展规划的实施，产业发展的"路径依赖"效应将会显现，如果三地不能通过合作来实现错位发展，有可能形成新一轮的产业同构。

表 5-1　"十三五"时期京津冀三地重点发展产业比较

	地区	规划重要产业
工业	北京市	大力发展战略性新兴产业和高端制造业，实现新能源汽车突破发展，推动新一代信息技术产业领先发展，推进高端装备制造智能化、精细化发展，推动生物医药产业跨越发展，促进节能环保产业健康发展，形成一批拥有技术主导权的新兴产业，加强战略性产业前瞻布局
	天津市	壮大发展装备制造、新一代信息技术、航空航天、生物医药、新能源、新材料、节能环保等高端产业，加快发展机器人、3D 打印设备、智能终端、新能源汽车等新兴产业，改造提升现代石化、现代冶金、轻工纺织等传统产业
	河北省	确定了八个重点培育发展的产业，即先进装备制造、新一代信息技术、生物、新能源、新材料、节能环保、新能源汽车、数字创意等，力争在智能制造、轨道交通、通用航空、大数据、平板显示、生物医药、生物制造、光伏发电、风力发电、特种金属材料、节能环保、纯电动汽车等高端细分领域取得重要突破，形成一批特色优势产业集群，引领支撑全省"双中高"发展
服务业	北京市	加快发展生产性服务业，创新发展金融服务业，融合发展信息服务业，做大做强科技服务业，促进商务服务业高端发展，调整提升流通服务业，推动生产性服务业业态创新，推动文化产业创新繁荣发展，优化提升传统优势文化行业，发展壮大创意交易行业，深入推进文化与相关行业跨界融合发展
	天津市	推动生产性服务业向专业化和价值链高端延伸，加快发展现代物流、电子商务、科技服务等重点产业，积极培育服务外包、会展经济、商务咨询、通用航空等新增长点，增强对先进制造业全过程的服务能力
	河北省	拓展现代服务业发展新领域，优先发展生产性服务业，大力发展生活性服务业，积极发展高端服务业，实施智慧物流、信息服务、金融服务、科技服务、电子商务、工业设计、文化创意、旅游休闲、健康养老等重点行业发展行动计划

资料来源：京津冀三地"十三五"规划纲要。

通过分析京津冀三地工业同构现象发现，虽然北京与天津、北京与河北的工业结构相似性不高，但是京津冀产业合作格局却并未形成，更不用说形成协作互动协同发展的机制了。最能体现京津冀技术合作的是京津塘高速公路沿线的高新技术产业带，这里分布着中关村国家自主创新示范区、北京经济技术开发区、廊坊经济技术开发区、天津滨海高新技术开发区、天津经济技术开发区等国家级园区，是京津冀发展高新技术产业的高地，是最有可能建立三地科技合作与产业技术联系的空间载体。然而，从各开发区所开发的现有产品类型、品种和发展规划上看，大都集中在电子信息、机电一体化、新材料、生物医药等几大行业。空间上，京津塘高速沿线区域已经形成了一条高技术产业带，但园区之间上下游产业联系很少，尚未形成有效的产业价值链（马海龙，2014）、相互协作协同发展的机制。

京津冀三地间紧密的技术经济联系和依存性，表明它们存在区域科技资源整合及区域合作协同发展的共同基础，也反映了从京津冀区域整体角度整合区域科技资源，推动区域合作协同发展的必要性。

二、区域科技存在梯度，但未建立合理分工格局

京津冀三省市存在紧密技术经济联系的同时，也表现了明显的科技水平梯度差异性。首先，在研究和发展试验（R&D）资源、科技基础和区域创新能力等方面，三省市处于不同梯度，北京聚集了全国最优质、数量最大的科技知识资源，特别是在 R&D 资源和自身创新能力方面具有绝对的优势；天津具有仅次于北京的科技知识资源；河北相对较差。表 5-2 列出了北京、天津和河北的 R&D 资源及创新能力状况。从中可知，R&D 经费投入，北京占据绝对优势，其投入大约是天津的 3 倍，是河北的 4 倍。综合创新能力、自主创新能力、创新平台建设、创新要素投入、成果转化、企业创新、结构创新等指标，北京都遥遥领先，多数指标都超过了津冀二地区的总和。

表 5-2　京津冀三地 R&D 资源及创新能力比较

省市	排名	R&D 经费投入（亿元）	综合创新能力	自主创新水平	创新平台建设指数	创新要素投入指数	创新成果转化指数	企业创新指数	结构创新指数
北京	1	1063.46	0.6097	0.5305	0.4870	0.6088	0.5446	0.6224	0.6865
天津	2	360.49	0.3884	0.2341	0.1750	0.3847	0.1399	0.3173	0.4551
河北	3	245.80	0.2619	0.0973	0.0462	0.2145	0.0292	0.2111	0.2111

资料来源：《中国统计年鉴》（2013）；方创琳等. 中国创新型城市发展报告 [M]. 北京：科学出版社，2013.

其次，在产业技术上彼此间也存在梯度性，如表 5-3 所示。北京和天津产业技术基础雄厚，具有以大企业为主体的工业结构，虽然京津大型企业数、平均每个大型企业员工数都少于河北，但京津二市的大型企业平均产值、大型企业平均资产、大型企业产值比重和大型企业员工比重都高于河北，尤其是京津的大型企业人均利税总额更是远高于河北。而中小型企业数量和比重京津都少于河北。实际上，河北有相当多的中小企业、民营企业是为京津企业提供服务配套发展起来

的，产业技术相对落后于京津。近年来，京津冀都加速了技术进步，但京津进展更快，很多跨国公司把总部与研发机构设在北京、天津，而河北则鲜有知名跨国公司的总部和研发机构。高端商务服务业一般布局在京津，尤其是在北京布局了众多的高端现代服务业，而进入京津冀地区的一般制造业多落户于河北省。截至2016年，符合北京产业定位的总部企业数量达到4007余家，世界500强有58家总部设在北京，占中国入围企业的52.7%，连续四年位居世界城市之首，超过居第二位的日本东京的49家。世界知名企业在京设立跨国公司地区总部达到161家，其中国外世界500强企业投资地区总部达67家。天津总部经济也发展较快，2015年，中国500强企业中的163家在该市落户，2013年，拥有世界500强的地区总部和重要营运中心33家。^① 这种企业及研发机构的分布格局，形成了京津冀三地技术水平上的梯度结构。

表5-3　京津冀三地工业结构比较（2012年）

省市	大型企业（个）	平均每个大型企业员工数（人）	大型企业平均产值（万元）	大型企业平均资产（万元）	大型企业产值比重（%）	大型企业员工比重（%）	大型企业人均利税总额（元）	中小型企业数（个）	中小企业产值比重（%）
北京	139	3251	808171	864659	59.5	40.9	172634	3409	40.5
天津	206	3484	690883	687088	50.9	45.5	294276	5319	49.1
河北	356	3763	455382	599108	35.7	42.0	3660	14939	64.3

注：其中河北为2011年数据。
资料来源：《北京统计年鉴》（2013）、《天津统计年鉴》（2013）、《河北经济年鉴》（2012）。

最后，从科技成果和科技人员力量来考察，也可以明显显示出京津冀三地的科技梯度差异。根据有关统计（见表5-4），2016年，北京和天津研究和发展试验（R&D）经费支出占GDP比重分别达到6.01%和3.08%，而河北仅为1.18%。专业平均每万人科技人员数北京和天津分别为344人和274人，河北为156人，约为前两者的一半。R&D人员数，北京高达35万余人，天津为17万余人，而河北仅10万余人。专利授权量北京为94031项，天津为37342项，河北仅约为北京的1/3，有30130项。河北科技成果尽管数量多于京津，但其国际领先的成果与京津相比还有很大差距。

京津冀上述科技水平的显著梯度差异，并未导致三地合理的纵向分工合作格

① 曾辉.关于加快天津总部经济发展的思考 [J].求知，2013（3）：45-48.

局。因此，以京津冀三地间的科技水平梯度为基础，通过必要的政策手段和制度安排对三地区域科技合作进行系统规划，对区域科技资源进行统筹协调，是建立区域合理分工进而推动区域协同发展的重要基础。基于此，京津冀地区科技资源整合非常具有现实必要性。

表 5-4   京津冀三地科技力量和科技成果比较（2015）

省市	专利授权数（项）	专业技术人员数（人）	平均每万人科技人员数（人）	R&D 人员数（人）	R&D 经费占 GDP 比例（%）	科技成果数（项）	科技成果数中国际领先（项）
北京	94031	747461	344	355000	6.01	1045	75
天津	37342	424050	274	177725	3.08	2610	77
河北	30130	1160009	156	107508	1.18	5258	43

资料来源：《北京统计年鉴》(2016)、《天津统计年鉴》(2016)、科技部网站。

三、科技合作存在需求，但缺乏高层次协调机制

当前，京津冀三地所处的工业化阶段不同，北京已完成工业化进程，进入工业化后期和后工业化时期，天津正在向工业化后期准备条件，河北尚处于快速发展的工业化中期阶段。在国家推进加快发展方式转变的进程中，三地产业结构都在进行战略性调整。这种调整需要三地间建立密切的合作关系，对区域科技合作提出了需求。近年来，在三地政府的推动下，京津冀签订了系列合作协议，发表了各种合作宣言。这些协议和宣言在促进京津冀开展科技合作、共建区域科技创新体系和促进区域协同发展方面发挥了较大的作用。但在现实运作中，存在一些具体问题，需要建立更高层次的协调机制。

一是中央与地方利益的不完全相同。由于地方政府都是单个独立的利益主体，利益动机各有不同，其行为就不一定与中央政府一致。比如在自主创新方面，中央希望地方政府既要加大自身科技投入，也希望加强与其他地区的合作以避免同领域的重复建设，还希望通过技术知识外溢等形式让其他省市受益。但地方政府不仅难以实现技术知识外溢，即使在同产业技术领域的协同攻关都难以顺利展开。

二是中央与地方政府利益分化。中央与地方的博弈关系一直存在，改革开放之前，中央与地方关系总体上是中央高度集权。改革开放之后，放权让利，实行"财政包干、分灶吃饭"，搞分税制财政体制改革等，极大地激发了地方和企业发

展经济的积极性。但由于改革体制不健全，出现了新矛盾，如地方政府截留权利，使政企不分的局面纳入了更加复杂的地方利益，造成政企关系的地方化。中央政府调控干预能力下降，地方容易萌生自身利益至上的观念，进而造成"地方保护主义"现象。京津冀地区在港口、机场等领域就存在重复投资建设的冲动。这是不合作、政府干预企业行为的结果。

三是地方财力增大，中央政府控制力弱化。中央在对地方进行财政让利的过程中，国家财政控制力逐渐减弱。中央财政收入占总财政收入的比重已从 20 世纪 80 年代初的 60% 降至现在的约 40%。地方财力的不断增大，导致中央政府对地方的经济调控难度不断增加。对于欠发达地区，中央政府用少量资金就可调动地方政府和企业的行为，但相对较发达的京津冀地区，中央政府的经济调控力度要求更高、难度更大。在市场机制下，单靠经济机制贯彻国家意志的成本增加。

四是经济发展指挥棒下导致地方政府短视。受 GDP 导向影响导致地方政府短期行为的现象是一种客观存在。如京津冀地区内制造业基地争夺问题、一些关键产业的核心技术开发问题等。虽然竞争也是发展的动力，但不良竞争会导致资源浪费和内耗，导致某些地方企业对自主创新和科技合作不重视，对 GDP 的关注远高于对企业核心技术和技术合作的关注程度，缺乏建立企业核心技术能力和科技合作的紧迫感和责任感。因此，不论是满足区域内部存在的共性技术需求，还是克服科技资源配置的重复建设和避免恶性竞争，都需要更高层面的组织和协调。

按照"廊坊共识"、《北京市—河北省 2013 至 2015 年合作框架协议》《天津市—河北省深化经济与社会发展合作框架协议》和《共同推动京津冀国际科技合作框架协议》以及《京津冀协同发展规划纲要》等的基本精神，当前工作的重点主要是扩大合作层面、推进开放共享、做好对接服务、组织联合攻关、建立中介联盟等。出发点是真诚合作、互利互惠、优势互补。应该说，这些工作对于推动京津冀区域科技合作的起步性措施是合适的，但如果仅停留在这一层面上，不从区域整体优化角度来整合科技资源并进行系统规划，则难以从根本上实现资源的高效利用和区域的协同发展。因为在当前缺乏高层协调机制的框架下，由于行政的利益分割，尚难以构造持续的利益机制来优化整合科技资源。

第六章　京津冀地区科技能力分析

　　本章对京津冀地区科技发展的情况进行概括性阐述，分析北京、天津和河北三地的科技实力。科技能力分析将为该地区重点领域的科技合作研究提供基础。京津冀地区的科技实力分析分为四个方面，包括科技势能分析、科技转换能力分析、科技潜力分析和基础设施能力分析，研究该地区科技现状和未来的科技发展潜力。目前，京津两市的科技实力雄厚，科技转换率较高，基础设施建设相对完善，而河北省有较高的科技潜力，政府在不断加大对科技研发的投入，三方科技合作的实施空间较大。

第一节　京津冀地区科技势能分析

一、京津冀科技势能概况

　　科技势能分析主要考虑京津冀地区科技总体实力，通过采用五个指标将政府、企业、市场等主要科技活动参与者纳入其中。政府作为一个重要的市场参与者，通过政府研发投入占 GDP 比重衡量政府对当地科技发展的支持力度，通过表 6-1 可以看到，北京市政府对科技发展的支持力度最高；本书通过每百万人平均发明专利授权数和技术市场成交额占工业产值比重两个指标从市场角度衡量京津冀的科技实力，发现北京市的科技活动在市场中最为活跃；企业作为科技研发使用的参与者，在科技活动中占据了重要地位，经过分析，北京和天津两市企业中科研人员比重较高，分别为 5.18% 和 4.19%，实际利用外资的水平较高，更积极地吸收了国内外先进的科技经验。

二、北京科技势能居绝对优势地位

从全国来看，北京市是我国科技发展水平最高的地区之一，天津市处于中上游，河北省的科技实力十分薄弱。由于北京市是我国的政治文化中心，经济实力雄厚，因此政府对于科技发展的支持力度高，政府研发投入占 GDP 的比重在全国居首位；高校聚集、人才汇聚为研发提供了丰富的人才资源，每百万人平均发明专利授权数、规模以上工业企业就业人员中 R&D 人员比重均位列第一；2012年，北京市技术市场成交额为 4979526.85 万元，雄踞榜首。

三、天津科技势能中外资有相对优势

天津市科技实力与北京市相比，略逊一筹，2011 年，在全国 31 个省市自治区中，政府研发投入占 GDP 的比重为 0.42%，居第 5 位，每百万人平均发明专利授权数和规模以上工业企业就业人员中 R&D 人员比重均位列第 3；技术市场成交额仅为 174.0 亿元，约占北京市的 1/4，全国排名仅在第 8 位，但天津市依据其优越的港口区位优势，引入较多外资，2012 年，实际利用外资额占当地 GDP 比重达到 7.35%，远高于北京市和河北省，因此更有利于引进国外的先进技术。

四、河北科技势能总体薄弱

河北省的政府研发投入占 GDP 的比重、规模以上工业企业就业人员中 R&D 人员比重分别位居第 26 位、第 18 位，技术市场成交额 152.83 亿元。与北京、天津相比，政府研发投入占 GDP 的比例、每百万人平均发明专利授权数、技术市场成交额占工业产值比重、规模以上工业企业就业人员中 R&D 人员比重和实际利用外资额占当地 GDP 比重等指标都有非常大的差距（见表 6-1）。

表 6-1　2015 年京津冀地区科技势能分析指标

指标	北京	天津	河北
政府研发投入占 GDP 的比例（%）	5.94	3.1	1.26
每百万人平均发明专利授权数（件/百万人）	4628.68	2541.61	426.04
技术市场成交额占工业产值比重（%）	15.83	3.37	1.03
规模以上工业企业就业人员中 R&D 人员比重（%）	6.84	6.65	2.82
实际利用外资额占当地 GDP 比重（%）	0.52	0.56	0.26

资料来源：《中国区域创新能力评价报告 2016》，北京、天津、河北省 2015 年国民经济和社会发展统计公报。

第二节　京津冀地区科技转换能力分析

科技转换能力主要衡量将享有的知识和技术资源通过研发活动有效转变为现实生产力的能力。这里对京津冀地区科技转换能力的测度划分为三方面，分别是科技投入、科技人才和科技产出。

一、京津科技投入较高，河北科技投入较低

本书通过科技投入和科技人才两方面表明对科技活动的资金、技术和人才的支持力度，其中科技投入通过四个指标衡量了对科技研发中所需资金和技术的支持力度。北京市对研发活动十分重视，政府研发投入、有研发机构的企业比例和研发经费额均排在前列，天津市处于中上游，河北省的研发投入相对较低，但获得了金融机构强有力的支持。就全国比较而言，京津冀地区对教育的基础性投资水平较低，根据《中国区域创新能力评价报告 2016》，北京市教育投资占 GDP 的比例仅为 4.69%，居第 15 位，而天津市仅为 3.62%，居第 23 位，河北仅为 3.5%，居于第 25 位，京津冀地区对教育的基础性投资支持力度明显不够。但北京市政府和企业的科技投入力度均较高，天津次之，河北的投入力度较低。

二、京津科技人才富集，河北科技人才较弱

科技人才方面通过三个指标进行衡量，分别是科研人员比例、大专及以上受教育人口比例和高技术产业就业人员比例，在全国 31 省市区中，北京市分别居第 1 位、第 1 位、第 14 位，天津市占据了第 2 位、第 3 位和第 4 位，河北省则排在第 17 位、第 30 位和第 19 位。京津地区由于高校众多，科研能力较强，因此人才集聚。

三、京津科技转换能力强，河北科技转换能力较差

科技产出方面衡量了科技活动对生产力的贡献，本书选取了科技密集度较高的产业和产品占总产品的比重指标，说明三地的科技产出能力，进而将科技投入和科技人才与科技产出进行比较，可说明该地区的科技转换能力，通过新产品销售、第三产业和高新技术产业三方面进行比较分析，新产品的研发、第三产业和

高新技术产业的发展都离不开创新能力和科技的投入，在其领域内产值的比例能够及时反映京津冀地区的科技转换能力，在科技产出中京津地区均处于前位，而河北省处于第 25 位左右，科技转换能力较差（见表 6-2）。

表 6-2　2015 年京津冀地区科技转换能力分析指标

	指标	北京	天津	河北
科技投入	政府研发投入占 GDP 的比例（%）	3.28	0.47	0.15
	规模以上工业企业中有研发机构的企业占总企业数的比例（%）	17.74	12.65	6.21
	对教育的投资占 GDP 的比例（%）	4.69	3.62	3.5
	规模以上工业企业 R&D 经费内部支出额中平均获得金融机构贷款额（万元/个）	19.57	4.98	1.51
科技人才	规模以上工业企业就业人员中 R&D 人员比重（%）	6.84	6.65	2.82
	6 岁及 6 岁以上人口中教育程度大专及以上所占比例（%）	38.15	22.85	7.94
	高技术产业就业人数占总就业人数的比例（%）	3.73	10.09	3.03
科技产出	规模以上工业企业新产品销售收入占销售收入的比重（%）	21.47	19.96	7.06
	第三产业增加值占 GDP 比例（%）	77.95	49.57	37.25
	高技术产业产值占工业总产值的比例（%）	4.15	4.07	3.77

资料来源：《中国区域创新能力报告 2016》。

因此总体上看，北京市对科技发展投入高，科技产出力度大，科技转换能力强，天津市紧追其后，河北省的科技转换能力有待提高。

第三节　京津冀地区科技潜力分析

潜力衡量了一个地区未来的发展实力，可通过该地区的发展速度进行判断。本书用《中国区域创新能力评价报告 2016》中的相关指标来对京津冀地区的科技潜力进行分析。科技实力强的地区，未必还能保持较快速度的增长，它有可能面临发展的瓶颈以及资源的限制等问题，因此科技实力强的地区与科技潜力大的地区不一定一致。依据上文，通过科技势能和科技转换能力两方面对京津冀地区的科技能力进行分析，北京市的科技实力具有绝对的优势，但通过对科技潜力的研究，根据表 6-3 可看出，京津冀地区中天津市的科技发展最具潜力，增长速度很快，河北省的发展潜力略逊于天津，北京市的科技发展潜力较低。

表 6-3　京津冀地区科技潜力分析指标

	指标	北京	天津	河北
科技投入	政府研发投入增长率（%）	14.32	18.28	7.84
	规模以上工业企业中有研发机构的企业数量增长率（%）	12.17	6.41	15.65
	对教育的投资的增长率（%）	16.07	21.91	12.2
	规模以上工业企业 R&D 经费内部支出额中获得金融机构贷款增长率（%）	18.49	26.03	25.18
科技人才	规模以上工业企业 R&D 人员增长率（%）	7.77	21.73	16.42
	6 岁及 6 岁以上人口中大专及以上教育程度人口增长率（%）	11.92	6.7	−1.63
	高技术产业就业人数增长率（%）	2.01	10.88	7.12
科技产出	规模以上工业企业新产品销售收入增长率（%）	12.51	12.45	20.74
	第三产业增加值增长率（%）	13.04	19.54	12.25
	信息产业产值增长率（%）	5.16	14.63	14.49
	高技术产业产值增长率（%）	−0.42	11.63	20.83

资料来源：《中国区域创新能力报告 2016》。

一、天津科技投入增长较快，北京和河北增长较慢

科技潜力分析同样分为科技投入、科技人才和科技产出三个方面，选取的指标与科技转换能力指标大体相同，可将科技实力与科技潜力进行对比分析。通过对科技投入指标进行研究，2015 年，天津市获得研发支持的投入增长速度较快，政府研发投入的增长率为 18.28%，企业研发活动获得金融机构贷款的增长率为 26.03%，在国内分别排在第 5 位和第 15 位，与前几年相比天津增速略有下降，而北京市已获得了大量的资金和技术支持，增长率因而不高。同时也可从科技投入指标分析发现，北京的教育投资增长缓慢，位居第 18 位。而河北省的研发投入增长率仅为 7.84%，当地需要增强对科技发展的支持投入。

二、河北人才培养投入重视，京津是人才聚集地

从科技人才来看，京津冀地区中河北省科技型人才增长率较高，在全国处于中游水平，结合科技投入分析，河北省对教育投资的增长率达到 17.97%，可见

河北省对人才的培养十分重视。而京津地区一直以来都是人才的聚集地，科技型人才的增长并不显著。

三、北京科技产出增长缓慢，津冀增长较快

从高新技术产业产出来看，北京增长率较慢，天津和河北较快，河北省高新技术产业主营业业务收入增长率达到了 14.49%，位居第 20 位，天津为 14.63%，位居第 19 位；从整体来看，京津冀地区的科技产出增长速度低于全国的平均水平，这或许是由于政府近年来对科技产值十分重视，因而该地区科技产出水平较高，增长速度增加比较困难。

第四节　京津冀地区基础设施能力分析

经济的发展离不开完善的基础设施建设，科技进步同样如此，完备的基础设施将为科技发展助力。本书对京津冀地区的基础设施能力分析分为四个方面，分别是交通运输、邮电通信、能源耗用和环境绿化。

一、京津冀交通设施比较完善，但京津拥堵需要疏解

交通运输方面，京津冀地区交通设施比较完善，港口优良，但北京市过于集中的发展方式使交通运输压力过大。本书通过公共交通线路长度、客运量、货运量、公路和铁路里程五个指标衡量该地区交通发展的现状，由于北京是我国的政治文化中心，客流量较大，而天津市、河北省濒临渤海，有众多优良的港口，成为了我国对外进出口的门户之一，因此，京津冀地区的交通网密布，运输条件十分便利。但北京市的公共交通依然处于紧张状态，交通拥堵问题屡次治理，但成效不大，盲目扩张城市规模已对交通施加了巨大的压力，如今京津冀地区推动一体化进程，其中就有交通一体化方案，有望打造出京津冀"一小时"都市圈，这将有利于北京疏散人口，减轻交通压力。

二、京津冀通信网络总体发达，河北稍逊于京津

邮电通信方面，通信便利，网络完善，河北省通信网络略逊于京津两市。科技发展需要信息的及时更新和反馈，因而离不开通信和网络的普及，通过邮政、

电话和互联网使用数据（见表 6-4）可以发现，京津冀地区的邮电通信普及率较高，从全国来看，每百人平均电话用户和国际互联网用户，北京市均排在首位，天津市都排在第 6 位，河北省分别排在第 17 位和第 18 位，这有利于信息的普及和知识技术的传播。

表 6-4　京津冀地区基础设施能力分析指标

	指标	北京	天津	河北
交通运输	公共交通线路长度（公里）	20740	15866	
	客运量（万人）	21885	19775	53631
	货运量（万吨）	23236	53179	199192
	公路里程（公里）	21885	16550	184553
	铁路里程（公里）	1123.6	1277.0	2242.9
邮电通信	邮电业务总量（万元）	9912001	3218094	9945955
	每百人平均电话用户（人/百人）	181.73	88.54	82.63
	每百人平均国际互联网络用户（人/百人）	491.7	445.0	1226.5
能源耗用	每万元 GDP 能耗总量（吨标准煤/万元）	0.338	0.274	0.394
	集中供热面积（万平方米）	58465	37678	50355
	液化石油气销售量（吨）	523391	96000	89011
	天然气销售量（万立方米）	1400441	636200	301045
	自来水销售总量（万立方米）	103950	133562	150134
环境绿化	人均绿地面积（平方米/人）	16.00	10.10	14.18
	城市绿化覆盖率（%）	48.4	36.4	41.2

注：北京市客运量主要为铁路、公路和航空，货运量主要为铁路、公路、航空和管道；天津市、河北省的客运量主要为铁路、公路、航空和水路，货运量主要为铁路、公路、航空、管道和水路。

资料来源：《2016 北京市统计年鉴》《2016 天津市统计年鉴》《2016 河北经济年鉴》《中国区域创新能力报告 2016》。

三、京津冀能源资源消耗较高，资源能源供应紧张

能源耗用方面，能源分布不均，各项能源、资源供不应求。每万元 GDP 能耗总量北京市仅为 0.582 吨标准煤/万元，全国范围内能耗总量最低，天津市能耗总量排在第 8 位，河北省以工业为主，能耗总量较高，排在第 24 位，北京市能耗虽然很低，但由于人口众多，资源能源依然十分紧张，水资源、电力资源等供不应求。

四、环境污染严重，治理任务艰巨

环境绿化方面，京津冀地区雾霾、沙尘天气状况严重，亟待加强环境治理合作。北京、天津、河北的城市绿化覆盖率分别为 46.2%、34.9%、43.05%，基本上达到了城市园林绿化的标准，但恶劣的环境已成为全国环境治理的重点地区，京津冀地区是全国污染最严重的区域，河北省是京津冀三省市中治理污染任务最重的省份，全国 10 个污染最严重的城市河北稳占六七个，煤炭是京津冀地区主导性的燃料污染来源，占一次 PM2.5 颗粒物排放的 25%，对二氧化硫和氮氧化物的贡献分别达到了 82% 和 47%，因此，煤电厂和钢铁厂、水泥厂等工业排放源是京津冀地区的主要污染源。2012 年，从河北省污染产业情况上看，钢铁、建材、电力行业二氧化硫、氮氧化物排放量达到 86.2 万吨和 99.1 万吨，分别占全省排放总量的 64.3% 和 56.3%。此外，煤炭在河北省能源消费结构中占据主导地位，以省会石家庄市为例，其一年消耗煤炭 5000 万~6000 万吨，这就相当于近三个北京市的消耗量，因此河北省需要加强产业调整，天津市同样面临较大产业调整的压力，单纯的产能转移不能从根本上解决大气污染的问题，京津冀地区必须加强区域协同，形成环境共建共治的长效机制。①

从总体上来看，京津冀地区已基本上形成了相对完备的基础设施，但依然面临着交通拥堵、能源紧张、大气污染等问题，这需要区域内部加强沟通和合作，京津冀地区积极推动一体化进程将有利于解决这些问题。

---

① 郗岳. 京津冀一体化：破题雾霾随风去怪状 [N]. 新金融观察报，2014-06-22.

第七章　区域科技合作推动京津冀协同发展的战略定位

基于前面章节对区域科技合作推动京津冀地区协同发展存在的问题、理论依据、必要性及京津冀三地科技能力等方面的剖析，本章将探讨区域科技合作推动京津冀协同发展的战略思想、战略目标、总体思路和战略重点。

第一节　区域科技合作推动京津冀协同发展的战略思想

依据区域科技合作推动区域协同发展的相关理论，按照国家中长期科技发展规划的要求，结合京津冀地区科技合作和协同发展的特征及存在的问题，提出京津冀以科技合作推动区域协同发展的战略思想。

一、战略指导思想

区域科技合作推动京津冀协同发展的工作要深入贯彻落实中共十八大、十八届三中全会和十九大精神，以科学发展观和"五大发展理念"为指导，紧紧围绕国家重大战略需求和京津冀战略定位，以实现合作共赢、共同发展为目标，以加快转变经济发展方式为主线，以调整优化地区经济技术结构为主攻方向，以整合区域优势科技资源、创新区域科技合作机制、协调区际利益关系为重点，以共建科技合作发展示范区为抓手，坚持自主创新、重点突破、协同攻关、多方联动，以科技支撑发展，着力加快基础设施互联互通，着力加强产业分工协作，着力促进生态环境共建，着力推动公共服务一体化，全力打造具有国际竞争力的世界级城市群和国家重要的以科技合作推动区域协同发展的示范地区。

（一）国家重大战略需求

根据习近平"2·26"在北京主持召开专题座谈会听取京津冀协同发展工作汇报的讲话精神，京津冀协同发展作为国家重大战略有七大需要着力解决的任务需求：一是要着力加强顶层设计，抓紧编制首都经济圈一体化发展的相关规划，明确三地的功能定位、产业分工、城市布局、设施配套、综合交通体系等重大问题，并从财政政策、投资政策、项目安排等方面形成具体措施。二是要着力加大对协同发展的推动，自觉打破自家"一亩三分地"的思维定式，抱成团朝着顶层设计的目标一起做，充分发挥环渤海地区经济合作发展协同机制的作用。三是要着力加快推进产业对接协作，理顺三地产业发展链条，形成区域间产业合理分布和上下游联动机制，对接产业规划，不搞同构性、同质化发展。四是要着力调整优化城市布局和空间结构，促进城市分工协作，提高城市群一体化水平，提高其综合承载能力和内涵发展水平。五是要着力扩大环境容量生态空间，加强生态环境保护合作，在已经启动大气污染防治协作机制的基础上，完善防护林建设、水资源保护、水环境治理、清洁能源使用等领域合作机制。六是要着力构建现代化交通网络系统，把交通一体化作为先行领域，加快构建快速、便捷、高效、安全、大容量、低成本的互联互通综合交通网络。七是要着力加快推进市场一体化进程，下决心破除限制资本、技术、产权、人才、劳动力等生产要素自由流动和优化配置的各种体制机制障碍，推动各种要素按照市场规律在区域内自由流动和优化配置。除此之外，还要着力推进"千年大计，国家大事"的雄安新区建设。

（二）京津冀战略定位

京津冀地区整体发展定位：以科技引领未来，建设成为中国一个最具活力的经济增长极、中国最具增长潜力的世界级城市群和中国最具创造力的协同创新型示范区和高技术产业集聚区。其中，北京的定位为世界城市，是京津冀区域内现代制造业的研发中心、技术创新中心、营销中心以及管理中心，是京津冀区域制造业与国际先进制造业的对接平台，占据产业链条的高端。天津的定位为中国北方经济中心和国际航运中心，以其先进的制造技术、完备的制造产业和制造业基础优势，占据产业链条的现代制造业生产环节。河北的定位为京津冀世界级城市群支撑区，从优化城市布局、打造现代产业体系、建设综合交通网络和构筑生态服务保障等方面架构支撑体系，发挥其低价商务成本、廉价劳动力和基础制造业优势，承接京津，推进钢铁、能源、石化、装备制造、医药等制造业转型升级，提升产业链水平。其中雄安新区的定位是要打造成北京非首都功能疏解集中承载地，建设绿色生态宜居新城区、创新驱动引领区、协调发展示范区和开放发展先行区。

（三）合作共赢、共同发展

京津冀地缘相近、人缘相亲、文脉相承、业缘相连，三地各具优势而又唇齿相依，荣损与共。无论是共同打造世界级城市群，还是共建地域现代产业体系，无论是经济科技聚集扩散，还是区域协同发展，京津冀应该各扬其长，叠加优势，相互支持，在协同发展中实现共赢。

（四）加快转变经济发展方式

京津冀的科技合作要体现加快转变经济发展方式这一主线，更新发展观念，未来的发展要以经济结构战略性调整作为主攻方向，以科技进步和创新作为重要支撑，以保障和改善民生作为根本出发点和落脚点，以建设资源节约型、环境友好型社会作为重要着力点，坚持改革开放，走新型工业化道路，推进京津冀城乡和区域协调发展，推动产业结构升级，实现"五位一体"的发展格局。

（五）调整优化地区经济技术结构

从整体效益最优发展目标出发，京津冀根据各自的资源禀赋、产业基础、科学技术等优势，调整优化地区经济技术结构，促使三地功能集聚和区域经济特色更加凸显，形成首都北京以高端服务业为主导、天津以高技术产业和先进制造业为支撑和河北以现代制造业为主体，世界级城市群特征突出、中国北方增长极活力强劲、符合京津冀区域功能定位发展要求的现代产业技术体系和空间格局。

（六）整合区域优势科技资源、创新区域科技合作机制、协调区际利益关系

京津冀三地各具科技资源优势并形成可以互补的梯度差异，北京集中了国家最优质、最大量的科技资源，天津具备很高的科技水平和转化科技成果的现代产业基础，河北拥有承接京津产业技术转移的广阔空间和产业条件。在京津冀协同发展的国家战略背景下，整合三地的科技资源，发挥协同发展优势，创新体制机制，协调区际利益，推进区域合作，实现多方共赢。

（七）共建科技合作发展示范区

选取交通联系便利、科技资源互补、产业基础良好的区域，共建科技合作发展示范区。先期可充分发挥高铁、高速路的交通便利优势，以京津塘高新技术产业带为依托，该产业带已建成10个国家级、省市级科技园区、高新技术产业开发区和经济开发区，集聚了京津两市科技、产业、人才、资金等优势资源，并拥有三个机场和北方最大港口天津港，推动该产业带共同营造区域合作发展环境，共同制定发展规划，加强高新技术产业的分工与协调，加快高新技术制造业和特

色产业集群建设，逐步形成各具特色的高新技术产业体系，共同构造高新技术产业链，加速高新技术成果转化，共建京津冀科技合作示范区。

（八）自主创新、重点突破、协同攻关、多方联动

提升京津冀综合实力和主要产业国际竞争力，培育企业核心技术能力和关键产业自我创新能力，正确处理技术引进与自主创新的关系，强化对引进技术的学习、消化和吸收，实施以我为主的原始创新、集成创新和二次创新。在对京津冀地区持续发展具有战略性、瓶颈性的若干高技术和产业共性技术，组织联合攻关，提升优势产业能级，促进产业技术跨越，实现重点突破。通过三地有效配置科技资源，合理进行组织，充分利用区域内外各种创新资源，以利益机制和市场机制为基础，调动中央、省市、区域内部各类不同主体的积极性，通力合作对关键科学技术问题进行协同攻关，实现点—线—面多方联动、广泛参与的局面。

（九）具有国际竞争力的世界级城市群

通过京津冀各级城市协作分工、协同创新、协调发展、融合一体，建设世界级的知识经济带、东北亚最大的制造研发基地、国际性贸易物流中心、具有全球影响力的世界级城市群。

（十）国家重要的以科技合作推动区域协同发展的示范地区

京津冀三地的科技实力相加之后具有巨大的规模优势和合作发展潜力，但是，巨大的规模和潜力并不等于现实的生产力，应充分发挥规模优势和挖掘合作潜力，克服体制上的制约、利益上的博弈、时空条件上的限制等一系列障碍，加强联合，统筹规划，优势互补，着力打造以科技合作推动区域协同发展的示范地区。

二、战略基本原则

为保证战略思想能够顺利落实，区域科技合作推动京津冀协同发展必须遵循若干原则。

（一）政府推动，市场主导

当前，我国的市场机制虽已初步建立，但还远未健全，市场配置资源的决定性作用还未能充分发挥，京津冀地区生产要素的自由流动还受到体制、机制等障碍的限制，因此，单纯依靠市场力量来推动京津冀科技合作是困难的，也是不现实的。因此，推动京津冀科技合作，一方面要充分发挥市场机制在区域经济发展中资源配置的决定性作用，企业作为合作的主体，依法自主决策投资经营；另一方面，还必须依靠政府的力量来推动科技合作，也就是说要通过政府干预和市场

这"两只手"促进京津冀的科技合作。

京津冀科技合作的主体，从目前现实情况看，是由企业、科研机构、大学、中介机构和政府等共同担当的，企业是最重要的合作主体。在科技合作中，企业的主体作用表现在，以市场为导向，实现京津冀企业的优势互补和产业对接，共同进行技术创新、开发新产品，共同挖掘潜在市场。有条件的企业，利用技术优势、市场优势，联合进行研究开发，共同组成技术战略联盟。

政府在京津冀科技合作中的作用主要表现在，创造科技资源集聚效应，促进地区协同发展；建设基础设施，提供公共物品和公共平台；推进体制改革和制度创新，健全市场机制，为京津冀科技合作提供制度支持；制定方针政策，规范和优化科技合作环境，引导区域科技合作发展方向。大学和科研机构在京津冀科技合作中的作用主要表现在，利用大学雄厚的师资力量、办学经验和国际交流渠道，联合培养科技创新人才；面向国际先进水平，围绕京津冀地区的经济社会发展需要，发挥各自的科研队伍、科研设备、科研基地优势，联合起来进行研究开发活动，提高区域内知识创新和技术创新水平。咨询和金融等中介机构在京津冀科技合作中具有独特的作用，主要表现在，为科技合作项目的咨询论证；传播科技合作的知识、技术和人才信息，为科技合作牵线搭桥；为科技合作提供金融支持等。

（二）整体规划，分层推进

京津冀科技合作是一个系统工程，它既是国家创新体现的重要组成部分，必须符合国家创新体系建设和实施国家中长期科技发展规划纲要的总体要求，又要服务于京津冀地区区域协同发展的现实需要，为京津冀地区的经济社会发展和竞争力的提高提供科技支撑。因此，推进京津冀科技合作，就要摆脱计划经济下形成的旧观念的束缚，淡化行政省区概念，从更高的层次、更完整的系统观来看待京津冀的科技合作，将京津冀的科技合作与区域整体发展融为一体，将京津冀的科技合作纳入京津冀区域创新体系建设和协同一体化发展的整体框架之下。

京津冀的科技合作，涉及三省市科技资源的整合，至今尚未出台统一的区域性科技发展规划和配套一致的科技政策法规。京津冀的科技合作，涉及不同的行政区域，在现行体制下，地方利益不可能被完全排除，如果不能将各自的科技发展规划整合，不能尽快出台区域整体的科技发展规划，不能使各地间形成优势互补，那么产业雷同、科技布局相似的状况就不可能得到根本性的扭转。因此，三省市要充分利用京津冀协同一体化发展国家战略启动的契机，对各自的科技发展战略进行全面梳理，不仅明确各自科技发展的方向，更应突出区域合作，就京津冀整体科技发展战略进行研究和部署，加强各方的科技合作与交流，全方位地进行双向或多向对接，制定统一的区域科技发展战略和布局规划，形成产业层次错落、布局合理、协作关系紧密的科技合作局面。同时，京津冀科技合作是一个渐进的动态开放体系，不同的城市和区域根据不同的条件，可采用和实施不同层次的战略，分层推进；科技合作的方式，也可根据不同类型，分类推进。

例如，首先，科技合作在推进方式上可以分类破口，共同建立京津冀科技信息资源平台和科技成果网上交易平台，充分发挥珠三角的综合资源优势和其他各省区的特色资源优势，构造覆盖各省区的科技信息和科技成果内网。其次，加强跨部门的合作，整合京津冀的社会资源，发动各省市的科研院所、高校交流共享科技成果、优势研究领域和学科方向等信息，联合共建科技教育信息网，提高基础资源的共享水平。最后，发挥企业在市场中的各种优势，广泛开展企业与企业、大学、科研机构的科技合作，尤其要注重发展跨省市的产研联合体及战略联盟。

（三）开放联动，互补互利

区域科技合作的核心在于知识、技术、信息和人才的流动，在于创新联系与相互协作。区域科技合作体系一旦形成，不同行政区划的科技创新主体间即有着密切的联系，包括创新链、产业链上的联系，特别是企业在创新链与产业链上的联系与相互作用。具体的表现形式主要有由于创新合作与联系而产生的跨行政区划的人流、物流、资金流、知识流、信息流等，这种密集的联系是跨行政区科技合作体系形成的基础。

但随着市场经济的发展，地方政府市场观念和地区竞争意识在逐步强化，为加快地方经济发展，各级地方政府都在努力向本地吸引资源和资本、技术和人才等生产要素，政府之间实际上表现出极为明显的竞争性，特别是辖区间政府的横向竞争尤为明显。这种竞争在一定程度上形成了一定的行政壁垒，阻碍了知识、技术的流动，隔断了创新联系。京津冀三地包括三个省市、11 个地级市，地区之间的协调难度大，长期的条块分割管理形成了各自为政的格局，不利于地方的创新协作。因此，科技合作必须打破地区封锁，以宽阔的胸怀、长远的战略眼光，促进市场开放，加强沟通交流，促进共同发展。

开放的目的在于联动，在于优势互补，在于互惠互利，在于共生共荣。推进京津冀科技合作，就要打破单纯的行政区域单兵突进的模式，走联合发展、共同发展的道路，让要素在一体化区域内流动起来，共建区域的科技合作创新的平台和环境，共享区域创新的成果，激活区域科技创新机制，在市场化的进程中，实现区域创新要素的无障碍流动，达到互补互惠互利共赢、共同发展的目的。开放应当是全方位的，是无保留的开放，包括科技信息、科技平台、学科领域、重大项目、科技教育、政策制度等的开放和联动，通过实现京津冀的一体化，打造京津冀共同的竞争与发展平台。

（四）主动对接，广泛合作

现阶段，京津冀科技合作必须以主动合作的意愿和合作的能力为前提。京津冀各地区、各个组织，唯有充分发挥积极性和创造性，主动对接，广泛合作，科技合作的良好局面才有可能出现。因此，三省市的企业、科研机构、高等院校等都可通过各种方式和途径，积极主动开展科技合作，中介机构应积极主动为科技合作牵线搭桥，各级政府应积极主动制定和出台相关政策措施，将科技合作提上日程，为科技合作提供良好的条件和环境。科技创新本身是一项创造性的活动，科技合作的方式与模式也需要在实践中不断探索与创新，国内外各种成功的科技合作的方式和模式都可以尝试，只要能够有利于企业发展，有利于学科建设和研究开发，有利于区域经济和社会发展，都应当发挥各自优势，各尽所能，积极主动广泛开展科技交流与合作。企业家要转变传统的纯粹竞争观念，树立全新的现代竞合理念，科技教育工作者要树立科学精神和创新精神，清除文人相轻的陋习，打破狭隘的门户之见。地方政府要清除地方保护主义，以长远的战略眼光来推进科技合作。

科技条件好、经济实力强的京津地区和组织，不应居高临下，而应积极主动开放科技资源，拿出好的项目开展合作，积极主动地寻求技术转移，科技条件较差、经济实力较弱的河北地区和组织，应利用劳动力、市场、环境等优势，创造条件，积极主动地承接京津技术转移。事实上，在科技合作体系中，各个地区和组织的创新活动也会形成相应的分工体系，各个地区和组织都会找到自己相应的位置。多元化的创新主体以及跨行政区的不同行政区在协作与竞争中会形成合理的创新活动分工，既包括横向分工，如创新活动的行业分工等，也包括纵向分工，如创新活动在价值链上的前后分工等。各地区和组织，都应当在"协同一体化"下，营造良好的科技合作氛围。这种良好的氛围不仅体现在政策及制度方面，更重要的是要体现在各种合作行为中形成一种合作的亲和力，合作才能融洽和持久。

第二节　区域科技合作推动京津冀协同
发展的战略目标

　　京津冀展开区域科技合作，是京津冀协同一体化发展上升为国家重大战略新形势下，在经济、社会、生态等领域开展全方位合作的重要组成部分，并融入到各领域合作之中，是长期以来京津冀科技合作的深化和延伸，是京津冀三地经济、社会、生态进一步发展的共同需求，可以进一步深化京津冀三地合作、拓展合作领域、优化配置科技资源、推进区域创新体系建设，最终推进京津冀协同一体化发展。区域科技合作推动京津冀协同发展目标是京津冀协同一体化发展国家重大战略构成的核心要素，既要有战略性、挑战性，也要有具体性、操作性。基于前文对京津冀科技合作的历史、现状进行系统剖析的基础上，着眼于京津冀科技发展的基础和战略需求，从时间维度阐述京津冀三地区域科技合作推动地区协同发展的中长远和近期目标。

一、中长远目标

　　从京津冀三地科技合作的历程来看，京津冀科技合作由来已久，但由于各地体制、机制、组织、产业基础、科技资源、基础设施、合作平台等多种因素的影响，京津冀三地科技发展合作互动的有效机制尚不完善，科技设施平台和创新服务体系还不健全，科技资源流动和优化配置目标实现不佳，科技合作对地区协同发展的贡献度不高。从京津冀科技合作的共同需求来看，对三地经济社会发展的科技支撑能力亟须提高，资源环境和节能降耗等许多重大共性科学技术问题需要共同攻关，一体化区域科技创新体系的建立需要三地通力协作。从发展历程、现状问题和共同需求来看，为了更好地进行区域科技合作来推动京津冀协同发展，需要设定明确的中长远目标。

　　在未来 5~10 年，京津冀区域科技合作推动区域协同发展应达到以下主要目标：建立京津冀科技合作的一体化互动机制，建设合作共赢、互补协作的区域创新体系，明显提升京津冀科技整体创新能力，满足京津冀地区经济、社会、生态发展以及城市建设的共同科技需求，在推动自主创新战略、加快发展方式转变和推动区域协同发展方面，发挥先行引领和示范效应。以建设世界级城市群为目标，瞄准国际前沿，打造具有核心竞争力的国际科技创新中心，推动京津冀地区协同一体化发展，成为中国乃至东北亚充满活力的经济增长新引擎和世界城市群的重要一极。

具体内容体现在以下方面：

（1）实现科技与优势高技术产业的对接，推进京津冀重点高技术领域的跨越式发展。

（2）加快科技资源的激活、流动、整合，推进京津冀三地科技资源的合作互动，提高科技资源的利用效率，促进京津冀三地的融合发展。

（3）推进京津冀三地科技合作战略性规划的制定和实施，实现京津冀三地科技政策和服务体系的融合互动，提供京津冀以科技合作促进区域协同发展的制度、政策保障。

（4）真正建立以市场为基础，以企业为主体，官产学研有效合作的科技伙伴关系，实现京津冀三地研究开发的分工协作，构建以科技合作推动区域协同发展的多元主体基础。

（5）推进公共科技领域重大科技难题的共同攻关，充分发挥科技合作对区域发展的引领和支撑作用，努力提高区域科技创新能力，特别是重要产业的自主创新能力和国际竞争力，将京津冀建设成为具有国际影响力的自主创新基地、世界级制造中心和产业技术创新中心，强化以科技合作推动京津冀协同发展的基础条件。

二、近期目标

在确定中长远目标的基础上，为推动区域科技合作推动京津冀协同发展的顺利进展，必须确定若干近期目标着手实施，为实现中长期目标奠定基础。近期目标的确定主要考虑当前京津冀协同发展战略推进中的共同科技需求、共同科技问题和自主创新能力的提升。2~3年内，以区域内不同主体的共同利益和共性科技需求为纽带，整合京津冀三地优质的科技资源，推动和促进区域内部科技要素的自由流动、科技资源的共享共建、科技项目的联合攻关、科技制度的协同互认，构筑全国一流、世界先进的区域创新体系，形成若干具有国际竞争力的区域产业集群或产业带，奠定区域科技合作推动京津冀协同发展的机制基础。具体主要包括：

（一）重点公共科技领域取得一批关键性科技创新成果

加大对重点公共科技领域的合作力度，提升京津冀各地政府的公共科技服务能力，提高三地在公共安全、公共交通、生态安全、城市建设等公共领域的科技合作水平，推进这些公共领域科技创新成果的产出、流动和共享，并在此基础上促进京津冀城市建设、区域协同发展。当前，京津冀在社会、生态领域面临许多关系到人民切身利益的问题，如水资源短缺与水环境污染、能源短缺与污染、大气污染与雾霾、宜居城市建设、废弃物处理、公共安全、城市管理等领域的关键共性技术问题。通过三地科技合作，加强联合攻关，取得一批关键性具有自主知识产权的技术创新成果，如水资源和能源资源的综合高效利用技术、生态环境治理与保护关键技术、大气污染防治关键技术、公共安全保护关键技术、智能交通网络关键技术等，满足京津冀社会、经济、生态发展与城市建设公共科技领域的重大需求，为三地协同发展提供科技合力支撑。

（二）重点产业调整升级具有强有力的科技合作支撑

依托京津冀的科技集聚优势，加强京津冀三地高技术和现代服务业、现代制造业领域关键、共性技术的合作研发和转化力度，将一批具有自主知识产权的科技创新成果推进产业化，为传统制造业转向现代制造业、传统服务业转向现代服务业的产业结构调整升级、高技术产业发展和产业竞争力的有效提升提供强有力的科技合作支撑。

（三）打造共享、开放、灵活的科技创新与合作平台

科技是第一生产力，科技资源是第一资源。优质的科技资源是建设区域科技创新体系的物质基础和前提条件。京津冀科技资源互有优势，但长期以来由于壁垒分割，优势没能互补，无法形成合力。在京津冀协同发展成为国家重大战略新形势、新机遇条件下，推进京津冀科技合作，共建大型科技基础设施，开放科技人才流动，打造共享、开放、灵活的科技创新与交流合作平台，盘活科技资源，促进科技资源的整合，提高科技资源的配置效率。基本建立京津冀技术转移、技术交易、技术推广服务体系，推动京津冀科技成果的有效转化和产业化。

（四）京津冀科技合作体制机制建设取得突破性进展

体制机制建设是京津冀科技合作的核心问题和重要保障。以科技创新和合作平台建设为基础，通过合作项目滚动实施，引导京津冀三地企业、高校、科研院所、政府等主体由短期临时合作转向长期稳定合作，由单个分散合作转向全方位网络式合作，由自发合作转向有目的的和政府引导的主动合作，建立京津冀共同研发、共同开拓的长效机制和建立创新成果转化利用的战略性伙伴关系。创新管理体制和运行机制，营造京津冀三地互利合作的发展环境，三地科技合作在沟通机制、科技资源共享机制、人才流动机制、科技服务平台共建共享机制、资源优化配置机制、成果转化机制和官产学研良性协作机制等体制机制建设上取得突破性进展，为以科技合作推动区域协同发展提供体制机制保障。

（五）形成具有国际竞争力的区域产业集群或产业带

充分发挥京津优势科技资源密集的优势，以京津塘高新技术产业带等高技术资源分布密集区为基础，京津冀通力合作，构筑一体化、开放型、现代化、充满活力的世界先进水平的区域创新体系，形成若干与世界级城市群地位相匹配、具有国际竞争力的区域产业集群和产业带。

第三节　区域科技合作推动京津冀协同发展的战略思路

区域科技合作推动京津冀协同发展的战略思路由总体思路和操作思路构成。总体思路是战略思路的总构架和全局性策略安排。操作思路是对战略思路的实际操作层面的策略，是对总体思路的具体分解，用于操作性实施指导。

一、总体思路

总体思路是实现京津冀区域科技合作，推动地区协同发展战略目标的基本路径和操作层面的行动准则。总体思路应贯穿国家关于创新型国家和区域协同发展的战略部署，围绕区域共同的发展目标，利用京津冀优越的城市区位条件，发挥各自的优势，优化配置科技资源，提高科技资源的利用效率，着力提高京津冀区域的自主创新能力，通过科技创新和地域合作加快区域发展方式转变，促进区域经济和产业结构升级，提升区域整体竞争力，依靠科技发展和合作解决京津冀三地共同面对的能源、资源、生态、交通、城市、安全等关键性问题。突出"优势集成，互利互惠；市场导向，政府推动；高端引领，协同共赢；点轴支撑，合理布局；跨越式发展，一体化协调"。

（一）优势集成，互利互惠

依据区域内部特点，充分利用北京知识资源优势，强化知识生产和知识服务功能，进一步发挥研发中心、信息中枢的作用。充分发挥天津港口和现代产业基础优势，进一步提升国际航运中心、现代制造业地位，承担经济中心的作用。充分挖掘河北的资源、空间和传统产业优势，利用与京津科技、产业的梯度势能，加速科技合作和产业转移的承接步伐，优化升级经济结构。通过优势集成和互利互惠的合作，提高京津冀地区的综合实力、重要产业的核心竞争力和区域整体的协同一体化程度。

（二）市场导向，政府推动

京津冀三地的科技合作要以市场配置资源为基础，整合存量资源，调配增量资源，发挥政府的引导和推动作用，打破区域合作的行政壁垒、体制壁垒和机制障碍。

（三）高端引领，协同共赢

始终瞄准世界科技前沿，以匹配世界级城市群的水准，保持和加强京津冀地区的全国科技创新中心地位，占据技术链与产业链的高端，通过高增值性的知识创新与技术创新成果的转移和扩散，引领中国北方乃至全国的经济发展。树立以开放促合作的理念，通过有效配置、组织地区科技资源，充分利用区内外各种创新资源，建立资源、技术、信息、市场、成果共享机制，促进要素流动顺畅，在重大科技关键领域通力合作展开联合攻关，产生积极的区域协同效应，从而达到三地长期、稳定、协调发展的目标。

（四）点轴支撑，合理布局

以京津塘高新技术产业带为基础，发挥中关村科技园自主创新核心示范区的引领作用，加快北京经济开发区、滨海新区、曹妃甸开发区、廊坊开发区、石家庄开发区等支撑点的科技建设，以区域支柱产业和主导产业的高技术领域和社会发展公共科技领域合作为重点，通过共同研究、合作开发，形成双向、互动的合作模式，打造区域创新极和技术创新带，带动整个京津冀区域的科技发展，从而支撑和引领区域经济社会的协调发展。

（五）跨越式发展，一体化协调

遵循发展的客观规律，把握世界技术变革的新机遇，紧密跟踪技术发展方向和产业趋势，及时调整京津冀科技发展与合作规划及政策，加大科技投入力度，抢先进行战略部署，加强优势互补，促进互利共赢、共同发展。贯彻落实中央区域合作新要求，围绕京津冀联动，支持探索区域科技协同创新的新路径、新模式，建立京津冀科技合作协调机制、科技园区互动、资源共建共享机制，建设"京津冀科技新干线"，通过区域科技合作，建设和提升一批国家级高新技术产业化基地，促进高新技术产业加快发展，打造世界级高新技术产业带，全面提升区域科技整体水平和综合竞争力，以此为带动，引领新一轮区域经济的协同和跨越式发展。

二、操作思路

操作思路是对总体思路的具体化。以建立和完善跨行政界限的区域创新体系、提高区域科技创新能力和推进区域经济社会生态协同一体化发展为主线,以解决京津冀发展中关键共性科技问题为合作导向,建立以重点项目合作为载体、由点到面逐步推进区域发展的科技合作模式,构建科技合作长效机制和健全科技合作体制的保障体系,打造区域科技创新服务体系共享的合作平台,形成中心突出、多点支撑和区域梯级层次有序的科技合作空间格局。

(一) 以解决京津冀发展中关键共性科技问题为合作导向

从关键共性技术的供给能力和需求来考察,多年来京津冀三地科技事业发展取得了诸多瞩目的成就,在生态环境保护、节能节水技术利用、减碳技术应用、快速交通技术推广、电子信息产业、软件产业等众多领域已经具备了很高的创新水平;京津冀三地在科技人才资源、科技基础设施和创新文化环境方面也已有了良好的合作基础。但是,支撑京津冀经济社会建设和优势产业发展的一批关键性、共性技术还有待进一步突破,公共科技服务能力还有待提高,如大气污染等环境联防共治问题、人口健康问题、交通等基础设施一体化问题、公共安全与防灾减灾技术问题、战略性新兴产业问题等领域的共性技术需要三地通力合作、共同攻关。因此,京津冀三地必须在互利互惠、优化配置的基础上,围绕三地经济社会发展的共同科技需求,在资源环境、城市建设、人口健康、交通一体化、公共安全等公益性科技领域和高技术产业、现代服务业、战略性新兴产业等重点产业领域,以解决三地重大关键性、瓶颈性、共性科技问题为导向,组织联合攻关,推进区域科技合作。

(二) 建立以重点项目合作为载体、由点到面逐步推进发展的合作模式

京津冀地区的科技合作,应统筹安排,整体推进,建立起以项目合作为主要载体、手段和纽带,通过规划和布局一批重点项目、优先项目合作,在产业领域和地理空间上由点及面渐次推进,为解决京津冀经济社会发展中面临的重大问题提供有力支持。从京津冀已有的合作历史来看,企业和政府之间的项目合作是多年来采用的主要合作方式,这是跨区域科技合作初级阶段的必要方式,在未来的合作中依然可以继续发挥作用。从京津冀合作现状来看,以项目为载体的合作是当前合作的主要方式,比如软件产业领域的合作就是主要以项目合作展开的。因此,在京津冀协同发展已成为国家重大战略条件下,为各领域的合作带来了空前机遇,在科技合作领域,京津冀未来应瞄准三地经济社会发展中的重大关键共性

科技问题，区分轻重缓急，遵循先易后难的次序，从资源环境、基础设施、城市建设、公共安全等领域遴选一批未来五年内优先、重点实施的项目进行合作引导，以市场为导向，强化政府对以企业为主体的产学研合作的推动，空间布局上遵循点—轴—面的规划，推进京津冀三地间科技资源和科技力量的结合，形成具有实效的合作模式。

（三）构建科技合作长效机制和健全体制的合作保障体系

体制机制创新是京津冀科技合作长效运行，进而推进区域协同发展的重要保障。科技合作与经济合作、交通合作等其他类型的区域合作相区别，除了资金投入问题外，更为重要的是，科技合作要有助于调动创新资源、优化创新环境、构建创新体系、实现创新效益。因此，区域科技合作需要政府、企业、高校、研究机构，即官产学研等多个创新主体的共同参与，需要建立紧密的分工协作网络，需要保障信息、人才、资金、技术、市场等创新资源的渠道畅通，从体制上和机制上建立科技合作的保障体系。

（四）创造区域科技创新服务体系共享的合作平台环境

构建创新服务体系和科技共享平台是区域科技合作和创新的基础。当前京津冀地区的科技创新服务体系和共享平台尚不健全，围绕企业技术创新需求服务、促进产学研多种形式结合的科技中介服务体系建设尚需完善。为进一步促进京津冀三地在更大范围、更高层次的科技合作与交流，推动三地科技资源的整合和与产业的对接，需要共建科技创新服务合作平台，共享科技合作资源，包括共建联合实验室、研发中心、工程技术中心、院校合作、科技中介服务机构等，以及营造有利于创新的制度环境，包括政府间联席会议制度、科技合作常设性服务机构、科技基础设施和专家人才等科技资源的开放与共享制度等，为三地科技合作提供多方面的服务。充分发挥首都北京的科技辐射带动作用，通过服务体系、合作平台和制度安排，推进技术和产业转移，推动京津冀的协同创新和协调发展。为充分利用京津冀三地的创新资源，建立科技项目、人才、金融联动机制，推动建立京津冀科技金融合作平台，推进跨省市的科技风险投资，为区域科技合作提供金融解决途径。此外，为推动三地园区、机构、技术成果快速落地，建立三地科技合作基地的互认机制，联合开展技术成果的转化和产业化，推动三地共建科技创新示范园、新兴产业孵化园、科技产业园，带动产业快速发展。

（五）打造中心突出、多点支撑、梯度推进的科技合作布局

京津冀地区地级以上城市有 13 座，其中北京和天津为直辖市，区域科技合作应该做到重点突出、层次清晰、错落有致，提高科技合作的针对性和有效性，

对各城市进行合理定位,打造中心突出、多点支撑、梯次推进的网状科技合作空间格局。

中心突出,即突出以京津唐地区为科技合作的中心。这是由京津唐的科技创新优势和经济优势所决定的。在这里,科技中心与经济中心是合二为一的。京津冀科技合作,即以京津唐为中心和龙头,坚持高水平的技术引进和自主研发"两手抓",加强不同区域、不同来源的技术集成,逐步形成具有竞争性的自主创新能力,并就制约京津冀区域经济发展的重大共性技术进行联合攻关,致力培育和提升自主创新能力。产业发展以高端、上游为主,重点发展具有原创性的核心技术、核心产品以及具有国际竞争力的高新技术产业。

多点支撑,即将位居科技实力较弱的河北其他城市如石家庄、保定、沧州等城市建设成为科技合作次级支撑中心,与其他各级城镇组成京津冀科技合作的第二、第三梯队,形成区域科技合作的多点支撑,产业发展以中上游为主。通过这些有一定科技、教育、人才基础的地(县)级城市的承接转移,逐渐形成中心突出、多点支撑、梯次辐射推进的网状科技合作布局。在辐射推进过程中,有较好科技、教育及产业基础的地级城市在京津冀科技合作中,以京津二市为知识源头,加强技术学习和技术集成,逐步建设成京津冀地区的技术研究中心、工艺开发中心和创新扩散中心。一方面应加快对中心区新知识和高新技术的吸收与转化,积极吸引新知识、新技术、新信息和高科技人才向本区域扩散;另一方面充分发挥这些城市在生产制造环节上的优势,加快高新技术改造传统产业的步伐,促进区域内产业结构的不断升级和优化。

第四节　区域科技合作推动京津冀协同发展的战略重点

做好区域科技合作推动京津冀协同发展的工作,必须坚持有所为、有所不为。按照上述战略思想、目标和思路,未来5~10年京津冀以科技合作推动区域协同发展的战略重点应主要完成下列工作。

一、重点任务

当前国际经济形势继续发生深刻变化,经历了金融危机后,全球经济逐步复苏,我国作为世界第二经济体,对世界走出危机做出了巨大贡献,国际影响和地位进一步稳固提升,也为我国自身的持续发展创造了有利条件。我国在未来至少5~10年,虽然会有众多挑战和不确定性因素的影响,但总体上仍然处于重要的发展战略机遇期,发展条件有利,这为京津冀地区合作和建设世界级城市群提供了良好的发展环境。面对复杂的国内外形势,京津冀地区应采取积极审慎的政策举措,抓住机遇,加快实现从投资驱动、孤军奋战向创新驱动、分工协作、协同发展的根本性转变。今后5~10年是京津冀地区加快率先实现现代化、全面建成小康、创建国家创新型发展先行示范区的关键时期,必须将科技创新与合作作为产业结构、空间结构调整的重点工程,尽快以创新合作推进京津冀地区进入协同发展的新轨道。京津冀要实现区域科技合作促进地区协同发展,必须贯彻科学发展观和习近平"2·26"讲话精神,解放思想,打破"一亩三分地"的思维桎梏,借鉴世界城市群发展和国际区域创新合作的成功经验,以增强京津冀自主创新能力、分工合作能力、协同发展能力为核心,以打造京津冀区域创新高地为重点,在协同培育区域优势产业集群上实现结构整体提升,在有效整合区域科技资源上实现产学研的深度融合,在建立区域一体化创新体系上实现率先示范,在推进区域一体化发展上实现引擎带动,攻取一批具有原始创新性和自主知识产权的尖端科技成果,培植一批具有国际竞争力和全球影响力的科技创新合作和产业基地,共同推进京津冀区域结构调整和发展方式转型。具体推进需完成下列重点任务。

(一)建立和完善科技合作协调机制,推动合作高效有序展开

为推动京津冀区域科技合作,确保合作的高效、有序进行,建立京津冀区域科技联席会议制度,议定区域科技合作重大事项,制定促进共同发展的地区科技合作政策和措施。联席会议由北京、天津和河北科技行政部门轮流主持。联席会议设联络办公室,办公室设在北京市科委,负责休会期间有关工作的协调和联络,天津和河北各派出联络员,负责与办公室联系。

(二)联手培育产业集群协作体系,加快产业向高端转型

围绕产业集群开展京津冀区域科技合作,以各类经济开发园区为主要载体,按照产业链关系和专业分工要求组织、引导企业集聚成群,培育集群内的纵横向产业链条,形成相互依存的协作体系。一是充分发挥京津冀政府机构的引导和规范作用,完善基础设施和公共设施配套,制定合理的产业政策,改善产业合作的发展环境,依托具有一定产业链基础或者产业集群已初步形成的地区,推进产业集群协作体系的培育。二是要搞好中介服务,从经济发展大局出发建立健全中介服务机构,鼓励扶持信息咨询、投资指导、专业技术服务型中介机构的发展,构建区内统一的中介服务规范，为产业集群协作体系的构建提供支持。三是营造有利于创新与合作的制度文化氛围，充分发挥中关村自主创新示范区、滨海新区和河北沿海地区等国家战略区域的综合配套改革功能和政策先行先试优势，共同构建有利于形成区域合作发展新模式的制度创新环境和文化氛围。

（三）协同推进关键共性技术联合攻关，占领产业技术制高点

围绕京津冀产业和经济社会发展的重大需求，着眼于拉长产业链和价值链，集成优势科技力量，对共性关键技术进行联合攻关，掌控产业高端技术。未来五年着眼于资源能源、生态环境、电子信息、装备制造、生物医药、新材料新能源等产业领域的关键环节，推进核心、关键技术攻关，突破一批制约产业发展的节点技术，力争培育一批具有国际竞争力、技术先进的战略产品和自主品牌，占领产业技术制高点。

（四）联合共建区域重大科技平台，提升持续创新能力

加强国家实验室、国家工程技术中心等重大科技基础设施的建设与布局，深化科技体制改革，突破行政壁垒，研究建立京津冀科技资源合作共享机制，相互开放国家级和省级重点实验室、工程技术研究中心、中试基地、大型公共仪器设备、技术标准检测评价机构，整合国家和地区科技资源，协调共建跨区域科技平台，协同开展技术攻关。推动科技基础资源的互联互通，建设大型科学仪器设备运行保障、技术交易、科技信息、体系健全、功能完善、服务一流的区域公共服务平台体系。为京津冀地区持续提升创新能力提供支撑和保障。

（五）大力推进区域产学研合作，增强企业自主创新能力

大力推进京津冀高等院校、科研院所面向产业和企业的创新需求开展研发活动。加强产学研合作基地建设，重点选择电子信息、装备制造、生物医药、新材料、新能源等京津冀具有比较优势和较强辐射带动作用的战略产业，推进京津冀高校、科研机构和企业共建研发基地和产业园区，突破关键共性技术瓶颈。引导京津冀企业间建立研发合作联盟、产业链合作联盟、市场合作联盟、技术标准联盟等多种形式的产业联盟，推进产学研和上下游企业间创新资源的整合，推动形成跨区域的产业协同创新网络，增强企业自主创新能力。

（六）联动推进科技人才的合作培养与交流，增强区域创新创业活力

完善京津冀人才开发合作机制，加强京津冀三地高等院校和科研院所科技与教育资源应用的合作，加强文化和人才交流，创新多层次人才引进和培养模式，扩大省市间、地市间、市县间的人才引进项目合作，形成京津冀互通融合的人才开发合作网络。完善高层次人才和智力共享机制，围绕产业技术创新、新兴产业

发展、重大科技创新工程与重大项目，大力引进掌握核心技术的海外人才来京津冀创业，共享人才和智力资源，增强区域创新创业活力。

（七）加快推进科技服务一体化，为合作提供坚实支撑

发展功能完善的科技创新服务业机构，推进科技评估、技术咨询、技术产权交易、技术经纪、无形资产评估、项目管理、成果转化和推广等创新服务机构的交流，鼓励在信息采集加工、创业策划、科技咨询等业务内容方面加强协同配套，联合开展人员、机构的资质认定，服务的流程和质量控制，服务资费标准等研究，提供服务现代化程度，创建特色服务、品牌服务，为京津冀区域科技合作提供坚实支撑。

（八）把握新科技革命和新兴产业发展方向，提高战略高技术创新能力

把握国际新技术革命的发展动态，跟踪国际新兴产业的发展动向，合作提高对区域经济和社会持续健康发展具有重大影响的信息高技术、生物高技术、新材料及其应用高技术、微系统与纳米高技术、光电高技术、空天高技术、战略能源技术、海洋工程技术等战略高技术的创新能力，形成引领区域经济和社会发展的强大引擎。

二、战略部署

根据区域科技合作推动京津冀协同发展的战略思想、目标定位和战略思路，增强战略的可操作性和实用性，从确定优先合作发展领域、实施重大合作科技工程和优化科技合作空间格局三方面对京津冀科技合作进行战略部署。

（一）确定优先合作发展领域

京津冀科技合作重点领域或项目的选择要按照前沿性、共同性、比较优势、效益性等原则进行。前沿性，亦即先进性，应当选择具有国际先进水平的领域和项目进行合作，并致力于获得一批具有国际领先水平的重大原创性科技成果。共同性，即科技合作的领域和项目为京津冀合作各方的共同需求的共有技术。比较优势，即选择具有比较优势的领域开展科技合作。效益性，即合作的领域或项目，应当具有发展前景，具有重大经济价值和社会价值。为此，确定以下六大领域进行科技合作。

1. 资源环境领域

京津冀地区近年来在发展过程中受资源、环境的制约作用不断趋紧。尽管三地在水资源节约利用、垃圾等废弃物处理、节能减排降耗、新能源开发与利用、大气和水环境治理、生态环境建设等资源环境领域采取了一系列措施，实施了一系列行动，也取得了不少成效，但面临的资源环境形势依然十分严峻。水资源短缺、水环境污染、能源消费结构不合理、清洁能源开发利用不尽如人意、大气雾霾肆虐、生态环境凸显恶化，等等。这些关系到京津冀地区经济社会持续发展的资源环境问题，靠各地区单打独斗解决是极为困难的，甚至不可能解决，这必须由京津冀三地深化包括科技合作在内的区域合作来共同攻坚完成。

（1）水资源利用与水环境治理领域。京津冀是我国水资源严重不足的地区之一，北京人均水资源量不足 300 立方米，仅为全国的 1/8，天津人均水资源量为 160 立方米，仅为全国的 1/15，河北人均水资源量为 307 立方米，为全国的 1/7，且三地水资源利用率不高，如北京再生水回用率约 60%，天津该比率约 30%。另外，水资源浪费现象仍严重存在，京津冀地区水环境污染严重，水质恶化，水体自净能力降低，在水资源绝对量不足的情况下又叠加了水质性缺水。

因此，今后京津冀地区要围绕水资源利用率的提高技术和水环境的治理技术开展合作，重点加强流域生态保护工程技术、城市饮用水安全净水技术与优化工艺研究、污水处理和污水资源化技术、水资源优化配置与综合开发利用、综合节水以及资源节约与循环利用等方面展开一批重大科技合作与公关，以求取得技术突破，为发展区域循环经济，提高资源特别是水资源的利用效率，降低污染物排放，营造生态宜居环境提供科技支撑。具体包括：区域水资源分质供水与梯级利用技术、再生水安全利用技术等水资源优化配置与综合开发利用技术、工业废水深度处理与回用关键技术、石化冶金行业企业节水减排技术、建筑节水技术等综合节水技术、先进污水处理设备制造和应用推广体系等。

（2）节能减排与新能源开发领域。能源在区域发展中具有极为重要的战略地位。目前，能源供需矛盾突出和能源利用效率低下是京津冀面临的重要问题。京津冀三地是我国高耗能地区，2016 年，北京能源消费量达 6961.7 万吨标准煤，天津市能源消费量为 5338.2 万吨标准煤，河北省能源消费量为 29794.4 万吨标准煤（2011 年），京津冀绝大部分的能源、原材料都靠外购，并且与世界发达国家和地区相比，京津冀地区的能源利用率仍处于较低水平。区域内钢铁、石化等基础产业不仅能耗高，还是重要的环境污染因素。满足持续增长的能源需求和促进能源的高效、清洁利用，对京津冀地区的科技发展提出了重大而迫切的需求。从目前能源的消费结构出发，工业、农业、建筑、交通等重点耗能领域的节能技术、节能新产品开发、新能源材料研发、可再生能源开发等是三地能源科技合作的关键方面。

因此，本领域的合作应加强节能建筑材料、先进能源贮藏材料等能源材料的合作开发，加强太阳能电池、风力发电、垃圾沼气、氢能电池等在内的清洁能源高效综合利用技术、新型清洁能源汽车技术、清洁能源信息服务体系及服务平台等的科技合作，加强煤炭、石油等清洁高效开发利用技术和工业节能技术的合作。

（3）废弃物污染防治与生态环境治理领域。目前，随着工业化、城镇化的快速推进，京津冀地区的生态环境日益复杂，生态破坏、环境污染、城市各类废弃物问题日趋严重，尤其是包装废弃物和电子废弃物等，废弃物回收缺乏符合环保要求的规模化综合利用企业，废弃物对生态环境造成的压力日益增大。未来京津冀地区必须统筹考虑三地生活垃圾、工业垃圾等废弃物的环保处理问题，重点加强废弃物的处理和资源化技术、垃圾填埋场的生态恢复技术、防风固沙控制重大技术等领域的科技合作。具体包括固体废弃物资源化技术、垃圾焚烧技术和大型焚烧装置的设计研究、垃圾渗滤液处理、恶臭物质控制技术、防风固沙技术、污染源控制技术、大气污染监控与预警技术、汽车尾气净化器研发等重要内容。

2. 农业技术领域

京津冀地区农业与农村科技基础雄厚，人才丰富，潜力巨大，对地区农业和农村经济的发展提供了有力支撑。但工业化和城镇化的快速推进和发展，使得农业和农村经济对经济总量的贡献率日益下降，北京农业对经济的贡献已不足0.5%，天津不足1%，河北农业的经济贡献也在不断降低，严重影响了农业和农村的基础地位。因此，必须通过农业和农村科技的发展，保障粮食安全，提升农产品质量，发展现代农业，促进农村产业结构调整升级，提高农产品的市场竞争力，推进城乡统筹、农业资源高效利用和农业、农村经济的可持续发展。未来京津冀地区农业技术的合作主要包括：①动植物选种技术，为提高粮食综合生产能力、发展高效农业以及实现资源替代提供技术储备；②无害化生产、优质超高生产技术和高效生产模式建立技术的合作创新，促进农业产业结构升级；③农业高新技术如生物技术、信息技术的合作研发，实现农业高新技术研发及产业化的新突破，带动农业产业升级；④科技型生态文明村镇建设和农业城镇化技术，推进新型城镇化和新农村建设。

3. 社会发展领域

京津冀是城镇密集地区，城镇化发展快速，城镇化人口超过7000万，城镇化水平在2017年已达到65%，高于全国平均水平58.52%。城市和城市化的迅速发展，出现了交通拥堵、交通安全、环境污染、地质灾害和住房问题等，这些问题已经成为京津冀地区，尤其是京津二市社会经济发展的主要因素。根据京津冀的科技和产业优势、共同需求以及面临的共同问题，重点合作内容包括宜居城市建设科技、一体化交通体系技术、城市公共安全关键技术、城市管理信息服务平台等。

（1）宜居城市建设技术领域。宜居城市是人心所向，符合世界潮流。京津冀地区地级以上城市有13座，其中两个为直辖市，另有22个县级市。宜居城市的建设需要新技术、新工艺的支撑。京津冀三地各市都有构建宜居城市的共同愿望和目标，各城市可通过在城市建设领域的科技合作实现优势互补、相得益彰、宜人宜居的目标。重点在宜居城市建设理论方法和标准体系、城市建设新工艺新技术应用、城市美化绿化关键技术研发与应用、宜居城市技术标准等领域开展合作。

（2）一体化交通体系领域。京津冀地区一体化的首要基础是其交通一体化。近年来，京津冀地区交通事业发展迅猛，成效显著，地域交通联系日益便利和快捷。但同时，交通拥堵、城市基础设施供应不足、智能交通体系建设等亟须通过科技合作来加以解决。具体技术合作包括：①交通基础设施支撑建设，降低全寿命成本相关技术；②智能综合交通体系建设技术；③一体化运输技术。

（3）城市公共安全关键技术。京津冀地区作为地缘相连、唇齿相依、相互支撑的城镇密集区，在社会安全、突发事件处置、防震减灾、大型赛事举办等诸多方面都有着非常近似的需求，共同实施统一预案是把损失降低到最低点的根本保障，可以联手进行研发与推广，以减少突发事件或降低其影响的程度。因此京津冀开展公共安全领域的科技合作极为必要。合作重点包括：①三地公共卫生突发事件快速反应系统、疾病动态监测和预警网络体系、各类传染病和慢性病等全方位跟踪系统联合攻关；②食品安全卫生监控保障体系的科技合作；③应对煤矿等生产事故、突发社会安全事件和自然灾害等的监测、预警、预防技术；④公共安全应急信息平台建设技术。

（4）城市管理信息服务平台。城市信息化程度和水平已成为衡量城市经济社会发展综合实力和文明程度的重要标志。着力提升京津冀地区城市信息化管理水平是两地共同面临的问题。今后的重点合作领域包括：①城市信息网络基础设施和决策支持系统建设技术；②信息资源开发、利用、整合与共享；③信息化应用于政府管理、企业信息化和社会信息化、数字城市建设相关技术及有关法律、标准的建立等。

4.战略高技术领域

战略高技术是指对提升和保持国家竞争力有重要战略意义，对国民经济运行具有重大影响力的高技术以及以其为依托的产业。基于产业科技发展趋势，从地区产业更替和产业结构升级出发，应该着力培育战略高技术产业。鉴于战略高技术对国家和地区经济社会发展、科技进步的重大意义，京津冀地区近期必须优先支持战略高技术领域的合作和协同创新。一是要积极合作协同承接国家战略高技术部署，引导国家重大科技专项落户京津冀地区；二是根据京津冀自身的实际情况和特殊需求，确定一批重要的战略高技术项目实施技术合作和协同创新。

经过多年的发展，京津冀地区，尤其是北京和天津，在电子信息、生物医药、新材料、先进制造业等产业领域的高技术人才、高技术研发机构、高技术产业园区在数量和质量上在全国乃至世界范围都具有巨大的优势。因此，为了充分发挥京津冀三地的整体科技优势，有效利用各种资源，发挥京津冀高技术产业的集群效应，进一步凸显高技术领域的竞争力，重点推进电子信息、生物医药、新材料、先进制造业等产业技术领域的合作。

（1）电子信息领域。电子信息产业是京津冀区域经济的主导产业，2015年，三省市电子信息产品制造业产值占全国的20%以上，软件产业占全国的1/3左右，在全国的地位举足轻重。在国家实施工业化带动信息化和信息化促进工业化的新型工业化道路战略中，电子信息产业是新型工业化道路成功的重要保障。京津冀地区的电子信息产业，尤其是软件产业，其研发水平在全国无疑居于绝对优势地位，但研发成果转化率不高，作为国家电子信息技术"领头羊"的北京，具有丰富电子信息产业技术资源的天津和河北，应抱团合作，依托其强大的电子信息产业基础和技术积累，整合三地的产业优势，优化配置资源，以提升软件技术和集成电路设计能力为突破口，突出北京的高端研发服务、天津的技术应用与产品制造产业化和河北的信息产品配套加工，构建更为完整的电子信息产业生态链，促进产业升级，提升整体创新能力和核心竞争力，进一步提高京津冀电子信息产业在国际上的地位。

重点内容：①以操作系统、嵌入式软件、中间件、信息安全、行业应用软件和系统管理服务等为主的软件与服务技术；②以高端通用芯片、集成电路IP和专用集成电路等为核心的集成电路设计技术；③以高清大屏平板显示、光电子产品及显示器件等为核心的光电显示技术；④以高性能核心网络与传输、有线高清数字电视开发与接收、新一代数字通信和网络通信技术、网络信息关键技术等为核心的数字技术。

（2）生物医药领域。生物医药产业是继电子信息产业后的又一个经济增长点，是可以迎头赶上和实现跨越式发展的重点领域，也是推动产业结构升级的重要领域。京津冀三地都把发展生物医药产业作为高新技术产业发展的重要内容，并取得了飞速发展。2015年，北京生物医药产业规模已超过1000亿元产值，天津生物医药产业完成产值984.5亿元，河北完成生物医药产业产值也超过1000亿元，并具有一批在国内外影响力较大的规模企业。未来京津冀三地都面临加大生物医药技术研发，提升自主创新能力，培育医药生物技术、化学药、现代中药技术、组织和基因工程等领域的特色产业，促进产业结构升级优化的战略性任务。未来三地生物医药领域的科技合作，应依托京津冀地区的生物医药产业和科技优势，突出北京生物医药技术研发优势、天津生物医药科研和产业化优势、河北原料医药生产和资源优势，围绕生物制药、中药现代化、化学合成新药、组织和基因工程等领域展开区域合作，完善产业链和空间联系，建立以企业为主体的生物医药制造技术创新体系，打造京津冀地区成为具有国际影响和竞争力的生物医药产业研发和制造基地。

重点合作内容：①以生物信息技术、生物芯片技术、生物医药工程技术、基因治疗技术等为主的医药生物技术；②以中药材优良品质的规范化、中药活性成分筛选、中药制剂技术、中成药生产技术、先导化合物研制等为主的中药现代化技术；③以缓释、控释、靶向技术等现代给药技术为主的化学合成新药技术；④以代谢工程技术、基因工程技术为主的工业生物技术；⑤以原料药为重点的新制剂、中药新剂型及新复方研究等为主体的制剂技术。

（3）新材料领域。新材料技术是现代科技进步和经济发展的重要标志，是21世纪的重要关键技术，它既是高新技术产业的重要组成部分和支撑，也是信息、生物、航空航天、能源等其他高新技术发展的先导和基础，是支撑现代制造业发展的基础和条件。京津冀地区新材料产业发展迅速，北京市充分发挥其科技资源优势，紧跟国际前沿，加强新材料领域的科技自主创新，成为全国新材料领域的科技创新、产业孵化与技术辐射基地，排名一直位居全国首位。天津大力推进新材料技术及其产业的发展，加强成果转化，新材料产业已成为天津新的经济增长点。河北则在新材料产业化方面优势明显。京津冀推进新材料领域的科技合作，对于提升区域制造业技术含量和附加值，促进区域新材料产业在国内外产业链、价值链的地位具有重大意义。以加强新材料领域科技自主创新能力为目标，以建设全国新材料领域产业孵化与技术辐射基地为重点，发挥京津冀在该领域的优势，通过新材料领域的自主创新研究，形成引领区域和国家发展的支柱产业，为制造业提供配套关键新材料。

重点合作内容：①以汽车用轻型新材料技术和汽车推进系统材料技术为主的

汽车材料及关键技术；②以环境友好化学品的研发及工程应用技术、新型功能膜材料技术等为主的新型环境友好材料及关键技术；③以纳米材料合成制备、纳米器件等为主的纳米材料及关键技术；④以燃料电池材料、纯电动车用大容量与高比能量锂离子电池技术等为主的新能源材料及关键技术；⑤以新型发光材料、光电子材料等为主的电子信息相关材料及关键技术；⑥生物医药材料及关键技术。

（4）先进制造领域。先进制造技术是制造业及战略性新兴产业的基础技术，先进制造业是我国制造业转型升级的重要途径，是参与国际竞争的先导力量。京津冀地区是国家重要的先进制造业基地，大力发展先进制造业对于支撑和保障京津冀地区产业结构升级具有重大意义。北京先进制造业在全国具有明显优势，在先进制造业的数控机床研发方面，北京是国家已经确定的全国数控机床研究、开发和生产的三大基地之一，机器人研发能力、生产能力和拥有量都排在全国前列。天津和河北的先进制造技术研究在某些方面已经形成一定优势。充分发挥京津冀地区在制造业科技高端的引领功能，依托三地制造业科技资源、人力资源和产业化基地优势，整合资源，推动产学研互动开展集成创新。北京重点发展以研发和营销服务为主的制造服务业，天津重点发展重大成套装备技术和基础制造技术的研发应用，河北重点发展机械装备制造业基地和产业化建设，推动京津冀地区形成具有核心竞争力的先进制造产业链。

重点合作内容：①高精度、数字化、智能化工作母机与制造技术；②汽车制造、航空航天特种装备、新能源与节能环保设备、大型自动化装备等重大成套装备技术；③高性能、高可靠基础零部件技术；④资源消耗小、无污染的绿色制造技术；⑤先进制造技术综合信息服务平台和网络化制造业技术服务共享平台；⑥共同建立先进制造技术推广服务联盟。

5. 现代服务业领域

现代服务业具有高人力资本含量、高技术含量和高附加值三大特征，现代服务业是经济持续发展的主要增长点，是提高自主创新能力和增强国际竞争力的重要基础。京津冀地区具有巨大的现代服务业市场需求和产业基础，现代服务业是京津冀未来产业发展转型的重要方向和重点领域。未来 5~10 年，依托和发挥京津冀三地的科技优势、人才优势和产业优势，甄别现代服务业优先领域，推进信息服务、中介服务等知识密集型服务业、金融服务业、教育培训、会议展览、国际贸易、现代物流等领域的科技合作，通过构建共同的发展目标，以面向现代服务业的科技合作带动经济结构转型，实现发展方式的加速转变。

重点合作内容：①围绕京津冀三地解决现代服务业面临的共性关键技术问题，共同推进新一代网络技术和信息基础设施的开发建设、面向现代服务业的信息服务支撑平台和重大应用的开发；②为京津冀金融服务和产品创新提供支持和保障的大型实时金融服务系统关键技术的攻关和应用；③充分发挥京津冀丰富优质科教资源，联合开发和实施资源共享、优势互补的网络化教育系统；④共同推进现代物流信息技术的科技攻关和综合应用，解决贸易企业、物流企业以及加工企业间信息互联共享问题；⑤通过合作，共同攻克海量存储、传输等与现代传媒产业发展相关的关键技术，为现代传媒产业快速发展提供技术支撑，促进京津冀数字传媒产业发展；⑥整合京津冀丰富、优质医疗资源，推进京津冀在公共卫生信息系统的技术合作，联合进行大型远程医疗服务系统支撑平台的开发和建设。

6. 创新体系服务领域

区域科技创新能力正日益成为地区经济获取国际竞争优势的决定性因素和推动区域经济发展的重要动力。因此，如何通过构建合理、高效的区域创新体系来提升区域科技创新能力，实现区域跨越式发展和提高国际竞争力，已成为各国、各地区普遍重视的议题和紧迫的任务。京津冀要想成为国家自主创新的引领者、获得国际竞争优势和建设世界级城市群，就必须紧密合作，协同建立京津冀区域创新体系，包括建立以企业为核心、以产业技术创新为重点、产学研相结合的技术创新体系，建立以高校和科研机构为主体的知识创新体系，建立以中介机构为纽带的区域服务创新体系，建立以政府为主导的区域制度创新体系。

重点合作内容：①京津冀三地科技基础设施资源的交流合作、互通有无和共建共享；②联手共建京津冀技术交易联盟，实现京津冀科研成果一体化交易（如联合建立国家"863"计划科技成果交易所、技术转移服务中心），形成服务全国的技术交易服务体系；搭建京津冀技术联盟的网络信息化平台；共建京津冀联合孵化创新服务体系；③合作共建科技咨询与评估服务体系，共同打造知名度高、科技水平高的中国名牌科技咨询与评估企业，服务全国。

（二）实施重大科技合作工程

在上述优先发展的领域中，选择若干京津冀具有较好技术知识基础和合作基础的技术方向，实施重大科技合作工程。

1. 资源环境技术攻关工程

资源环境技术是京津冀地区发展必须共同面对和攻克的共性难题。京津冀地区具有优越的科技条件、经济基础，为应对资源和环境问题带来的巨大挑战，要联合起来共同研究和攻关新型资源、环境技术，解决诸如水资源短缺、水环境污染、大气环境恶化、生态环境下降等系列共同关键性课题，实现人与自然的和谐发展。

2. 战略性高技术跨越工程

根据京津冀地区产业结构的现状特征，电子信息、生物医药、先进制造、新材料等战略性高技术领域已经具备良好的产业基础和技术优势，应整合三地优势，通力合作提升产业技术自主创新能力和技术层级，壮大产业规模，推进产业扩张和跨越式发展，形成国际竞争优势。

3. 优势产业技术提升工程

依托京津冀已有的产业优势，遴选具有一定国际竞争力、国内具有明显优势的强势产业，如机械制造、石油化工、钢铁制造、冶金、高效农业等产业，进一步推进现代高新技术的应用，充分利用国际技术和产业转移的机遇，吸纳国际前沿技术，支持其保持和扩展优势，提升技术档次和国际竞争力。

4. 新兴产业技术创新工程

充分利用京津冀科技资源密集、丰富、优质的优势，面向未来，选择市场需求大、发展前景广阔的新能源、新材料、生态环境、循环经济等新兴技术，加大科技投入力度，抢占产业技术制高点，推进技术集成创新，培育产业化机制，引领未来区域产业发展。

5. 科技创业综合服务工程

充分发掘京津冀科技优势和潜力，合作推进建立技术转移中心，建立面向科技创业企业提供技术的区域公共机构、企业技术支撑平台、技术信息网络等公共科技平台以及区域创业投资网络、信贷支持网络等融资平台，支持、引导建立共同的区域种子资金和风险补偿资金，为科技创业提供便利、宽松、高效的综合服务和良好的发展环境。

6. 创新体系基础设施工程

整合京津冀科技资源存量，优化组合各类增量资源，推进京津冀协同创新体系的科技基础设施工程的建设，包括技术市场建设、知识网络建设、科技平台建设等。以京津冀地区已有技术产权交易所（如中国技术交易所）和各类技术市场为基础，发挥北京、天津技术交易平台多的优势，进一步拓展其服务空间和完善其服务功能，建立面向国际、与全国技术市场连通、全国一流、世界先进的技术要素交易平台。以网络为媒介，建立京津冀区域科技知识信息服务平台。以网络为纽带，联合高等院校、科研机构、大型企业及公共图书馆，建立科技文献共享系统，提供各类公用电子科技知识信息资源服务。依托京津冀地区各类重点实验室、工程技术中心、重点高新技术企业以及科技情报研究所等科技服务机构，面向企业提供产业技术专业服务，突出电子信息、生物医药、新材料、资源环境、农业、制造业等重点领域，建立京津冀大型科学仪器设施共建共享及专业服务协作网，为协同创新提供优质条件。

（三）优化科技合作空间格局

空间配置上，根据现有科技基础、优势领域和现实可能，京津冀科技合作与协同创新可分为三个层次培育协同创新极。北京是协同创新主极，主要承担大量基础科学创新和关键核心技术创新任务，着力建设为国际重要的技术知识创造和交流中心。天津是协同创新副极，主要承担部分基础科学创新和关键核心技术创新任务，着力建设为国内重要的知识创新创造与交流中心。唐山、石家庄、保定、廊坊、沧州等城市，作为协同创新辅助极，承担关键产业技术创新任务，建成重要的技术知识集聚和应用中心。

第八章 区域科技合作推动京津冀协同发展的机制和路径

本章回顾了京津冀区域合作协同发展的机制变迁历程,分析了目前协同机制的现状和不足,对未来京津冀区域合作和协同发展的组织体系和区域科技合作推动京津冀协同发展的机制、路径和时序安排进行了探讨。

第一节 京津冀区域合作协同机制发展历程与现状

一、京津冀区域合作协同机制发展变迁

我国在 2000 年以前,区域合作主要是通过经济区或经济协作区的机制进行的,多以省级行政单元的经济协作为主要经济联系内容,其地理范围大致相当于基本经济区。20 世纪 80 年代之前,京津冀地区属于华北经济技术协作区,设有协作区委员会及经济计划办公机构,负责协调大区内各省市区间的经济联系,并组织各种经济协作行动,经济活动具有高度组织性,与当时计划体制下自上而下的行政力量推进密切相关。

20 世纪 80 年代,华北地区率先打破地区分割,成立了全国最早的区域协作组织——华北地区经济技术协作会。但该组织没有常设办公机构,因而协调作用有限,属于松散组织,无法有效解决区域发展的深层次问题。1988 年,成立环京经济协作区,建立了市专员联席会制度,并设立日常工作机构,推动了地区间的经济合作和联系,但该组织只有北京和河北北部的六个地市参与,缺少天津,故其作用依然有限。

20 世纪 90 年代之后,上述合作机制因其固有的缺陷而逐渐解体,京津冀的

合作协调处于无序发展状态，相当长时间内，企业间、地区政府间无序竞争的局面日益突出，重复建设也愈演愈烈，京津冀地区与长三角、珠三角的发展差距逐渐拉大。进入 21 世纪后，这种无序局面才有所改观，2004 年的"廊坊共识"将区域规划、生态环境治理、基础设施建设、公共交通等纳入区域治理的范畴。随后签订的《环渤海区域合作框架协议》决定成立三层组织架构，负责推进合作发展。

1986 年成立的环渤海地区经济合作市长（专员）联席会，2008 年更名为环渤海区域经济合作市长联席会，成为推进京津冀地区区域合作的主要组织，成员包括天津、河北、内蒙古、山西、山东、河南、辽宁在内的 41 个成员城市，是中国最早成立的地方政府间区域性合作组织。市长联席会由参加联席会的各成员市政府组成，其市长会议为联席会的最高组织形式和决策机构，设有常设办事机构负责日常工作，办公室设于天津。该组织自成立以来已连续召开了 16 次会议，在推动区域经济合作、发挥企业在区域经济合作中的主体地位、推动多层次行业组织的整合发展等方面发挥了重要作用。尽管环渤海区域经济合作市长联席会在区域协同发展方面发挥了积极作用，但该组织缺少北京市的参与，因此该组织的区域协同能力受到严重制约，作用有限。

21 世纪以来，京津冀地区的各类合作组织因各方发展的需要不断涌现，形成了不同层次的合作协调机制，参与主体上，企业、社会力量也逐渐加入进来，从以往的单纯政府间合作演化为多主体参与、多中心型的合作协调格局。2014年初，习近平"2·26"重要讲话后，京津冀地区的合作协调进入崭新阶段，伴随配合2015年国家重大战略《京津冀区域协同发展规划纲要》的出台和 2017 年国家级雄安新区的设立，三地协同发展机制将有更深次的诠释和架构。

二、京津冀区域合作协同机制现状

京津冀区域合作已从过去政府部门浅层次的沟通与协作，升格为两市一省最高领导层定期会晤磋商，再到中央政府成立协同发展领导小组的国家层面协调机制，成为一种国家制定安排。迄今为止已初步构建起上至中央政府协调，下至企业层面合作的多层次区域合作协同机制体系。

（一）第一层次：政府层面的正式协调机制

政府层面的正式协调机制有中央政府、省市级和政府部门等层面。

中央政府层面。鉴于京津冀三地区域合作发展在过去几十年来一直都存在许多无法在省市层面解决的问题和博弈障碍，在"2·26"重要讲话使京津冀区域发展成为国家重大战略后，已经产生由中央政府来协调京津冀合作发展的机制，即在2014年8月成立了由政治局常委、国务院副总理张高丽任组长的"京津冀协同发展领导小组"以及相应办公室。此外，国家部委层面也在积极推进。2014年7月15日，国家税务总局成立"京津冀协同发展税收工作领导小组"，组长由税务总局副局长解学智担任。"京津冀协同发展专家咨询委员会"于2014年6月成立，由全国政协原副主席、原中国工程院院长徐匡迪担任组长，为京津冀协同发展科学决策提供智力支持。中央政府层面的协调机制将京津冀区域合作发展推进了快车道。

省市级政府层面。包括津、晋、辽、冀、鲁、内蒙古六省市40余个城市组成的环渤海区域经济合作市长联席会自1986年成立以来已召开16次会议，在构建统一市场，联合发展交通，加强能源、产业、科技、环保等多个领域的专项合作方面有力地推进了区域协同发展。"2·26"之后，京津冀三地政府都建立了各自推进京津冀协同发展的协调机构，如北京成立了"区域协同发展改革领导小组"，该领导小组由北京市常务副市长李士祥担任组长，小组办公室设在北京市发改委；河北省成立了"河北省推进京津冀协同发展工作领导小组办公室"，其主要职能就是对接京津；天津成立了"天津市京津冀协同发展领导小组"，其主要职责是推动京津冀协同发展和京津双城联动发展。

（二）第二层次：政府层面的非正式协调机制

政府层面的非正式协调机制方面，京津冀区域合作高端会议以及京津冀三地之间不定期召开的各种协调会议，尤其是2014年2月26日习近平同志重要讲话促使京津冀协同发展成为重大国家战略以后，协调会议频繁。包括北京与河北签署的《北京市人民政府、河北省人民政府关于加强经济与社会发展合作备忘录》，天津与河北签署的《天津市人民政府、河北省人民政府关于加强经济与社会发展合作备忘录》等。

（三）第三层次：非政府层面的协调机制

非政府层面的协调机制方面，京、津、冀、晋、内蒙古政协区域经济发展论坛，从2008年至今，已成功召开五次会议。京津塘科技新干线论坛，自2003年至今已召开六次会议。此外，还有由学术界发起的各种研究会、论坛在推动京津冀区域协同发展方面也发挥了重要作用。

企业、事业为主体的合作与交流群体方面，在各级政府推动下，京津冀区域充分发挥企业、事业单位在区域合作中的主体作用，在重大项目上积极开展多领域、深层次的经济技术合作，政府的战略意图落实到企（事）业层面，企（事）

业也在合作中取得新的发展。合作项目涉及工业、农业、基础设施、旅游等行业，并逐步延伸到科技、教育、人才、卫生等社会公共领域。如北京的首钢、新兴际华集团、北汽、大红门等企业以及一些教育、医疗卫生等事业机构，在京津冀地区开展广泛合作，实施产业转移或功能转移。

可见，京津冀地区的区域协同机制已经由改革开放初期的政府单方面机制，逐步发展为由政府、市场、社会公众等多个主体参与的多层次合作协同机制发展。但是从总体上看，政府主导推动仍然是京津冀地区协同的主要机制，市场力量尚不够强大，今后应在政府推动下逐步成为京津冀地区合作协同发展的主要机制。社会公众开始参与区域协同之中，但是由于公民社会的发展不足，第三方组织和社会公众的作用还非常有限。

三、京津冀现行合作协同机制存在的不足

上述几个层次的合作机制相互交融、相互联动，推进或正在推进京津冀区域合作的纵深发展，并在许多方面取得了意义深远的成效，特别是有效打破行政分割的体制性顽症，积极构建区域协同发展的新机制，促进了区域经济的发展。但总体而言，京津冀区域合作协同机制仍然存在诸多不足：

一是利益协调机制仍需完善。区域生态和各类补偿机制等深层次政策还没有形成共识和出台制度性安排。地方利益是京津冀各地方政府最为关注的内容。京津冀区域合作工作推进困难的重要原因，就是利益博弈所在。在京津冀的地方政府合作中，目前责任共担、利益共享的合作制度虽有进展，但并不完善。现阶段京津冀区域内虽存在着多层次的合作协同机制，但客观上存在着多头领导、各自为政的现象，中央政府的领导小组虽已成立，但要产生很好的协同效果尚需假以时日。

二是组织结构需要进一步完善。京津冀协同发展的中央政府领导小组的建立，为京津冀区域合作协同发展提供了顶层组织保障，具有组织上的权威性，但具体协调三地利益，能够较系统、较规范地统领三地政府认可的合作体制和机制的政府规章的完善，需要时间上的磨合与完善，绝不是一蹴而就的过程。

三是自发合作组织有待大力发展。目前，区域合作协调组织主要靠政府，缺少作为市场主体的企业参与，对该市场需求感知不敏感，结果导致产业结构趋同等现象严重。合作内容流于形式，极大地增加了合作成本。区域经济合作组织权责不清、协调无力。

四是区域政策和执法标准有待统一。京津冀统一的区域政策和法规，是区域

合作的前提条件。但目前京津冀区域地方各自制定的政策标准和法规标准，在京津冀三地很难统一，影响了区域协同的推进。如京津冀区域的环保标准不一，同一个项目在三地所受的环境规制不同，在一地因环保原因被否，而在另一地却获批的现象时有发生。这些政策和执法标准在中央领导小组的协调下预计会有很大的改观。

第二节　机制设计

区域合作机制方面，一般有两种主要推进模式：自下而上的合作模式和自上而下的合作模式。自下而上合作模式的推动主体是市场和社会，这种模式在欧美等发达国家被普遍采用，是在其市场发育达到较高程度的特定背景下得以形成和发展的。而京津冀地区的市场力量还相对较弱，区域统一的市场体系尚未健全，公民社会和非政府组织的发育程度也不高，采用自下而上的模式尚不具备成熟的条件，基本没有可行性。另一种常用的合作模式是自上而下的整合，主要是由政府力量推动的区域合作模式。政府是组织化、制度化的权力机构，提供公共产品和服务是其基本职能之一。长期以来，我国政府一直作为唯一的公共服务提供者存在，在这一领域已经积累了长期的实践经验。面对日益复杂的社会环境和多元化的利益需求，政府的职能也在不断地转变和调整。显然，在京津冀地区市场机制尚不健全的条件下，自上而下的区域科技合作推进模式是目前最合适的选择，即在中央政府的指导和协调下，由京津冀三地政府来共同承担，形成政府主导、市场和社会共同参与推动的合作机制。结合上节讨论中京津冀区域合作机制发展的现状和存在的问题，区域科技合作推进京津冀协同发展需要多种机制协同工作，但总的模式就是建立自上而下的区域合作机制，在此模式下，首先应该搭建依托的组织体系，然后在此基础上，建立各利益相关主体充分表达各自利益诉求和协调平衡各方利益的合作机制，形成各方互利共赢的协同行动格局。

一、搭建京津冀区域合作和协同发展的组织体系

目前，京津冀尚未形成一个有效的区域治理合作组织体系。较早成立、至今依然在运行的环渤海区域合作市长联席会议由于缺少了北京的参与而无法发挥有效的协同作用。2004 年，"廊坊宣言"组建的环渤海区域合作省市长联席会议制

度在该次会议之后没有开展实质性的活动，其协同作用极为有限。好在"2·26"之后，京津冀各地都成立了相应推进三地协同发展的机构，中央政府也成立了旨在协调三地协同行动的高层机构。接下来的工作是基于已有的各类协调机构，搭建合作发展的组织体系，推动区域合作机制的建立。

（一）明确中央政府"京津冀协同发展领导小组"任务

目前，京津冀协同发展领导小组已经成立，并由政治局常委、国务院副总理担任组长。虽然国务院没有正式发文明确该领导小组的具体构成和职责任务，但比照以往中央政府为处理地区发展问题成立相关领导小组的做法，如国务院西部大开发领导小组、国务院振兴东北地区等老工业基地领导小组等，京津冀协同发展领导小组的组建应该与此二者大同小异，成员构成将涵盖主要部委的主要负责人，其主要任务应该包括：组织贯彻落实中共中央、国务院关于京津冀地区发展的方针、政策和指示；审议京津冀协同发展战略、专项规划、重大问题和有关法规；研究审议京津冀地区协同发展的重大政策建议，协调京津冀地区经济社会的全面发展。

京津冀协同发展领导小组下设办公室，依照惯例应放在国家发改委以便于协调，具体承担领导小组的日常工作，办公室主任应由国家发改委主任兼任。国务院京津冀协同发展领导小组办公室主要职责是：研究提出京津冀地区的发展战略、专项规划、重大问题和有关政策、法规的建议，管理和仲裁区域发展中出现的争端和冲突；对京津冀地区协同发展规划进行指导、论证、综合平衡和衔接；研究提出京津冀地区重点基础设施建设、生态环境保护和建设（尤其是大气环境共防共治）、优势产业发展、结构调整、科技合作、资源开发以及重大项目布局的建议并协调实施；研究提出京津冀地区深化改革、扩大开放和引进国内外资金、技术、人才的政策建议，协调重点基础设施建设、生态环境保护和建设、工业与其他相关产业的协调发展；监督有关决策的执行和落实，组建京津冀区域发展的合作平台；以及承办领导小组交办的其他事项（见图8-1）。

（二）搭建地方政府间的合作协同平台

1.组建省市层面的合作协同平台：京津冀区域省市长联席会议

在中央政府（由京津冀协同发展领导小组具体执行）的强力推动和协调下，组建京津冀区域省市长联席会议，建立高层协商决策制度。两市一省的省市长或分管省市长每年定期召开一次会议，就区域重大问题展开磋商，扩大共识，并步调一致采取措施。联席会议采用三方轮流坐庄的形式，在三地轮流召开，共同商讨、确定、研究问题，共同制定合作发展规则。联席会议负责统筹整个区域发展

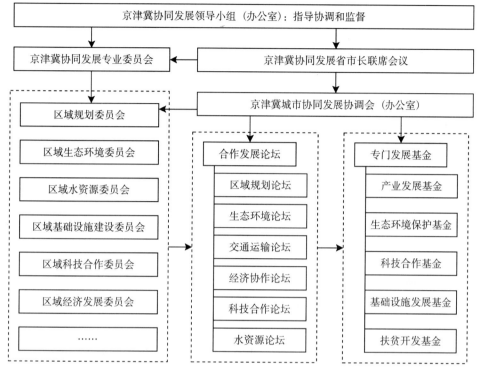

图 8-1　京津冀区域合作和协同发展组织体系

的重大事宜，就区域发展规划、生态环境保护、交通基础设施建设、区域产业规划与布局等重大问题进行协商，负责落实京津冀区域发展领导小组的决策。

2. 建立城市层面的协同组织平台：京津冀区域城市协调会

在京津冀区域省市长联席会议框架下，根据平等、互利、统筹、共赢等原则，设立京津冀区域城市协调会，推动京津冀地区 13 个城市间的合作和协同发展。协调会成员包括北京和天津二直辖市以及河北的 11 个地级市（石家庄、唐山、保定、廊坊、张家口、承德、秦皇岛、沧州、邢台、衡水和邯郸），人员由市长或相关业务副市长等组成，通过轮值做东，每年主办召开一次市长会议。其职责是贯彻执行京津冀协同发展领导小组和京津冀区域省市长联席会议对京津冀地区的发展战略部署，执行和落实区域规划，协调地区合作中重大经济项目的落实。协调会下设办公室，作为协调会的常设办事机构，负责日常联络沟通和召开会议等事务，负责收集整理各专门委员会的提案并提交联席会议，负责执行和落实高层制定的各项战略决策、规划。

3. 京津冀协同发展专业委员会

在京津冀区域发展领导小组和京津冀区域省市长联席会议共同领导下设立京津冀协同发展专业委员会，负责各专业领域事务的研究和决策，以更好地引导、推动三地企业和行业组织开展区域合作。包括区域规划委员会、区域生态环境委员会、区域水资源委员会、区域基础设施建设委员、区域科技合作委员会、区域经济发展委员会等。

区域规划委员会。由国家发改委牵头，会同国家交通、建设等相关部门，京津冀三地政府相关部门，以及规划专家、企业界代表、人大代表、政协代表组成，研究京津冀区域规划，提出区域规划的方案，提交领导小组和联席会议协商决定。

区域生态环境委员会。由国家环保总局牵头，会同京津冀三地政府环保部门、其他相关部门以及企业界代表、人大、政协代表、生态保护专家组成，负责三地区域生态环境的保护和治理规划建设方案，提交领导小组和联席会议讨论协商。

区域水资源委员会。由国家水利部牵头，会同国家环保部门、海河流域管理委员会、京津冀三地政府水利部门及其他相关部门、企业代表和水资源专家组成，就区域水资源的保护和利用，提出规划建议和行动策略。

区域基础设施建设委员会。由国家交通部、建设部牵头，会同其他相关国家部门、京津冀三地政府交通、建设部门、企业代表和专家组成，对交通等基础设施的发展问题进行研究并提出规划建议和方案，交由领导小组和联席会议协商讨论。

区域科技合作委员会。由国家科技部牵头，会同相关国家部委、京津冀三地政府科技部门、企业代表和领域专家组成，就京津冀三地科技的合作发展进行规划研究和提出方案，并交由领导小组和联席会议讨论决策。

区域经济发展委员会。由国家发改委牵头，会同国家相关部委、京津冀三地政府经济部门及其他相关部门、经济学家、企业界代表组成，负责研究区域市场一体化战略、产业发展战略、产业布局规划与经济协作行动方案，并提交领导小组和联席会议商讨决策。

上述专业委员会的主要功能是形成京津冀三地协同发展的协商、沟通、协调平台，以确保三地能够充分表达各自的利益诉求，有效协调各方利益。各专业委员会主要负责研究各自领域的区域专项规划、发展战略和各方行动的方案，提出方案以后，交由领导小组和联席会议讨论决定。由于委员会由国家相关部委牵头，成员涵盖了京津冀地方政府相关部门，并与企业和社会有效沟通，既具有国家权威性，又充分顾及各方利益，因而有利于推进京津冀三地协同发展的各专业领域规划建设。

（三）搭建"政府—企业—社会"伙伴关系平台

随着现代社会的发展与进步，除了政府继续发挥区域合作与协同发展的主体作用外，企业和社会公众也日益成为强大的力量，在区域合作发展活动中扮演的角色也越来越重要。在新形势下，区域的合作发展需要搭建新的政府、企业与社会关系平台，即"政府—企业—社会"伙伴型合作关系平台，通过参与机制和组织创新，整合三者的力量，实现协商互动，共同应对区域合作的重大问题，互利合作，成果共享，使之成为跨地区、跨行业、跨所有制合作发展的推进器。在政府推动下，新型平台在当前京津冀协同发展进程中，可通过组建区域规划论坛、区域生态环境论坛、经济协作论坛、区域科技合作论坛、水资源论坛、区域基础设施规划论坛等平台，广泛吸纳各界企业和社会公众的参与，就区域重大公共问题进行充分协商，共同探讨解决之道，推进区域合作协同发展。在新型伙伴关系平台下，由京津冀三地的 13 个城市共同发起，成立区域产业发展基金、生态保护基金、科技合作基金、基础设施发展基金、扶贫开发基金等基金组织，为区域专业领域重大问题的解决提供资金上的保障。

二、区域科技合作推进京津冀协同发展的机制设计

根据区域科技合作的内涵、以区域合作推进三地协同发展的战略目标、战略思路和战略重点，充分考虑京津冀三地的科技资源配置特点和科技发展地域分工，在京津冀区域合作与协同发展的整体组织体系架构下，按照互利共赢、政企分开、依法治理等原则，构建区域科技合作推进京津冀协同发展的运行机制。

（一）机制设计原则

区域科技合作推进京津冀协同发展的机制设计必须坚持三大基本原则：

一是平等协商、互利共赢。作为一种横向协调机制，必须遵循这一原则，否则区域合作将失去动力而无法推进。

二是政府引导、市场主导。政府的职责，主要是提供制度性公共产品和公共服务，以及为经济活动领域提供规划、规则和管理等服务。其他领域都应由微观经济主体在市场中自主协调。

三是健全法制、依法治理。首先要将各种协议落实到各类操作性规章上；其次要实现行政、立法、司法体系之间的相互协调，依法推进机制的运行。

(二) 机制设计框架

区域科技合作推进京津冀协同发展的运行机制系统包括六个要素内容：一是推进主体（即机制由谁来实施），二是推进组织（即机制实施平台是什么），三是推进机制（即机制实施手段是什么），四是推进领域（即机制实施什么对象内容），五是推进布局（即机制在哪里实施），六是推进绩效（即机制实施效果如何）。其总体框架如图 8-2 所示。

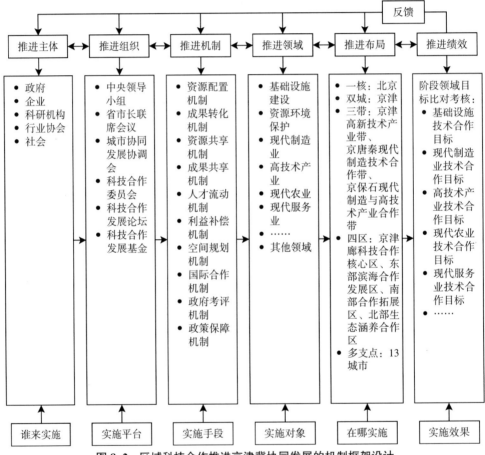

图 8-2　区域科技合作推进京津冀协同发展的机制框架设计

1. 推进主体

区域科技合作推进京津冀三地协同发展涉及多个利益相关者，各个利益相关者都应该在不同领域、不同层次上成为机制运行的推进主体。当前京津冀协同发展面临的问题和冲突不断增多，基础设施建设、沿海港口发展、资源开发利用、环境生态保护、河流流域治理、贫困地区脱贫以及区域产业发展中的利益冲突和矛盾日益凸显。要解决这些矛盾和冲突就必须建立一种促进区域协同发展的新型机制。在京津冀区域合作和协同发展组织体系总架构下，区域科技合作推进京津冀协同发展的运行机制包括政府、企业、科研机构和社会公众四个行为主体，这四个行为主体解决机制建立后由谁来实施的问题。

各行为主体在机制运行中承担的角色和责任不同，政府作为公共利益的代表，是整个机制构建和运行的主导者和监管者，在推进京津冀协同发展的进程中，主导区域科技合作的领域、方向，并负责监管合作的绩效和纠错。在京津冀地区，政府包括中央政府和地方政府两个层次，中央政府是合作发展的最高决策者和监督者，运用行政手段自上而下协调三地的发展关系，尤其是当三地无法自行解决矛盾冲突的情形下，中央政府负责承担协调统筹三地协商合作的重任，引导三地化解矛盾和冲突，同时对三地政府在推进区域科技合作、协调地区发展的行为与绩效进行监督和管理，形成外部约束和激励机制。

地方政府是推动区域科技合作的具体决策者和实施者，京津冀三地政府作为所辖地方各自利益的代表，对于三地科技合作的具体领域、方向、方式、空间布局、利益协调等进行规划、引导、决策和实施，并负责对合作实施效果进行监督和管理。

在市场决定资源配置的条件下，企业是推动区域科技合作的主体。企业跨区域发展是市场条件下区域合作的一种有效方式，企业跨区域发展在实现本身扩张的同时对涉及区域的产业必定产生刺激和推动作用，并可能发生技术合作活动。企业发展的跨区域空间拓展本质上是跨行政区域配置资源，客观上对地方政府协调区域合作行动提出了需求，因此，企业的跨界发展能够自下而上地"倒逼"地方政府按照市场规律进行跨区域大范围配置资源和产业布局，推动区域的合作发展，这里，企业承担着推进主体的功能。

京津冀三地政府间的合作无疑是在市场经济体制尚未完善、政府职能转变尚未到位的情况下推动该地区协同发展的主导力量，起着核心的作用。但由于京津冀三地受制于现行体制的束缚，仅仅依靠政府间的合作还难以从根本上消除阻碍三地区域协同一体化发展的诸多制约因素，而单个企业的力量又略显单薄，对推动区域合作和协同发展的作用有限。因此，完全有必要在政府和企业之外寻找新的资源和途径来推动京津冀区域的合作和协同发展。作为非政府组织并代表企业利益的行业协会可以承担这一角色。通过加强京津冀三地行业协会的合作，充分发挥京津冀行业协会在区域市场中的积极作用，整合和优化区域资源配置，促进生产要素、商品、服务的自由流动，并建立起市场与政府间的沟通对话通道，弥补政府间合作存在的诸多缺陷，从而加快京津冀区域协同一体化发展的进程。

社会公众是区域科技合作的重要参与主体和评价监督方。社会公众主要包括非营利组织和地区民众。非营利组织在国际上已成为世界各国政治生活中不可缺少的重要力量，其角色弥补了政府部门和企业界职能和力量的空缺和不足，在促进区域生态环境保护、科技教育合作等方面可以发挥重要作用。非营利组织包括社会团体和社区组织两大类，社会团体包括各种行业协会、学术组织、公益组织等，它们在推进行业协作、科技合作、政府间的合作协调等方面具有政府和企业不可替代的优势。如中国城市轨道交通协会在京津冀三地城际轨道交通建设合作中在项目规划、技术论证、信息沟通等方面发挥了重要作用。再如各类学术团体有关京津冀三地合作协同发展的学术活动对于助推京津冀合作统一思想、舆论导向、协同行动方面充当了重要角色。社区组织和地区民众对区域科技合作主要起到具体行动参与、合作成效监督和评估等作用。

2. 推进组织

推进组织解决推进主体通过什么组织形式来更好地实现区域科技合作，推进京津冀协同发展的机制运转问题。鉴于区域科技合作只是京津冀三地合作发展的一个方面，因而区域科技合作的推进组织应服从于上述京津冀区域合作和协同发展的组织体系框架。

最顶层的组织是负责制定发展战略、政策措施、法律法规和管理仲裁区域冲突争端的中央领导小组及其办公室。第二是磋商议定区域重大发展问题、共同制定合作发展规则的省市长联席会议。第三是京津冀城市协同发展协调会，负责制定地方科技合作章程、推动京津冀13城市的科技合作、执行和落实区域合作规划、协调地区科技合作中重大项目的实施。第四是京津冀科技合作委员会，是在中央领导小组和省市长联席会议共同领导下设立并联系城市协同发展协调会的京津冀科技合作委员会，由国家科技部牵头，会同相关国家部委、京津冀三地政府科技部门、企业代表和领域专家组成，主要负责研究并提出京津冀三地科技合作发展规划和政策措施。第五是主办科技合作发展论坛，由中央政府科技职能部门和京津冀三地政府相关科技职能部门会同科技研究机构、企业联合发起，旨在建立京津冀三地间科技、产业和产品相互合作、交流的框架，通过为省市间、城市间、企业间多个科技领域合作打造平台，促进区域协同发展。此外，还可通过建立京津冀科技合作发展基金，提供较为稳定的科技风险投资资金，来支持和援助三地政府间的科技合作框架协议内容，导入创新资源，推动高校和科研院所将更多的科研成果在京津冀地区转化，促进三地产业升级转型和战略性新兴产业发展。

3. 推进机制

（1）科技资源配置机制。科技资源配置情况反映了科技资源的总量以及这些科技资源配置的比例和科技资源的运行方式。一个地区的经济结构在很大程度上取决于该地区的科技资源配置情况，经济社会发展在很大程度上取决于其科技资源配置是否合理。科技资源的优化配置已成为各国科技管理和科技政策优先关注的核心问题之一。推进科技资源优化配置，对充分发挥资源效率，协调京津冀地区科技、经济和社会的发展，缩小发达与欠发达地区的差异，具有重要的现实意义。

科技资源配置是各种科技资源在不同时空上的分配和使用，宏观上它是指全社会科技资源在不同科技活动主体、不同科技活动过程、不同学科领域、不同地区以及不同部门之间的分配，属于高层次的科技资源配置；微观上是指具体某一科技活动主体（如一所大学、一家企业或一个研究所）如何在其内部匹配各种科技资源，以便高效率地产出科技成果，是一种较低层次上的科技资源配置。显然，京津冀地区科技合作中要建立的资源配置机制，主要是指宏观上各地区间的科技资源配置。根据王蓓等（2011）的研究，京津冀地区的科技创新能力和资源配置存在极化和集聚现象，即北京集中配置了大量的科技资源和集聚了极为强势的科技创新能力，科技创新单元分布很不均衡，由于配置不均，河北科技投入水平低，相对产出效率仅及北京和天津的43%。因此，在推动京津冀协同发展中，必须建立新型科技资源配置机制，重点从五个方面切入。

一是实现科技基础资源的开放和共享。京津冀地区是我国科技资源最为集中的地区，科技创新资源丰富，但由于历史原因和体制障碍以及地区利益博弈等因素，科技力量的条块分割问题突出，各部门、各区域科技力量相互隔离，自成体系，各自为政，科技资源没有得到有效整合，造成三地科技设施重复建设、科技资源利用低效、科技人才浪费严重等问题，致使科技资源的优势未得到充分发挥，虽近年来有所变化，但总格局并未根本改观。因此，有必要通过协商、合作在三地间对科技资源（尤其是基础资源）推进相互开放和资源共享，充分整合三地各类科技资源，发挥集成效应，从而有效消除京津冀三地科技资源分布不均、科技资源利用低效的问题，推进科技合作的地区共荣发展。

二是加快京津冀区域科技创新体系建设。京津冀协同发展必然要求建立三地跨行政区的区域科技协同创新体系，为此，首先要加强京津冀区域产业技术体系建设合作战略,通过合作协同建设服务于三地的各类产业技术中心、平台和网络,构建以企业为主体的产业技术合作体系;其次要提升京津两大核心城市的科技创新能力,利用已有科技优势建设区域知识生产与服务中心,通过产业、技术合作,辐射带动推进区域科技创新和应用技术产业化,提高京津冀区域整体的科技创新能力;最后是推进三地产业集群创新,建立三地企业共性技术研发服务平台,以三地高新区、经开区和特色产业集聚区为创新基地,打造协同创新的产业集群。

三是建立多渠道、多元化的科技合作投入体系。首先要加强三地的财政科技投入,建立健全政府投入为引导、企业投入为主体、社会资本参与的科技投入体系,提高全社会科学技术经费投入的总体水平,为京津冀科技合作的展开提供资金保障。其次是优化科技合作投入结构,加大对三地重大科技合作专项、科研合作基地、科技合作基础条件以及科技队伍建设的投入力度,近期主要是加强对联接三地的重大交通基础设施领域、关系生态安全的环境污染防治领域和提升区域创新能力的高新技术研发与成果产业化等重点领域技术合作的投入支持。最后是推进区域科技合作与金融的结合,为京津冀合作进行科技研发与成果转化提供风险投资引导基金,促进风险投资多元化投入,完善科技合作风险投资运营机制;推进资本市场建设,加快三地科技企业直接融资体系的建立,充分发挥京津科技研发优势、津冀产业化优势和京津冀三地科技、产业互补优势,推进那些通过合作快速成长的科技企业在主板、中小板、创业板上市,进一步壮大合作的基础。

四是采取计划与市场相结合的混合科技资源配置方式。科技资源配置与一般资源配置一样有三种配置方式,第一种是市场配置方式,即在市场机制下,由于不同地区、行业间存在利润差别,在市场价格、供求和竞争机制的作用下,科技资源要素自发地朝着有利的部门、行业、地区、企业流动,从而使资源配置格局相应地发生变化,这种配置方式有利于促进科技资源配置效率的提高,但同时,科技活动的外部性特征有可能导致市场配置失灵和引发科技资源畸形集聚。第二种是计划配置方式,即科技资源在确定的经济目标引导下,政府各部门通过编制各种规划和计划,人为地对科技资源要素的流动进行干预,促使科技资源要素流向符合经济目标所指向的部门、行业、地区和企业,纠偏市场失灵和优化资源配置格局,但也可能造成配置低效和资源寻租行为。第三种是市场与计划相结合的混合科技资源配置方式,其中又可进一步划分为以计划为主、市场为辅和以市场为主、计划为辅两种,这种方式综合运用两种配置手段,促使资源按市场要求的格局进行变动,显然它是一种折中方案。在当前京津冀三地科技资源配置极不平衡的情况下可以发挥过渡作用，但长远而言，应该建立市场对科技资源配置起决定性作用的方式。

五是建立区域内合理的科技分工。建立区域内合理的科技分工与协作体系是优化科技资源配置的重要内容。区域科技分工应服务于区域功能定位和产业分工协作，北京作为首都，其主要功能是全国政治、文化中心，由于其科教资源得天独厚，应发展为知识型区域，发展为全国知识经济、教育、文化产业和信息服务、高科技研发的高地；天津作为国际大港和华北工业中心，应发展为国际航运、物流、贸易中心以及现代制造基地；河北应充分利用其资源富足以及其重化工业、原材料、能源基地等优势，发展重化工业。因此，根据京津冀三地各自功能定位和科技、产业发展现实优势，充分考虑三地资源禀赋、产业发展方向与所处经济技术发展阶段的特点，发挥三地优势，着眼整体效益优化，兼顾各自的利益诉求，宏观上可建立如下区域科技分工与合作框架：首先，高新技术产业的研发中心或企业总部设立在北京、天津，在河北通过建立制造基地模式进行发展；信息技术、通信设备制造等行业利用北京的地缘、信息、人才、资金、技术优势，发展高端技术产品研发，利用天津、河北的土地资源、劳动资源、环境资源发展产品制造。这样可以既充分释放三地的科技能量，也可以推进三地科技、产业发展的联动。其次，京津冀三地联合建设一批重点项目，联合研发、联合生产，北京、天津投入技术和资金，天津和河北投入土地，通过技术转移服务和产业转化，发展科技交易中心，共建开发区，建成后按各方合同或投资比例共享成果。

（2）成果转化机制。充分发挥京津冀三地各自的科技资源优势，尤其是北京科技资源富集、成果丰硕的优势，加速构建成果转化的政策体制，建立和依托产学研联合加速科技成果产业化和形成现实的合作生产力。加强京津冀区域开发区的科技合作和环境建设，完善成果转化的社会环境和营造成果产业化的良好氛围，为加速成果转化提供空间载体和外围环境。培育成果推广体系和运行机制，联合设立京津冀区域科技交易网络，形成网上技术市场、加速科技成果交易，并联合举办科技博览会、交易会、项目推介会，推动京津冀区域内的科技成果转化。

（3）资源共享机制。资源共享机制是指资源利益主体即中央政府、地方政府、企业及资源地居民，共同参与资源开发，合理分配资源开发利益，通过控制、规范等手段优化资源配置的过程和方式。通过资源共享机制，各利益主体可以突破现有资源的限制，得到更好的资源配置，在竞争中取得优势。因此，京津冀区域科技合作和协同发展应整合各种科技资源，在整个区域内进行有效配置。具体而言，就是要努力实现京津冀区域内基础科技资源的开放和共享，加快推进科技文献、科技信息、专家库、动植物资源和水文资源等基础性科技资源的联网共享，并相互开放国家级和省级重点实验室、工程技术研究中心、中试基地、大型公共仪器设备、技术标准检测评价机构；加快京津冀区域内高新技术相互认证的步伐，即对经各省市科技行政管理部门认定的有关资质在京津冀区域内相互认可。同时，相互认可经京津冀各省市科技行政管理部门认定的高新技术企业、高新技术成果、高新技术产品、科技型中小企业、外商研发机构、科技中介机构等，且相互享受本地同等的优惠政策。

（4）成果共享机制。合作成果即利益的分享是区域科技合作赖以长期持续的前提条件，因为区域合作的本质动因是利益，没有利益的驱动或者利益分享与付出不相称，区域协同发展也就难以推进。因此，应加强沟通与交流，使各方都能明确参与科技合作所能带来的利益，达成共识。构建成果共享机制，首先，必须建立利益诉求表达渠道，京津冀科技合作会涉及政府、企业、居民等多个利益主体，其利益诉求多元化且可能存在矛盾与冲突，畅通利益表达渠道可以避免矛盾和削减冲突，可为区域合作的顺利推进扫除障碍。其次，要建立利益分配机制，科技合作带来的利益如何在区域间分配是合作得以持续推进的关键。利益分配应主要通过市场来实现，综合考虑合作各方的资源投入、贡献份额，根据"谁投入谁受益"的原则，按贡献大小来确定利益分配。利益分配机制应在各方制定合作规划、协议、方案中规定下来，这样可以使合作各方明晰各自的权责。如在资源开发、产业发展、基础设施建设的技术合作中，运用市场规则，根据投入贡献比例来确定权益分配。

（5）人才流动机制。按照优势互补、人尽其才的原则，积极推动京津冀三地科技人才的共同培养、相互交流和共同使用，发挥科技人才对推动京津冀三地区域科技合作和整体创新能力提升的核心作用。为此，一是统筹建设区域内人才流动的长期合作机制，三地政府可在充分调研各自的人才储备、人才需求、产业发展需要的基础上，共同协商制定京津冀三地人才流动与培养的长效合作规划与政策，形成人才交流、流动的长期合作机制。操作上，京津冀三地科技管理部门的各对口单位，可通过互派科技管理干部到对方对口部门挂职学习、锻炼，加强三地科技发展规划、工作内容、工作计划等方面的沟通和对接，相互借鉴，共同促进各自科技管理水平的提高，为开展更紧密的科技合作创造条件。二是构筑京津冀网上人才市场，实现资源共享、信息互通和人才合作开发，共同构建一个开放式、多领域、全球性的技术人才培养网络，打造京津冀区域科技合作与竞争的人才优势。可通过共建"科技人才资源共享服务平台"来实现，即对京津冀科技合作领域和相关领域各级人才进行全面系统的梳理和分类，利用互联网技术，健全区域内各级人才信息交换和发布机制，构筑畅通、快捷的科技人才信息资源共享平台，推动区域内人才（尤其是高级人才）信息资源的共享。三是加强科技合作人才的培养和培训。充分发挥各省市尤其是北京的教育培训优势，建设一批紧缺科技人才合作培训基地。借助京津高校的学科优势，加快培养知识产权、技术标准、科技项目管理等方面的紧缺人才和电子信息、生物工程、新能源、新材料、先进制造、环境保护等高新技术专业人才的培育，为区域科技合作打好人才基础。

（6）利益补偿机制。区域科技合作既要遵循区域整体利益最大化原则，也要符合合作各方互利共赢的要求，但合作过程中可能发生区域整体利益和行政区利益存在矛盾和冲突的问题，在此情形下，相关的利益补偿机制的建立是维系区域长久合作的必要条件。区域科技合作往往通过技术、人才、产业的区域空间集聚和转移来实现区域科技资源的优化配置，这必然会打破原有的利益分配格局。因此必须平衡和协调整体利益和局部利益的冲突，即建立利益补偿机制。随着京津冀区域科技合作的深入，技术、资本、产业转移扩散渐次推进。错位发展、梯度发展、协同发展是区域科技资源重新配置和产业空间再布局的重要方式。在这种技术、产业转型升级和扩散的过程中，技术、人才、产业流出地的利益会受到一定程度的损失。如首钢整体迁入河北曹妃甸，产业、技术和人才等要素的转移必然使北京市的经济和财政收入蒙受影响，短期经济利益受损。而河北则获得了技术要素迁入后的经济利益。如果利益流出方无法得到合理补偿，那么技术、产业转移就会受到来自行政壁垒的阻碍，区域科技资源配置和产业空间布局就难以优化。因此，一方面可以通过市场规则由河北省对北京市做出相应补偿，如一定时期内一定比例的税收分成；另一方面可以建立补偿基金，对技术、产业转出地进行相应的补偿，推动区域技术、产业的优化升级和经济的协调发展。

（7）空间规划机制。区域科技合作最终都要落实到具体地点，因此建立区域科技合作的空间规划机制是保障合作可行性、可操作性的重要一环。空间规划是经济、社会、科技、文化和生态等政策的地理表达，在这里，旨在通过区域科技合作的空间规划明确科技合作发展的空间战略、方向和开发时序，实现科技合作布局的空间落实，以达到京津冀区域科技合作在资源环境领域、交通基础设施领域、经济产业领域、社会发展领域等领域的合作目标。为此，要在编制京津冀区域科技合作规划中纳入空间规划内容，目前京津冀区域统领全局的总体规划已经出台，但区域科技合作规划还没有开展前期的研究工作，各地区主要在其行政辖区范围内组织经济、社会、科技的发展，无法实现包括科技资源在内的各类资源在京津冀区域内的合理配置，资源浪费、内耗严重。因此，有必要制定京津冀区域科技合作发展规划，对京津冀区域各领域的科技合作公共事务进行总体布局与安排。充分发挥空间调控机制的作用，建立高效的空间协同调控机制，实现区域科技合作促进区域协同发展的目标。

（8）国际合作机制。伴随全球化影响的深化和地区国际化的推进，包括科技在内的各方面的国际合作也日益活跃。京津冀地区因其良好的沿海开放条件和科技资源的富集优势，其国际科技合作发展快速，北京、天津和河北与国外大专院校、科研机构建立的科技联系越来越多、越来越密切。但由于行政分割等原因，三地的国际科技合作多是单方行动，缺乏对国际合作资源的整合和国际科技合作平台的共享。因此，有必要共建国际科技合作平台，共享国际科技合作资源，在三地间建立新的国际科技合作机制。

京津冀国际合作机制的建立，应立足三地各自的科技优势，充分发挥首都北京的辐射带动作用，充分利用京津冀三地已有的各类国际科技合作基地，共建、共享国际科技合作平台，共享国际科技合作渠道和港澳台科技合作渠道，联合开展国际科技合作交流，积极推动天津、河北的国际化发展。积极参与中国（北京）国际技术转移大会和中外创新论坛，通过举办天津、河北分会场等活动，推动国外先进技术转移至京津冀地区，实现国际化创新发展。利用国际技术转移服务协作网络和驻外科技外交官服务平台，推动国际专家资源和技术信息共享，为三地科技型企业提供多方面的服务。通过三地建立的国际技术转移中心、国家国际创新园、国家国际联合研究中心和国家国际科技合作基地等政府间合作平台以及国际智能生产创新合作中心等国际平台，共享国际科技合作信息，推进协同创新和成果转化；依托上述平台建立国际科技项目、人才、金融联动机制，推动建立京津冀科技金融合作平台，充分利用全球创新资源，推动区域的可持续发展。

推动园区、机构、技术成果落地。实行三地国际科技合作基地的互认机制，互邀参加三地的科技招商活动，联合开展国际技术成果的转化和产业化。推动国际创新示范园、国际新兴产业孵化园、国际科技产业园等国际科技创新园区落户京津冀地区，带动产业快速发展。吸引国际知名大学技术转移办公室、国际技术转移机构等在京津冀地区落地，推动区域国际化发展。

专栏：京津冀国际科技合作基地概况

京津冀国际科技合作基地分为四种类型，即国家国际创新园、国家国际技术转移中心、国家国际联合研究中心和示范型国家国际科技合作基地。截至 2016 年底，京津冀三地国际科技合作基地共计 146 家，占全国 643 家的 22.7%。分类型来看，其中国家国际创新园 5 家、国家国际技术转移中心 8 家、国家国际联合研究中心 48 家和示范型国家国际科技合作基地 85 家。分地区来看，北京 103 家，天津 19 家，河北 24 家。

资料来源：根据国家科技部国际合作司中国国际科技合作网资料整理（http://www.cistc.gov.cn/）。

（9）政府考评机制。对京津冀三地政府设立区域科技合作绩效考核机制是当前行政体制下推进区域科技合作的有效手段。政策制定的初期，由于各种主观、客观条件的限制，不可能对合作中可能出现的各种问题作出全面的预测和提出完善的措施，只有在执行过程中不断地总结和纠正，才能使暴露出的问题得到合理的解决。所以，应该对区域科技合作的绩效分阶段、有步骤地进行考核，建立对京津冀三地政府具有约束性的区域科技合作绩效考核评估体系，并逐年及时改正原来政策的不合理之处，根据实际情况调整补充新的内容和更新完善考核评估体系，从而使三地的工作目标不再聚焦于自身发展，而聚焦到实现京津冀协同发展的功能定位上来，聚焦到京津冀区域整体实力、竞争力、影响力的提升上来，有力地促进三地实现优势互补、密切合作、互利共赢、协同发展，不断"逼迫"政府在区域科技合作中发挥持续的推动作用。

（10）政策保障机制。京津冀区域科技合作机制的顺利构建和实施需要制度规范的保障，京津冀三地可通过充分调研和协商共同制定确保区域科技合作顺利推进的政策保障措施。区域科技合作政策是实行合作的制度保障，是根据合作目标制定的。合作政策的制定要坚持灵活性和原则性的统一，既要有一定的调整余地，也要对具体目标有硬约束。由于科技内容的广泛性，在目前的科技合作政策中大多灵活性有余而原则性不够，软约束过多而硬约束太少。这是今后制定区域合作政策时决策层需要注意和解决的问题。近期，京津冀三地政府可先行制定《京津冀区域科技合作规范》，从地方和部门两方面规范京津冀区域科技合作行为，建构稳固的区域科技合作机制，保证科技合作的效率。制定完整、细致、务实的京津冀区域科技合作发展计划，从短期、中长期和长期三个层面对京津冀区域科技合作的目标和具体运行进行规划。制定平等、统筹、有效的京津冀区域科技合作协调规范，从区域内各省市协调和各省市科技部门协调出发，建立两套层级不同的协调机制，保证京津冀区域科技合作协调、有序。制定切实可行的京津冀区域科技合作监督约束规范体系，京津冀区域科技合作主要建立在京津冀三省市相互信任的基础上，但也必须完备监督约束机制。制定程序确定、操作性和约束力强的监督约束制度体系，防止单个省市的行为不当或不作为，保证区域科技合作的顺利、公平、有效。因为所制定的京津冀区域科技合作规范既然为各方协商认同后制定，必须是建立在各方利益协调的基础之上，它可以有效缓和各省市在科技合作中的利益冲突。另外，明确的规范可以使各省市在科技合作中的行为有所依据，冲突有所评判。

4. 推进领域

推进领域是指京津冀区域科技合作在哪些领域展开。可能合作的领域很多，但应该区分轻重缓急和主次先后，也就是应该确定一些优先合作领域。确定原则上，首先应服从京津冀区域协同发展国家战略和京津冀区域科技发展目标的需要，其次要考虑京津冀科技自身的长远发展方向，以此来对未来优先合作领域及其优先发展技术进行综合考虑和全面规划，以引领和支撑京津冀区域经济社会的发展。考虑以上原则，并结合习近平同志"2·26"讲话精神和《京津冀协同发展规划纲要》(2015)，当前京津冀区域科技合作的重点应放在交通基础设施建设、资源环境保护、现代制造业、高技术产业、现代农业、现代服务业等优先领域。详见第九章。

5. 推进布局

空间布局是京津冀区域科技合作的载体和依托，推进布局是区域科技合作在空间上如何布展，解决在哪里推进科技合作的问题。推进布局要以服从京津冀区域协同、协调发展目标为方向，要充分发挥北京知识集聚与高端辐射中心、天津现代制造和产业转化基地、河北资源能源型和加工制造聚集区的产业分工协作优势，深度强化北京科技创新、知识服务的中心地位，持续提升天津现代制造研发成果产业转化的能力，不断培育河北承接产业、技术转移应用的能力，以具有战略全局意义、辐射带动力大、经济关联性强、发展前景广阔的产业带和创新集聚区来布局京津冀科技合作与分工的重点，抓住重大历史机遇，实现突破性进展。为此设立以下布局原则：一是战略全局原则，即要服从国家赋予京津冀协同、协调发展的战略目标。二是辐射带动原则，即要突出对京津冀乃至更大区域的辐射带动和提升京津冀整体竞争力的带轴布局。三是协同分工原则，即要有利于形成京津冀科技与产业发展协同分工和经济、科技协调一体化发展的空间格局。四是利益均衡原则，即要平衡京津冀三地各方利益，调动各省市积极性参与区域科技合作，不能损害一方利益来获取另一方利益。

　　根据上述原则和要求，未来京津冀地区的科技合作应构建"一核—双城—三带—四区—多支点"的战略空间框架。

　　（1）一核。"一核"就是北京市，要突出北京科技创新、研发服务、知识引领的核心地位。北京是全国基础研究、原始创新能力最强、科技资源最为丰富、科技市场最为活跃的地区，拥有全国高技术自主研发能力最强、知识型产业规模最大的全国科技创新中心，全力推进北京创新发展，强化其基础研究能力，进一步吸引国际创新资源，强化其辐射带动能力，发挥其全国乃至国际范围的中心引领作用，形成具有世界影响力的全国科技创新中心，为京津冀科技合作与创新一体化发展提供动力源泉，如图8-3所示。

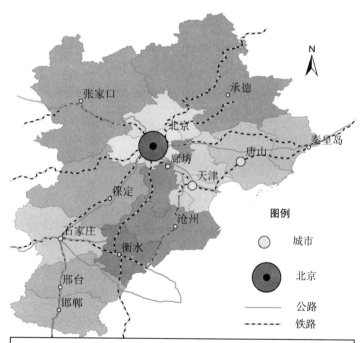

图例

○　城市

●　北京

───　公路

----　铁路

突出科技创新、研发服务、知识引领核心地位，强化基础研究能力，强化辐射带动能力，发挥全国乃至国际范围的中心引领作用，形成具有世界影响力的科技创新中心，为京津冀科技合作与创新发展提供动力源泉

图8-3　京津冀地区科技合作的"一核"

（2）双城。"双城"就是北京和天津，要突出二直辖市在京津冀地区高端产业、前沿科技、成果转化、协同创新等领域的共同引领作用。北京依托其基础研究、科技资源、创新能力、科技市场等优势，大力发展和打造信息产业、生物医药、光机电一体化、新材料、汽车等高技术研发与现代化制造业基地、知识型现代服务业基地，在京津冀科技合作分工中强化其基础研究、高技术研发能力，建立跨国公司研发中心。天津依托其现代产业基础、科技成果转化能力、国际海港、邻近国际市场等优势，大力发展和打造化工、汽车、装备制造、电子信息、生物医药、新能源与环保产业等现代制造业基地、现代物流、商贸等现代服务业基地，在京津冀科技合作分工中强化其产业应用研究与工程化技术研发、高新技术转化能力，建立跨国公司产品开发与工程设计研发中心。通过北京和天津的产业定位、科技分工、优势互补和合作协同，以建设世界级城市群的核心双城引擎支撑为目标，共同引领京津冀地区高端产业合作发展、科技研发与成果转化、前沿科技协同创新，为京津冀协同协调发展提供引擎保障，如图8-4所示。

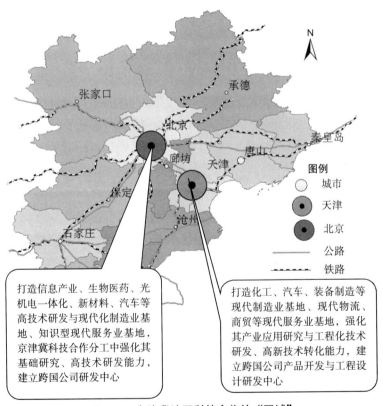

图8-4 京津冀地区科技合作的"双城"

（3）三带。"三带"即京津高新技术产业合作带、京唐秦现代制造技术合作带、京保石现代制造与高技术产业合作带，要突出京津冀三地高新技术、现代制造技术、科技成果转移、转化的区域合作，突出三大轴带对京津冀科技合作轴向集聚的骨架牵引功能。

京津高新技术产业合作带。京津高新技术产业合作带以沿京津塘高速公路、京津高速（S15、S30）、国道 G103 和京津高速铁路等多条通道的城镇群为依托，由沿线各类开发区为主所组成的带状高新技术产业密集区。京津塘高速公路被誉为我国北方的"黄金通道"，20 世纪 90 年代以来，就对高新技术产业产生了强大的吸附力，伴随京津高速和京津高铁的建成开通，集聚效应更为明显，形成了中国北方的"硅谷"带。京津塘高新技术产业带内聚集的高新技术产业开发区有中关村科技园区（包括海淀园、丰台园、昌平园、电子城科技园、德胜科技园、健翔科技园、亦庄园、石景山园等）和天津新技术产业园区（包括华苑园区、环外园区、武清开发区、北辰科技园区和塘沽海洋高新技术开发区）；经济技术开发区包括有天津经济技术开发区、天津港保税区、北京经济技术开发区和廊坊经济技术开发区。在产业带两端的天津经济技术开发区和中关村科技园区，是在全国同类开发区中发展最快、实力最强的园区。而产业带上其他开发区的发展程度和水平则不尽相同，同中关村科技园区以及天津经济技术开发区存在技术、研发、规模与实力的梯度，而这种梯度正是形成京津技术产业合作带的基础，通过科技合作、研发转化、产业协作、链条互补、政策对接，推进以各类开发区为依托的发展合作，形成京津冀地区最具活力和带动力的轴带区域。

京唐秦现代制造技术合作带。京唐秦现代制造技术合作带是以京沈高速公路（G1）和国道 G102 沿线城镇群为依托，由沿路各类开发区组合而成的以现代制造技术合作为特征的科技合作轴带。该轴带区域包括多个各类国家级、省级开发区，主要的国家级开发区有北京经济技术开发区、中关村科技园区、河北燕郊经济开发区、河北唐山高新技术开发区、秦皇岛经济技术开发区、秦皇岛出口加工区等，主要的经济技术开发区有北京通州经济开发区、北京马坊工业园区、天津蓟县经济开发区、河北玉田工业园区、河北丰南经济开发区、河北北戴河经济开发区、河北山海关经济开发区等。在北京一端是全国科技、知识、智力等资源最为密集的高端区域，合作带内唐山、天津、秦皇岛等地的各类开发区具有良好的现代制造技术基础，通过技术合作、优势互补、产业对接，可形成带动京津冀地区合作和协同发展的重要经济带，如图 8-5 所示。

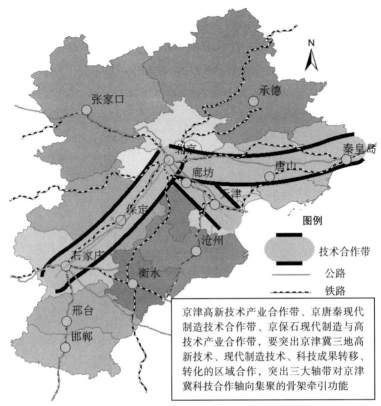

图 8-5 京津冀地区科技合作的"三带"

京保石现代制造与高技术产业合作带。京保石现代制造与高技术产业合作带以京昆高速公路 G5、京港澳高速 G4 和国道 G107 及京石高铁为轴线的沿线城镇群为依托，由沿轴贯穿北京、保定、石家庄等主要城市的各级开发区和大小城镇组成，向南可延伸到邢台、邯郸地区。该合作带包括的国家级开发区有中关村科技园区、保定高新技术开发区、石家庄高新技术开发区等，省级开发区有北京房山工业园、北京良乡经济技术开发区、河北涿州经济开发区、河北高碑店经济开发区、河北保定工业园区、河北鹿泉经济开发区、河北藁城经济开发区等。该合作带同样存在高中低不同梯级层次的技术、产业分布梯度，北京处于技术、产业高端，石家庄和保定具备良好的现代制造业基础和技术吸纳能力，通过产业科技合作，打造推进京津冀地区协同发展东北—西南轴向延伸的经济技术合作地带。

（4）四区。"四区"即京津廊科技合作核心区、东部滨海合作发展区、南部合作拓展区、北部生态涵养合作区，突出以科技合作推动京津冀三地协同发展的空间层次秩序安排，针对不同的功能区域实施不同的合作策略。

京津廊科技合作核心区（见图 8-6）。京津冀科技合作核心区由北京、天津和廊坊三市构成，核心区有 11 个国家级高新技术开发区和经济技术开发区（北京 2 个，天津 7 个，河北 2 个），从而形成了科技、智力资源最为密集的区域，也是科技产业合作发展最具潜力的地区。该区域区位优越，沿东北通道与沈（阳）大（连）高新技术产业发展带相连，沿东南通道与胶东半岛高新技术产业发展带相接，沿西南通道与石（家庄）太（原）产业带相邻，沿西北通道与呼（和浩特）包（头）鄂（尔多斯）产业区相近。因此京津廊区域，通过产业、科技合作，构建京津冀科技创新核心区，形成区域创新与辐射源，有潜力成为环渤海、华北乃至东北亚地区的科技创新和产业发展核心区，起到类似于长三角带动长江经济带和珠三角带动泛珠三角地区发展的作用。建设京津廊科技合作核心区需要对三市的高新区和经开区进行发展整合，力图避免产业重构和重复建设。北京和天津是环渤海湾地区的"双子座"特大都市，行政区划上都属于中央直辖市，政治地位一样高，且空间邻近，相距仅约 130 千米，但由于行政分割导致常态性利益博弈和资源竞争矛盾突出。两个特大城市都从自身的利益角度来定位各自的发展战略，行政壁垒和主体利益相争引发市场的区域分割，生产要素难以跨区域流动实现优化组合，产生区域间产业结构雷同、重复开发建设、要素资源浪费等问题。比如重复建设和产业雷同方面，京津廊都致力于发展高新技术产业，都集中在电子信息、微电子、生物医药等产业领域，存在过度的重复建设与产业同构。又如开放引资方面，都竞相出台优惠政策，在产品外贸出口上竞相压价，导致互损性过度竞争，区域内各市的联系甚至小于各市与国际的联系，对区域整体利益造成损害。[1] 再如贸易壁垒方面，京津冀三地间一直存在一定程度的贸易壁垒和资源争夺大战，各种形式的地方保护主义也层出不穷。因此，为了避免行政分割和地方利益竞争引发的种种不合理现象，为了达到区域整体利益最大化的目标，必须对区域内各类高新区和经济开发区的发展进行功能定位和分类指导，做好各类开发区分工协作的整合工作，进行存量盘活和增量优化工作，避免产业无序竞争，共同打造京津廊产业发展、科技合作共同体，创造品牌优势。在高新技术产业领域，京津各大学科技园区应将重点置于科技创新产业的孵化，为区域的科技合作提供创新源泉；北京和天津的国家级高新技术产业园区和经济技术开发区应着重建设高新技术研发产业和高端制造业基地，廊坊的高新技术产业园区和经济技术开发区的重点在于高新技术生产和高端制造配套生产基地的建设，北

---

① 王元，巨文忠等. 京津科技合作战略研究 [M]. 北京：文津出版社，2007.

京津廊科技合作核心区，通过产业、科技合作，构建京津冀科技创新核心区，形成区域创新与辐射源，有潜力成为环渤海、华北乃至东北亚地区的科技创新和产业发展核心区

图 8-6　京津冀地区科技合作的"四区"之京津廊科技合作核心区

京重点发展软件、微电子等信息产业、生物医药、新材料、汽车等高技术研发与科技服务产业等，天津重点发展电子通信制造产业、海洋高新技术产业、新能源环保类、化工类高新技术产业、汽车和装备制造等现代制造业，借助自贸区设立的机遇，发展国际商贸物流、金融保险等现代服务业；廊坊重点要成为各类产业的生产和制造基地，通过区域的专业化分工与合作，建设世界级规模型产业区，为京津冀打造世界级城市群奠定科技创新和高端产业基础。

东部滨海合作发展区（见图 8-7）。东部滨海合作发展区自南向北大体由沧州滨海地区、天津滨海新区、唐山和秦皇岛等滨海区域组成，拥有国家级新区 1个（天津滨海新区）、国家级各类开发区 10 个（天津 5 个、河北 5 个）和多个省级开发区，产业基础良好，技术力量雄厚，是京津冀地区以科技合作推进区域协同协调发展的重要支撑区域。该区域与京津廊科技合作核心区呈"T"形衔接，向东北和南面分别与沈大产业带和齐鲁产业带相连。充分利用海洋岸线港口资源、开发区密集和产业技术良好的优势，广泛开展技术合作，打造京津冀沿海地区重化工、原材料、能源产业技术开发与应用基地、现代制造和研发转化基地。

其中，天津滨海新区应依托京津冀雄厚的智力支持，发挥与国家科技部、中国科学院、中国军事科学院、国家民航总局等建立工作会商制度和全面科合作关系的优势，广泛集聚各种科技创新资源，建设国际一流的科技合作创新环境，围绕国家级石油化工基地、海洋化工基地、汽车和装备制造业基地、石油钢管和优质钢材深加工基地、国家一流的电子信息产业基地、生物医药产业基地建设，以产业技术研发与转化基地建设为核心，开放吸纳国内外科技资源和产业资源，深化科技合作，加强自主创新，建设生物技术与创新药物、高端信息技术、民航科技、纳米科技与新材料、海洋科技、精细化工、环保科技、中药现代化等一批转化能力强的新兴高新技术产业化基地，培育具有自主创新能力的新兴科技产业，打造高水平的现代制造和研发转化基地。唐山、沧州和秦皇岛地区充分利用深水海港、连接国际通道、获取全球资源便利的条件，依托京津冀的高校、科研院所，发挥京津冀的学科与技术优势，通力合作建设我国原材料能源产业、现代石

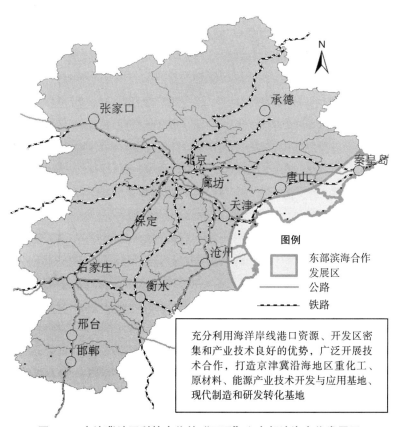

图 8-7　京津冀地区科技合作的"四区"之东部滨海合作发展区

油化工业、现代冶金业自主研发转化基地。并依托中石油、中石化、中海油、中钢集团、首钢集团等大型企业集团的实力与技术优势，整合科技研发资源，合作开发生产技术，大力发展超大规模钢铁冶金、石油化工、海洋化工、煤化工生产装备、深加工产品开发、节能降耗生产工艺技术的开发与创新，扩大规模，降低消耗，最终形成关联度大、产业链衔接、技术先进、带动性强的津冀沿海原材料和重化工产业技术合作创新与应用发展带。

南部合作拓展区（见图8-8）。南部合作拓展区主体包括冀中南的石家庄、保定、衡水、邢台和邯郸五市，拥有四个国家级开发和多个省级开发区，国土资源丰富，具有良好的自然环境、资源条件和得天独厚的承东启西、迎南接北的区位优势，是京津冀发展现代制造业和现代农业的重要载体，也是京津疏散城市产业、人口和功能的重要接纳区域，是培育未来京津冀重要经济增长极的载体。

图8-8　京津冀地区科技合作的"四区"之南部合作拓展区

该区域各市资源条件互补，经济联系密切，依托和吸引国内外特别是京津冀的科技智力资源，以产业技术合作为切入点，在突出各自比较优势的基础上进行合理分工与合作，整合、提高、发展各类开发园区，构筑具有竞争优势的承接京津科技成果和产业与技术辐射的环境，推进京津冀高新技术成果的产业化，培育一批具有国际竞争力的新兴特色产业集群，改造提升传统优势产业，提高经济发展水平和质量，促进以市场机制为基础的区域联合，建设京津冀地区南部发展极，缩小冀中南地区与京津的技术、经济差距，加速京津冀的经济一体化进程。

北部生态涵养合作区（见图8-9）。北部生态涵养合作区主体由张家口、承德二市和北京西北部山地区域组成，这个区域是京津冀地区的生态屏障和水源保护地，是保证京津冀可持续发展和生态安全的关键区域。该区域的发展，要依托京津的科技资源，加强生态环境保护与生态文明建设领域的科技合作，引导人口

图8-9　京津冀地区科技合作的"四区"之北部生态涵养合作区

相对集聚，引导自然资源的合理开发与利用，成为京津冀坚实的生态屏障和居民休闲的理想空间。科技合作的重点：由京津提供技术和资金支持，京津冀三地共同推进该区域涵养生态、保护水资源，转移影响生态、水源涵养功能的产业，严格控制并逐步淘汰影响生态涵养的各类资源开采型产业，评估该地区提供的生态服务价值，由受益的京津二市给予该地区合理的生态补偿和对口技术支援；利用京津先进的农业生态技术，大力发展生态农业、特色林果业、农副产品加工业，提高农业的总体效益，增加当地农民的收入；发展消耗低、污染少的现代制造业和物流业；发展生态旅游、民俗旅游、观光休闲等"无烟工业"。

（5）多支点。"多支点"即以京津冀三地 13 城市为主要依托形成京津冀区域科技合作的节点支撑，突出各个城市的资源禀赋、区位功能、技术层次和产业发展特色，共同打造京津冀三地协同发展的科技合作空间支撑（见图 8-10）。为推进京津冀区域协同、产业协同发展，必须明晰区域内各支点城市的功能定位，重构区域内的产业分工格局，在产业发展定位上，北京应突出知识服务型特征，天津应突出现代制造型特征，河北各城市总体上应突出资源型和加工制造型特征，各城市间形成协调互补、疏密有致的产业分工体系。

在产业链对接上，各城市应根据自身的比较优势、产业基础和资源、技术禀赋特征，参与区域垂直或水平分工，形成垂直与水平分工交织有序、产业链区域职能特色明显的产业发展格局。北京发挥其知识智力密集的优势，重点发展科技含量高、产业链条长、资源能耗低、附加价值高的金融保险、信息服务、科技服务、咨询服务、教育文化、商务服务等现代高端服务业和高新技术产业，并同时推进产业、技术向周边地区扩散和转移，以产业、技术合作带动周边地区的快速发展。天津发挥现代加工制造业基础优势、高新技术成果吸纳转化优势和自贸区设立优势，重点发展现代制造业、高新技术产业、临港工业和高端金融服务业，通过产业、技术合作，既接纳来自北京扩散的技术与产业，同时也向周边河北各城市转移产业和扩散技术。河北发挥各城市资源禀赋优势、国土空间优势、具备较高的技术吸纳能力和加工制造能力优势，重点发展现代制造业、原材料工业、现代农业等产业，既接纳北京、天津的技术与产业扩散，也同时向北京、天津输出资源、工业产品、劳动力及农副产品。为了京津冀能够充分发挥各自优势，通过产业、技术全面合理的分工协作，形成区域协同发展、合作共荣的格局，根据京津冀地区 13 城市的比较优势和未来的发展潜力，提出各城市的职能定位和产业、技术分工设计框架，如表 8-1 所示。

以京津冀三地 13 个城市为主要依托形成京津冀区域科技合作的节点支撑，突出各个城市的资源禀赋、区位功能、技术层次和产业发展特色，共同打造京津冀三地共同发展的科技合作空间支撑

图 8-10 京津冀地区科技合作的"多支点"

表 8-1 区域科技合作推进京津冀协同发展的各城市功能定位和产业、技术分工设计

城市	竞争优势	功能定位	产业分工发展重点
北京	政治、文化、科技、信息、人才与市场优势	国家首都，全国政治中心、文化中心、科技创新中心，世界著名古都，世界城市	知识型产业，金融保险、科技服务等高端现代服务业，科教文化产业，高新技术产业，现代研发产业
天津	港口资源优势、工业基础优势、外向型经济优势	全国先进制造研发基地、北方国际航运核心区、金融创新运营示范区、北方商贸经济中心	电子信息等高新技术产业，汽车、冶金、石化等现代制造业及原材料基础产业，港口物流产业，离岸金融业
廊坊	紧邻京津的区位优势	区域科教、文化、生活次中心，新型工业及服务业基地	科教文化产业、会议展览等服务业、食品加工和高新技术产业

135

续表

城市	竞争优势	功能定位	产业分工发展重点
保定	轻工业基础优势、旅游与文化资源优势	区域旅游中心、文化次中心、现代制造业及新能源产业基地	新能源产业以及现代制造业，旅游文化业，轻纺、化纤等轻工业
石家庄	交通枢纽区位优势、工业基础优势，省会城市	京津冀第三极，区域政治、科教、文化中心，现代制造业基地	现代服务业、生物产业、装备制造基地，商贸物流产业
沧州	港口资源优势、工业基础优势	现代化地方港口、现代制造业、临港重化工业基地	机械加工等现代制造业，化工、电力、石化等临港重化工业，港口物流产业
唐山	重化工业基础优势，港口资源优势，能源、原材料等资源优势	现代化港口，现代装备制造业、能源、原材料等重化工产业基地	冶金、化工、机电、钢铁等重化工业和高加工度制造业，港口物流产业
张家口	农林及轻工业基础优势、生态环境优势	生态保护重点区、农副产品供应区、环境友好型轻工业基地	现代农林业、食品饮料加工制造、毛纺等轻型加工业
承德	旅游与文化资源优势、生态环境优势	生态保护重点区，地方旅游休憩中心，农副产品供应区、环境友好型轻工业基地	现代农林业、旅游文化休闲产业，食品、轻纺等轻型加工业
衡水	区域性交通枢纽优势、湿地旅游资源优势、职业教育优势	京津石技术成果转化基地、京津石农副产品供应加工基地、特色加工制造业基地、湿地生态旅游基地、区域性商贸物流中心	特色产业配套加工制造业，现代农业、食品饮料加工制造业，生态旅游业，商贸物流业
秦皇岛	港口和滨海旅游资源优势，能源、原材料资源优势	现代化大型港口，地方旅游中心，能源、原材料等重化工业基地	临港重化工业、现代加工业、旅游文化产业、港口物流产业
邢台	传统制造业基础优势，历史文化名城，生态旅游资源	钢制品、煤化工、装备制造为主的新型产业基地，区域旅游、文化中心	装备制造、新能源、煤盐化工业，钢铁、建材、食品、纺织服装等传统产业，旅游文化产业
邯郸	历史文化资源优势，煤铁资源优势，冀晋鲁豫交界区位优势，粮棉农业基础优势，钢铁、装备制造、煤电化工产业基础优势	中原地区经济第二增长极，冀晋鲁豫交界地区经济中心，装备制造业基地，钢铁、煤电煤化工基地，区域文化、旅游中心	钢铁冶金、装备制造、现代物流、煤化工和新材料产业，现代农业及农产品加工制造，文化旅游业

资料来源：各市最新城市总体规划，各市"十三五"规划纲要，部分表述参考了李国平. 京津冀北地区协调发展的目标定位及其战略构想 [J]. 北京规划建设，2009（5）：83-86.

6. 推进绩效

推进绩效反映了区域科技合作推进京津冀协同发展的实施效果情况。政策和目标制定的初期，由于各种主观、客观条件的限制，不可能对合作中可能出现的各种问题作出全面的预测和提出完善的措施，只有在执行过程中不断地总结和纠正，才能使暴露出的问题更加合理地得以解决。因此，应该对区域科技合作的绩效分阶段、有步骤地进行考核，即通过与各合作领域的政策和阶段目标比对，看是否达到预期政策宗旨和预期目标，是否存在差距及其原因，通过反馈机制检验问题出在什么地方、什么环节，以便及时采取相关应对措施改正原来政策的不合理之处和推进预期合作目标的实现。具体是通过对比京津冀三地在基础设施领域、现代制造业领域、高技术产业领域、现代农业领域、现代服务业等领域科技合作的政策宗旨和各阶段的目标来核对预期宗旨和目标是否已逐阶段实现，针对各领域合作各阶段存在的问题进行厘清，采取相应对策措施及时纠正偏差，并根据实际情况补充新的内容，使合作宗旨和目标能够符合预期。

第三节　实现路径

当前，京津冀地区协同发展已上升为国家重点发展战略，为京津冀展开区域科技合作、推进地区协同发展提供了前所未有的大好机遇。需要明确的是，由于所处环境、区域特征和发展问题的不同，京津冀地区不可能复制长三角和珠三角的合作发展道路，而是要发挥该地区的优势，走出一条区域科技合作发展的新路子。在中央政府、地方政府以及市场、社会共同参与和推动下，京津冀必须从过去"争资源、争项目"的竞争发展转向"互利共荣、协同协调"的合作发展。从各种已有的实际经验来看，区域合作的推进因发展阶段、空间格局的不同，而呈现复杂过程的特征，需要不断进行调整和修正，以适应不断变化的环境。实现路径上应围绕产业发展、合作路线、组织保障、共建平台、资源共享、人才流动、管理创新等方面进行推进，并实施分步走策略，从初期资源、政策的整合对接渐次发展到后期创新发展的融合一体。

一、推进路径

京津冀开展跨行政区科技合作，要始终以提升区域创新能力为核心目标，通过跨行政界限的科技"大合作"，形成以协同创新为主体内容的"大科技"，构建科技对经济、社会、文化和生态全面发展的"大支撑"，推进区域健康平稳的"大发展"。科技合作与其他类型的区域合作不同，合作不只是为了短期效益，更重要的是要形成调动各种科技、创新资源实现创新效应的长效机制。京津冀三地要卓有成效地开展区域科技合作，需要京津冀三省市政府机构、企事业单位、高校、科研院所等多个参与主体的协调与配合，从产业发展合作、制定合作路线、建立组织保障、共建合作平台、实现资源共享、推进人才流动和创新管理体制等多个层面展开，全方位进行推进。

（一）以产业链创新合作模式，打造产业集群协作体系

京津冀区域科技合作的发展，应以对双方都会产生效益的产业领域为切入点，创建以产业链创新合作、打造产业集群协作体系的发展模式。

1. 以产业链创新合作模式

区域产业链的发生发展是在一定区域要素条件支撑下，通过市场机制逐步形成的。促进区域产业链形成发展的区域性条件包括自然条件、产业基础、劳动数量、资金丰度、技术水平、人才质量、区域产业制度环境等。政府在挖掘和培育区域产业链必需的要素条件上具有不可替代的重要作用。政府首先是改善区内发展硬件环境如能源、交通、通信、水资源、土地等要素，为区域产业链构建支撑性条件，在投入上必须优先予以保证。其次是制定积极有效的区域产业政策，从供给方面对产业选择与发展进行调控，但应充分发挥市场配置资源的决定性作用，提高产业链行为主体的自我发展能力，加强引导和扶持，促进产业组织和产业结构的优化。最后应创造有利条件促进产业链的形成，在产业发展之初，应出台优惠政策激励，引入先导企业入驻，利用集聚机制诱导产业集聚。在此过程中，应力促区域创新，通过创建区域品牌、设立研发机构、发展电子商务等手段，为新产品开发、技术升级和产业结构调整等打造平台。京津冀三地依据各自科技禀赋差异，在区域科技合作产业链的发展中进行分工协作，分别承担不同的主体职能。北京作为主要的研发和高端服务中心，总体处于产业链和价值链高端；天津作为主要生产、销售和分流中心，大致处于产业链和价值链中端；河北作为技术扩散和转移的承接地区，处于产业链和价值链下游，主要为北京和天津提供资源及其基础服务支持。但由于京津冀三地在产业、科技方面各有长处，也各存短板，因此上述高端、中端和下游又不是完全绝对的，产业链和价值链在三地存在一定程度的混合交叉，但总体分工格局在未来相当长的时期内将维持稳定。

2. 打造产业集群协作体系

围绕产业集群开展京津冀区域科技合作，按照产业链关系和专业分工要求来引导企业区域集聚形成产业集群，培育集群内前向、后向、旁侧产业关联，形成基于相互依存产业链的集群协作体系。首先，应合理充分地发挥京津冀三地政府的协同引导和协调规范作用。在推进产业集群的形成发展中，应充分发挥政府的主导作用，完善基础设施配套，改善产业发展环境，制定合理的产业政策，诱导和推进潜在企业的进入和集聚，加快产业集群的发展速度，促进产业集群规模效应的形成。其次，完善基础设施和发展中介服务。产业集群的形成快慢和发展速度与地方公共产品环境的好坏密不可分，京津冀应从经济发展大局出发建立健全中介服务机构，尤其要鼓励扶持信息咨询、投资指导、专业技术服务型中介机构的发展，构建区内统一的中介服务规范，加速区域一体化的进程，为集群发展提供强有力的支持。最后，要营造有利于科技合作创新的制度环境和文化氛围。空间集聚和部门集中是创新性产业集群的基本特征之一，但地理邻近并非导致创新的必然条件，而组织、制度、文化等因素对集聚创新具有更重要的意义和决定性影响。因此，京津冀地区应努力推进组织制度的变革和创新文化的培育，共同构建有利于形成区域科技合作与创新发展新模式的制度环境和文化氛围。

（二）制定合作路线，建立组织保障

京津冀地区的科技合作是一个相当复杂的系统工程，合作的机制创新、领域选择、模式运用等无不体现这种复杂性。因此，在科技合作之初加强顶层设计，做好战略规划，自上而下，从领导层到操作层对科技合作的路线方针、总体部署、任务安排、重点工作、保障机制等达成统一认识，取得一致认同，并按照"政府主导、专家咨询、社会参与、统筹协调、利益兼顾"的思路，制定清晰可行的合作路线图，建立健全科技合作的组织保障体系。

首先，京津冀应根据《京津冀协同创新发展战略研究和基础研究合作框架协议》（2014 年 8 月签订）和中央政府的《京津冀协同发展规划纲要》以及《贯彻落实〈京津冀协同发展规划纲要〉分工方案》，尽快制定并实施科技合作路线图，明确科技合作的指导方针、具体目标、推进思路，编制项目库、工作指南、计划安排、资金配置等细则，选择重点领域和重点项目尽快启动和推进合作进程。

其次，由"京津冀协同发展领导小组"和京津冀分管科技工作领导共同组成"京津冀科技合作委员会"，负责三地科技合作过程中的决策、实施与协调，共建科技合作规则体系，共推科技创新模式，共同制定科技合作专项规划、遴选跨区域科技合作项目、组织科技交流、发布科技需求信息和推广合作成果等具体工作。

最后，由"京津冀科技合作委员会"牵头，由京津冀三地科技管理部门协调、三地企业家和专家参与，组建"京津冀科技合作咨询委员会"，定期举办区域科技创新合作论坛，为学术界、企业界和政府官员共商科技合作重点、热点问题提供交流平台。充分发挥京津冀三地科技专家，特别是占全国 2/3 的两院院士等高级专家的智力优势，由咨询委员会组织"院士专家顾问团"不定期赴京津冀三地调研，为三省市推进科技创新合作提供决策参考。成立科技合作发展基金，为科技合作的推进提供资金渠道。

（三）共建合作平台，实现资源共享

京津冀应大力加强科技基础设施建设领域的合作，完善已有科技基础条件平台的共享共用机制，共建满足区域创新需求的科技基础条件平台，实现区域内各类科技资源的共享，提高科技资源的利用效率和效益。通过共建科技合作平台，由京津冀三地相关部门联合对现有的大型科学仪器、设备、设施、自然科学资源、实验室、中试场所等进行整合、重组与优化，尽快出台《京津冀科技基础条件平台共享规则》，率先相互开放重点实验室、工程技术中心、中试基地等实验平台，真正地做到科技资源共享，扎扎实实地推进科技合作。

加快京津冀科技信息整合与服务一体化建设，采用大数据管理、云计算、物联网、社交网络等新型技术搭建"京津冀科技创新综合服务平台"，建设京津冀科技合作与创新数据库，整合科技计划管理系统、科技奖励评审系统、科技成果转化征集系统、高新技术企业认定服务系统、创新型试点企业动态管理系统、科普统计管理系统等，提供科技文献、科技成果、科技报告、科技数据等信息资源的共享，强化平台的信息发布、信息查询与信息交流等功能。

（四）推进人才培养流动，持续创新管理体制

京津冀科技合作要大力推进协同创新，既要提高不同区域之间开展协同创新的意识与能力，也要建立以区域内企业为主体的产学研协同创新机制。三省市联合组建协同创新平台，合作培养协同创新团队，共同实施协同创新项目，携手打造协同创新成果转化基地。为此，借鉴皮宗平（2009）的研究，着力推进六方面的工作：一是支持针对京津冀产业中具有一定优势而又急需的关键技术进行协同攻关。二是鼓励三省市具有共同研究目标和需求的企业牵头组建产业技术创新战略联盟，并共建合作研发实体。三是鼓励更多企业在三省市高校设立工程技术（研究）中心和中试基地。四是鼓励三省市高校将科学研究向企业重大项目延伸，不仅参与新技术、新产品的研发，而且采取工程教育、高级研讨班等多种形式为企业培养人才。五是引导三省市相关的行业协会密切协作，组建跨区域行业协会联盟，促进产学研主体建立市场化协作机制。六是发挥科技非政府组织的作用，建立京津冀科技合作项目第三方考核评估机制。

按照优势互补、共享共用的原则，推动科技人才的共同培养与共同使用。为此，着重抓住三个重点，一是率先在人才交流服务、高层次人才共享、紧缺人才培训、专业技术职务聘任、职业资格互认、引进国外智力资源等方面实现合作。

二是探索统一的人事制度和就业制度的可行方案，建立共享的学生实习、毕业生创业基地，共同吸引更多有创新精神和技能的毕业生在三省市范围内就业创业。三是研究制定"京津冀城市群科技专家一体化行动计划"，通过相互委托的异地专家代理、专家互聘等方式搭建一体化专家服务框架，形成三地专家人才信息的交换与发布机制，推动高级科技人员的共享共用。

　　京津冀的科技合作要打破地域、行业、部门和所有制的界限，推动创新要素跨区域无障碍流动，降低流动成本和交易成本。为此，重点做好六个方面的机制体制创新工作，一是建立三地专家共同筛选对区域发展具有重要作用的关键技术和共性技术项目并建立项目库，由三省市科技管理部门通过联合招标方式对重点项目实行重点协调和协同管理。二是奖励区域科技合作中的示范性、代表性成果，比如北京中关村科技园区与秦皇岛共建园区的合作发展、北京和天津在天津市高新技术产业园区进行"京津科技创新共同体"试点、北京中关村科技园在天津宝坻共建"京津中关村科技新城"等区域科技合作发展，如果合作发展成效显著，可作为示范性成果进行宣传和奖励。三是三省市联合建立激励和引导科技人员在本地区转化科技成果，激发科技人员积极主动创新创业的有效机制。四是京津冀三省市相互承认各方认定的高新技术企业、高新技术成果、高新技术产品、科技型中小企业、外资研发机构和科技中介机构等，并可同时享受三地的优惠政策。五是引导和鼓励三地高校和科研机构建立长期稳定的合作关系，相互建立分支机构。六是在三地实施"科技管理人才交流"工程，通过互派科技管理干部到对方部门挂职锻炼、学习，加强三省市科技工作在内容、计划与重点等方面的衔接，相互借鉴对方的先进管理经验，克服彼此的不足，共同提高科技管理能力。

二、时序安排

　　当前，京津冀区域合作尚处于国家战略的初始阶段，各方面的合作还刚刚起步，无论理念、意识还是组织、体制、机制、制度环境建设等方面，都需要循序渐进地推进，应该采取分步走的策略，并在实践中不断调整、修正和完善。根据上述章节有关以区域合作推进京津冀协同发展存在的问题、发展的战略定位、设计的运行机制以及区域合作演进的一般路径，京津冀区域科技合作的发展可分三个阶段推进，分"三步走"（见图8-11）。

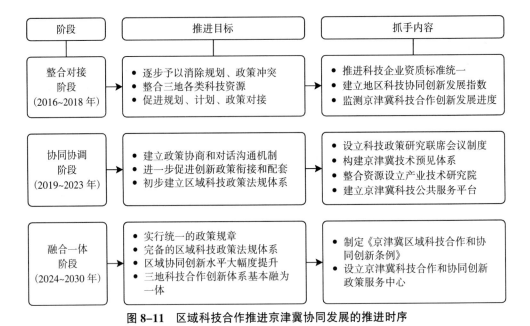

阶段	推进目标	抓手内容

整合对接
阶段
(2016~2018年)
→
• 逐步予以消除规划、政策冲突
• 整合三地各类科技资源
• 促进规划、计划、政策对接
→
• 推进科技企业资质标准统一
• 建立地区科技协同创新发展指数
• 监测京津冀科技合作创新发展进度

协同协调
阶段
(2019~2023年)
→
• 建立政策协商和对话沟通机制
• 进一步促进创新政策衔接和配套
• 初步建立区域科技政策法规体系
→
• 设立科技政策研究联席会议制度
• 构建京津冀技术预见体系
• 整合资源设立产业技术研究院
• 建立京津冀科技公共服务平台

融合一体
阶段
(2024~2030年)
→
• 实行统一的政策规章
• 完备的区域科技政策法规体系
• 区域协同创新水平大幅度提升
• 三地科技合作创新体系基本融为一体
→
• 制定《京津冀区域科技合作和协同创新条例》
• 设立京津冀科技合作和协同创新政策服务中心

图 8-11　区域科技合作推进京津冀协同发展的推进时序

第一阶段：整合对接阶段（2016~2018年）。

对京津冀地区现有相关政策、规划进行全面系统梳理，厘清三地规划、政策、措施中存在的矛盾冲突、无法衔接、不能配套的条款，经三方协商逐步予以消除，整合三地各类科技资源，促进科技规划、计划、政策相互开放和对接，推进三地科技企业资质和技术标准的统一，建立和定期发布京津冀地区科技协同创新发展指数，对京津冀三地科技合作创新发展进度进行监测，及时反馈合作中存在的问题并予以协调解决。力图通过两年到三年的时间完成三地科技资源的整合和规划、计划、政策、措施、标准的对接。

第二阶段：协同协调阶段（2019~2023年）。

再用五年左右的时间，在京津冀地区建立通畅的政策协商和对话沟通机制，进一步促进三地科技创新政策的衔接和配套，在相关政策制定、执行过程中相互沟通，加强对话，共同行动，避免三地政策内耗。由三地科技主管部门共同协商，联合出台若干区域性的科技政策法规，初步在京津冀地区建立起比较完备的区域科技政策法规体系，为三地的科技协同创新合作和推进区域协同发展的制度化建立法律依据。这一阶段的重点任务，一是设立京津冀科技政策的研究、制定、执行的联席会议制度及相关工作平台和机构。二是构建京津冀技术预见体系

（Techonology Foresight System），① 通过对京津冀乃至国内外科学、技术、经济和社会在未来一段时间内进行整体化预测，系统地选择那些对京津冀具有战略意义的研究领域、关键技术和通用技术，通过科技创新合作和利用市场配置手段，实现三地经济与社会利益最大化。三是整合三地科技力量合作设立京津冀产业技术研究院，研判国内外的产业技术发展态势，制订产业技术发展战略、规划和路径，为政府部门提供咨询意见；开展技术情报市场分析工作，为企业、科研机构、投资界等提供行业咨询服务；增强共性技术研发与服务，解决产业链缺失环节、关键环节上的技术需求，建立健全应用技术创新体系，提高自主创新能力，实现创新转型和产业升级。四是建立京津冀科技公共服务平台，以京津冀发展需求为导向，遵循科学技术发展规律，建设具有"条件保障、协同研发、技术转移、创业孵化、决策咨询"等功能的研发公共服务平台，促进三地各类科技资源的良性互动，为研究开发、创新创业提供各类信息和服务支撑，优化京津冀科技创新环境，降低创新创业成本，提高自主创新效率，加速科研成果转化，在京津冀地区乃至更大的地域范围实现科技资源的集成、开放、共享和利用，推进京津冀区域创新体系的建设，提升京津冀区域的研发水平，服务京津冀协同协调发展。

第三阶段：融合一体阶段（2024~2030 年）。

在协同发展的基础上，京津冀区域内实行统一的政策规章，建立起完备的区域科技政策法规体系，区域协同创新水平大幅度提升，三地科技合作创新体系基本融为一体。这一阶段的重点，一是三地联合制定《京津冀区域科技合作和协同创新条例》（以下简称《条例》），以科技创新作为地区发展的主导战略，深化科技体制改革，加强科技合作和协同创新，促进科技与经济的紧密结合，建立以政府为引导、企业为主体、市场为导向、高等学校和科研机构为支撑、产学研相结合的科技创新体系，将区域科学协同创新发展纳入地区国民经济与社会发展规划，并以《条例》的形式予以规范化、制度化，促使京津冀地区科技协同创新发展成为一种新常态。二是联合设立京津冀科技合作和协同创新政策服务中心，为京津冀三地展开规范化、制度化、常态化的科技合作和协同创新，推进区域协调发展提供政策服务支持。

---

① 技术预见（Technology Foresight）是一种致力于科技与经济信息一体化，将各种资源进行优化配置的新型战略管理工具，在世界范围内被广泛运用，并日趋体制化，取得了显著绩效。技术预见是对未来较长时期内的科学、技术、经济和社会发展进行系统研究，以确定具有战略性的研究领域，以及选择那些对经济和社会利益具有最大化贡献的通用技术。技术预见倡导的基本理念是通过对科学、技术、经济和社会在未来一段时间内进行整体化预测，系统地选择那些具有战略意义的研究领域、关键技术和通用技术，利用市场对资源的配置手段，实现经济与社会利益最大化。

第九章 京津冀地区若干重点领域科技合作对策研究

本章开始分别阐述京津冀地区经济发展重点领域的科技现状,划分为现代制造业、高技术产业、资源环境领域、现代农业、现代服务业和基础设施领域六个部分。每一部分分别介绍京津冀三地各自的科技发展进程与存在的问题,并基于三地的科技发展现状综述该地区的科技合作历程与未来的科技合作方向,同时提出合作的政策建议。通过对科技合作重点领域的研究,为后续该地区合作机制的创新和合作平台的搭建提供了理论支持。

第一节 现代制造业科技合作

制造业作为国民经济的物质基础和产业主体,是科技的基本载体,其发展是当今国家科技创新能力的综合体现。目前,我国正致力于"创新型国家"建设,制造业在创新型国家建设中占有重要地位,京津冀地区作为我国的政治、科技、文化中心,担负着引领创新型国家建设的重要使命,因此,研究京津冀地区现代制造业的科技发展具有重要意义。本节重点阐述了京津冀三地现代制造业的发展进程、进步状况与存在问题,并综述了该地区的科技合作状况,在未来,应加强节能环保设备制造、电子信息设备制造、新材料制造、医药制造等领域的科技合作。

一、北京现代制造业科技发展

(一)北京现代制造业发展进程

20世纪90年代是北京产业结构大调整的10年,制造业在GDP中的比重大幅下降,第三产业增加值占GDP的比重快速攀升,北京市政府根据本市工业发展具体情况，在"十五"期间明确提出"大力发展现代制造业，培育新的经济增长点"的发展战略，形成了以企业投资为主题，吸引社会多方资金投入的快速发展态势，通过重点发展高新技术，注重资源集约化利用，积极培育龙头企业，有效地带动了产业链的发展，逐步实现了产业集群化，强力拉动了现代制造业的增长，优化了产业结构（李国平等，2008）。

2016 年北京实现工业增加值 3884.9 亿元，比 2015 年增长 5.0%。其中，规模以上工业增加值增长 5.1%。在规模以上工业中，国有控股企业增加值增长6.7%；股份合作企业、外商及港澳台企业增加值分别增长 9.3% 和 8.5%；高技术制造业、现代制造业、战略性新兴产业增加值分别增长 3.4%、11.9% 和 3.8%。规模以上工业实现销售产值 17447.3 亿元，增长 2.7%。其中，内销产值 16500.4亿元，增长 3.7%；出口交货值 946.9 亿元，下降 11.9%。全年规模以上工业企业经济效益综合指数为 323.3，比 2015 年提高 11.5 个点。规模以上工业企业实现利润 1549.3 亿元，比 2015 年下降 0.7%。重点行业中，电力、热力生产和供应业实现利润 490.1 亿元，下降 7.7%；汽车制造业实现利润 367.8 亿元，增长 5.4%；医药制造业实现利润 150.7 亿元，增长 15.3%；计算机、通信和其他电子设备制造业实现利润 84.8 亿元，增长 36.8%；专用设备制造业实现利润 73.9 亿元，增长 70.3%。[①] 如今北京现代制造业主要包括电子信息产业、光机电一体化产业、生物工程与新医药产业、汽车产业及新材料产业等。在北京的现代制造业中，高新技术制造业占很大比重。北京现代制造业的发展以园区为主要载体，并初步形成了产业集群，产业发展后劲十足。2015 年北京规模以上高技术制造业主要经济指标如表 9-1 所示。2016 年北京规模以上工业主要行业增加值增长速度如表 9-2所示。

表 9-1　2015 年北京规模以上高技术制造业主要经济指标

单位：亿元

高技术制造业	工业总产值	主营业务收入	利润总额
信息化学品制造业	8.1	16.8	−0.2
医药制造业	702.3	686.4	126.6
航空航天器制造业	233.8	241.5	13.6
电子及通信设备制造业	1805.1	1866.0	54.3

---

① 北京市统计局. 2016 年北京市国民经济与社会发展统计公报［EB/OL］. http://www.bjstats.gov.cn/sjjd/jjxs/201402/t20140213_267718.htm.

高技术制造业	工业总产值	主营业务收入	利润总额
电子计算机及办公设备制造业	375.5	729.6	10.2
医疗设备及仪器仪表制造业	374.7	427.5	58.4
其他	1	1	0.2

资料来源:《2016 年北京统计年鉴》。

表 9-2　2016 年北京规模以上工业主要行业增加值增长速度

单位：%

指标	比上年增长
汽车制造业	25.6
计算机、通信和其他电子设备制造业	1
医药制造业	8.5
通用设备制造业	1
电气机械和器材制造业	−1.8
专用设备制造业	−8.8
石油加工、炼焦和核燃料加工业	−11
化学原料和化学制品制造业	2.7
非金属矿物制品业	14.9
铁路、船舶、航空航天和其他运输设备制造业	−7
黑色金属冶炼和压延加工业	0.3

资料来源:《2016 年北京市国民经济与社会发展统计公报》。

(二) 北京现代制造业科技进步状况与存在问题

1. 科技进步状况

(1) 北京市科技资源密集，科研院所集聚，人才充足。北京是我国智力、科技资源最密集的地区，拥有国家级科研机构 400 多所，高等院校 60 多所。除了中关村科技园区的飞速发展外，北京还拥有大量高精尖研究机构和各种科技人才，这成为北京制造业发展的关键因素之一。北京市 2017 年末高技术产业增加值 4151.55 亿元，占 GDP 的比重为 22.8%。北京市 2016 年创新能力排名与 2015 年持平，位于第三名。知识创造综合能力、知识获取综合能力排名同 2015 年没有变化，分别为第一名和第三名。企业创新能力排名由 2015 年的第五名升至第四名，创新环境排名由 2015 年的第三名升至第一名，创新绩效排名由 2015 年的第五名降至第八名。[①]

（2）密集的科技资源为现代制造业的发展提供了强大的技术支持和动力源泉。就制造业来讲，北京的科技优势主要体现在高技术产业发展水平方面。北京中关村地区被认为是我国知识经济的发源地，这里涌现出大量的新技术中小企业，在不断竞争中相互合作，使得这一地区迅速成为北京高新技术企业的集聚区域，现在已成为北京高技术产业发展的核心区域。在北京市各个科技园区，不断开发出拥有自主知识产权、达到国际先进水平的高新技术项目，如 0.25 微米 32位 CPU 芯片"方舟一号"和"方舟二号"、百万门级专用图像芯片"星光一号"、博奥生物芯片等。[②]

2. 存在问题

（1）北京市发展现代制造业存在成本劣势。北京市的空间成本、人力成本都比较高，职工工资水平在全国排名前列，利用廉价劳动力促进制造业发展是不可行的。同时北京的商品房价格相当高，当成本因素反映到制造业产品上时，必然影响产品的竞争力和盈利空间。

（2）制造业人才资源存在结构性短缺问题。北京在人才方面虽然具有绝对优势，进行资本运作和营销管理的人才多，但缺乏高素质和具有丰富操作经验的高级蓝领技工；技术开发人才多，但经营人才少，这样的人才结构会对北京发展制造业有所制约。

（3）北京市周边地区经济发展缓慢，无法形成完善的制造业发展链条。北京与周边地区的合作协调较差，一方面，周边竞争出现同构化，如北京与天津都提出把电子信息、生物技术与现代医药、新能源、新材料等作为产业发展的重点领域；另一方面，北京周边地区城市化进程缓慢，与北京发展很难衔接，产业支撑不力，河北省的经济发展十分落后，与北京市产业衔接的中等城市数量很少，小型城市的产业水平低下，因此北京市作为中心城市的能力很难辐射和发散出来，产业的传递梯度落差大，甚至形成了产业断层（王彤，2005）。

二、天津现代制造业科技发展

（一）天津现代制造业发展进程

天津现代制造业发展受到了天津市委市政府的高度重视和大力支持，其产业

① 中国区域创新能力评价报告 2016 [M]. 北京：科学技术文献出版社，2016：61-62.
② 邓丽姝. 北京、上海现代制造业发展的比较研究 [EB/OL]. http://www.docin.com/p-714735597.html.

发展已具有良好的科研创新基础，形成了主导优势技术和优势产业，初步形成了产业集群，为建设北方制造业基地奠定了良好的产业基础。

综合经济社会发展情况可基本判断，天津制造业发展总体上处于由工业化中期高级阶段向后工业化转变的关键时期，转型升级和自主创新的需求将更为迫切，资本和技术密集型制造业必将得到进一步集聚和扩张，制造业调整也就成为了必然。

2016 年天津装备制造业增加值占规模以上工业的 36.1%，拉动全市工业增长3.7 个百分点，比 2015 年提高 1.6 个百分点，其中汽车制造、航空航天、电气机械、专用设备等行业分别增长 11.9%、14.9%、22.3% 和 12.2%。消费品制造业增加值占全市工业的 20.8%，比 2015 年提高 1.6 个百分点。优势产业增加值占全市工业的 91.0%，其中，航空航天、新材料以及生物医药等新兴产业合计增加值占全市工业的 16.5%，拉动全市工业增长 2.1 个百分点，比 2015 年提高 0.9 个百分点。[①] 表 9-3 为 2015 年天津规模以上制造业企业主要经济指标。

表 9-3　2015 年天津规模以上制造业企业主要经济指标

行业	单位数（个）	从业人员年平均人数（人）	工业总产值（万元）	占工业总产值比重（%）	主营业务收入（万元）	利润总额（万元）
农副食品加工业	167	26985	7095708	9344241	228583	76744
食品制造业	122	57857	5449125	13007658	2829820	2105886
酒、饮料和精制茶制造业	37	13229	1549305	1681966	106405	25317
纺织业	61	15176	1468141	1562363	160110	97676
纺织服装、服饰业	129	97695	1975433	3623256	614325	426188
皮革、毛皮、羽毛及其制品业和制鞋业	41	10986	383594	805211	101450	68758
木材加工和木、竹、藤、棕、草制品业	28	2632	130191	183443	23374	16666
家具制造业	68	19835	1128683	1126290	136102	84996
造纸及纸制品业	140	19786	2403180	2264341	228932	140738
印刷和记录媒介复制业	91	14668	837234	1058636	127234	75807
文教、工美、体育和娱乐用品制造业	124	32145	1389329	5226899	583938	503040

---

① 资料来源：2016 年天津市国民经济和社会发展统计公报。

续表

行业	单位数（个）	从业人员年平均人数（人）	工业总产值（万元）	占工业总产值比重（%）	主营业务收入（万元）	利润总额（万元）
石油加工、炼焦及核燃料加工业	41	22398	7668874	12762326	3093361	854199
化学原料及化学制品制造业	361	57331	14459251	13257893	1474501	971794
医药制造业	100	46136	8451312	5712545	1053816	631555
化学纤维制造业	5	719	60485	187941	32435	22707
橡胶和塑料制品业	317	61436	4998438	5833949	631235	404267
非金属矿物制品业	271	37221	4978229	3821096	389786	225993
黑色金属冶炼和压延加工业	347	138285	47687696	44939205	3039277	2232007
有色金属冶炼和压延加工业	116	20141	3488258	9785650	1132923	792190
金属制品业	562	97956	8981563	14113374	1589806	1138434
通用设备制造业	420	97309	10468286	11879270	1446520	1058947
专用设备制造业	389	107608	13610370	10756515	1024257	578123
汽车制造业	322	135347	14727207	22376899	3600206	2157451
铁路、船舶、航空航天和其他运输设备制造业	216	73582	10375114	11361609	939421	751662
电气机械和器材制造业	323	64277	8414859	11150200	1012979	656155
计算机、通信和其他电子设备制造业	314	166541	13484656	25864299	2571696	1845232
仪器仪表制造业	76	12097	1168777	862560	74248	45735
其他制造业	84	14379	563972	1194697	157222	126863

资料来源：《2016 年天津统计年鉴》。

（二）天津现代制造业科技进步状况与存在问题

1. 科技进步状况

（1）初步形成了制造业产业集群。天津致力于建设北方制造基地，已经形成了以天津经济技术开发区、天津高新技术产业园区为龙头的武清开发区、逸仙科学工业园、北辰科技工业园、华苑产业园区、天津港保税区、西青开发小区、津南环保科技产业密集区和百利环保工业园等技术园区。

（2）制造科技领域内，先进技术产品优势突出。在制造科技领域，天津的聚氯乙烯、烧碱、原盐等一批传统优势产品在国内仍居于前列。摊铺机、混凝土拌和机等工程机械产品及机床工具、基础件、农用液压齿轮泵、阀门等机械产品在国内都占有一定的份额。天津的金属制品品种在全国位居第一,天津的机械装备工业水平在国内也处于前列。

2. 存在问题

(1)制造业发展产能过剩问题严重。天津制造业存在一定的产能过剩现象。其中,农副食品加工业、饮料制造业、橡胶制品业等轻工业存在产能过剩,随着人民生活水平的提高,需求结构发生了由低端、低附加值产品向高端、高附加值产品升级的变化,而产业结构调整还未能满足需求结构变化的需要,导致部分低端产品相对过剩,行业利润增速也低于总产值增速,发展前景并不乐观。石油加工炼焦及核燃料加工业、有色金属冶炼及压延加工业等重化工业也存在产能过剩。其中,生产设备在点火后无法轻易熄火、国有资本比重较高和资本密集型行业易引致投资冲动等特征是导致过剩的主要影响因素。通信设备计算机及其他电子设备制造业、废弃资源和废旧材料回收加工业等新兴工业在关键核心产品技术依赖进口的同时,暴露出了低档次产品领域的产能过剩现象,加之由政策扶持新兴产业而掀起的投资热潮,也导致了在市场需求尚不明确情况下的产能过剩。[①]

(2)缺乏大型企业带动,国有和民营企业贡献率低。天津市在现代制造业领域具有国际竞争力和国际品牌的大型龙头企业较少,缺乏对产业带动作用强的骨干企业,国有企业和民营中小企业发展缓慢,贡献率低,而且缺乏富有活力的创业服务环境,高新技术成果转化体系不完善,中小企业融资担保体系建设不健全,风险投资进入、推出的渠道不畅,因此导致技术成果转化率低,对发展现代制造的贡献率低。天津市以加工制造为主,缺乏自主创新能力,面临着较大的产业风险。

三、河北现代制造业科技发展

(一)河北现代制造业发展进程

"十五"期间,河北省围绕结构调整积极用先进制造技术改造提升传统工业,不断开发适应市场需求的新产品、新技术,传统工业科技创新能力及潜在能力不断提高。以生物技术与新医药、电子信息等领域为代表的产业也有了较快速度的发展。现代制造业主要集中在生物技术与新医药、光机电一体化、电子信息和新材料四个领域,其中生物技术与新医药所占比例最高,新材料制造业发展最快,

---

① 陈曦. 天津制造业发展特征分析及结构调整建议 [J]. 市场经济纵横, 2014 (1): 50-52.

形成了一定的产业集群规模，产业聚集度进一步提高，形成了石家庄、保定、廊坊、唐山、秦皇岛信息产业相对集中的产业布局。河北省现代制造业发展的优势具体体现为具有良好的产业基础和丰富的物资与能源。[①]

2016年，河北省规模以上工业中，装备制造业增加值比2015年增长10.2%，占规模以上工业的比重为26.0%，比2015年提高1.4个百分点，比钢铁工业高0.5个百分点；钢铁工业增加值下降0.2%，占规模以上工业的比重为25.5%，比2015年下降0.5个百分点；石化工业增加值增长4.9%；医药工业增加值增长5.4%；建材工业增加值增长3.2%；食品工业增加值增长3.2%；纺织服装业增加值增长6.3%。六大高耗能行业增加值比2015年增长1.4%，比2015年回落1.8个百分点。其中，煤炭开采和洗选业下降8.9%，石油加工、炼焦及核燃料加工业下降3.6%，黑色金属冶炼及压延加工业下降2.5%，化学原料及化学制品制造业增长11.5%，非金属矿物制品业增长4.5%，电力、热力的生产和供应业增长8.4%。高新技术产业增加值增长13.0%，占规模以上工业的比重为18.4%，比2015年提高2.4个百分点。其中，新能源、新材料、高端技术装备制造领域增加值分别增长27.5%、12.8%和12.7%。[②]

（二）河北现代制造业科技进步状况与存在问题

1. 科技进步状况

（1）制造业产业基础较好，形成了比较齐全的工业门类。河北省工业门类齐全，主导产业市场竞争优势明显。近年来，钢铁工业、石油加工、电力、电子、医药、建材等10余个行业增加值占工业的比重呈上升趋势，尤其是钢铁、食品、医药、电子部门所占比重明显提升。在区域特色产业方面，形成了保定电力电子基地、沧州线路板基地、承德智能仪器仪表基地。截至2014年，河北省国家级国际科技合作基地总数达到22家，涵盖了新能源、生物医药、装备制造、半导体技术、节能环保等诸多现代产业领域。[③]

（2）科技型中小企业发展迅速，形成创新性产业集群。近年来，河北省政府高度重视科技型中小企业培育工作，截至2014年7月，经认定的科技型中小企业已达1.1万家，科技小巨人企业573家。根据河北省提出的目标，2017年科技型中小企业将达3万家，1500家科技小巨人将进入"亿元俱乐部"，形成数据产

---

① 李国平，李岱松等.京津冀区域科技发展战略研究［M］.北京：中国经济出版社，2008：199.

② 2016年河北省国民经济和社会发展统计公报［EB/OL］.http：//www.hetj.gov.cn/hetj/tjgbtg/101392884505851.html.

③ 河北省科学技术厅.我省新增两家国家级国际科技合作基地［N］.河北日报，2014-11-21.

业、卫星导航、生物医药等 20 个创新型产业集群，实现科技型中小企业发展新飞跃，成为河北省转型升级、绿色崛起的重要支撑。[①]

在产业集群方面，廊坊开发区地处京津腹地，与石家庄、保定两个国家级高新区和唐山省级开发区，形成了"一廊三点"的带状走向，与京津塘高新技术产业带构成了一个类似十字交叉形的分布格局，产业集群优势明显；在具体行业方面，工业内部向食品、医药、钢铁、电子、石化等产业进一步集聚，黑色金属冶炼及压延加工业、医药制造业、建材等行业的市场占有率远高于全国的平均水平。

（3）产业综合竞争力明显增强，创新能力不断提升。河北省 60% 的大中型企业建立了科研开发机构，其中国家认定企业技术中心 9 个、工程技术中心 1 个、重点实验室 4 个，省级企业技术中心 62 个、工程技术中心 29 个、重点实验室 10 个。CAD、CIMS、ERP 等技术在大中型企业中得到普遍推广和应用。通过加强产学研合作，科技成果转化率明显提高。唐山轨道客车时速 350 公里高速动车组、保定天威 1000 千伏特高压变压器、秦皇岛天业通联重工 900 吨架桥机、宣化工程机械 SD9 高驱动推土机等一批高技术含量、高附加值的产品研制成功，并投放市场。[②]

2. 存在问题

（1）制造业发展整体规模小，产品结构不合理。河北省制造业整体规模仍然偏小，领军企业偏少，创新能力较薄弱，综合竞争能力尚待加强。产业规模上，其装备制造业不论是产业总量还是企业规模和数量都与先进省份具有较大差距；产品结构上，零部件多、整机少，大路产品多、高端产品少，整机与零部件之间的协同配套体系不完善，中小企业产品"专、精、特、新"的特色不明显。

（2）创新能力不足，经营机制不健全。河北省发展制造业存在的主要问题在于技术结构层次较低，与发达国家和地区存在较大差距，突出表现为制造业仍然是以劳动密集型的轻纺工业、资金密集且附加值较低的中低档建材和冶金工业为主，而技术含量高的机械电子工业比重明显偏低。新产品产值率不到 10%，远低于全国 20% 的平均水平；在新开发产品中，只有 30% 的新产品具有国内领先以上水平，部分产品开发属低档、重复开发；经营机制上，许多企业经营观念落后，

① 河北省科学技术厅. 我省实施三大工程力推科技型中小企业发展实现新飞跃 [EB/OL]. http://www.hebstd.gov.cn/news/dongtai/content_105431.htm，2014-09-04.

② 河北省发展和改革委员会. 河北省装备制造业"十二五"专项发展规划 [EB/OL]. 河北省人民政府网站，2013-11-20.

尚未真正形成适应市场、反应灵活、高效运行的经营机制。[1]

四、京津冀现代制造业科技及其产业合作

(一) 合作历程和状况

从在全国的地位和产业基础来看，京津冀现代制造业无论是产值规模、销售收入还是销售利润水平在全国都有着相当的地位，而且产业门类齐全，产业高端人才和技术人才丰富。现代制造业领域的汽车、电工电器、通用设备和专用设备、石化和冶金领域都有着良好的基础和生产能力，在本区域发挥着带动整体经济增长的重要作用。总体来说，形成了以电子信息、生物医药、新能源与新材料、冶金、石化和汽车工业为主导的现代制造业产业群。

特别是，京津冀已经形成中关村科技园区、滨海新区和曹妃甸开发区三大科技与产业基地，集聚了大量的创新资源和创新潜力，有利于形成可以有效整合比较优势的渠道。区域内产业梯度优势明显，北京富集了国家级的创新型人才和科研实验基地，占据了现代制造业价值链相对高端的位置，天津和河北则侧重于应用技术研究与开发，处于产业链条的中下游，主要致力于科技成果的转化与产业化。因此，京津冀在制造业领域的科技合作有着良好的产业梯次结构和产业技术链基础，能够实现科研力量、产业技术、科技人才和制造业资源的优势互补。[2]

"十二五"期间，京津冀地区形成了以企业为主体的技术创新和产品开发体系，具有自主知识产权的产品和技术比重增加；研究开发了一批先进制造关键技术；将制造业信息化技术向中小企业推进；建立起了适应市场经济要求的技术支撑、咨询、服务体系。

京津冀现代制造业的科技合作同样存在问题：一方面，与长三角、珠三角科技合作相比，京津冀地区的科技合作力度小，这主要是由于行政区划分割而形成的行政壁垒对区域经济形成了一种刚性约束，阻碍了京津冀地区的科技合作；另一方面，京津冀地区存在产业趋同现象，京津两市尤为严重，其占工业产值半数的行业几乎完全相同，京津冀三地尚未形成分工合理、竞争有序的竞合关系。

2016 年 2 月，《"十三五"时期京津冀国民经济和社会发展规划》印发实施，成为全国第一个跨省市的区域"十三五"规划，明确了京津冀地区未来五年的发

---

① 河北省发展和改革委员会. 河北省装备制造业"十二五"专项发展规划 [EB/OL]. 河北省人民政府网站，2013–11–20.

② 李国平，李岱松等. 京津冀区域科技发展战略研究 [M]. 北京：中国经济出版社，2008：195.

展目标。规划提出，到 2020 年，京津冀地区的整体实力将进一步提升，经济保持中高速增长，结构调整取得重要进展；协同发展取得阶段性成效，首都"大城市病"问题得到缓解，区域一体化交通网络基本形成；生态环境质量明显改善，生产方式和生活方式绿色，低碳水平上升；人民生活水平和质量普遍提高，城乡居民收入较快增长，基本公共服务均等化水平稳步提高。根据规划，"十三五"时期京津冀地区将打造国际一流航空枢纽，构建世界级现代港口群，加快建设环首都公园，打赢河北脱贫攻坚战，建立健全区域安全联防联控体系，全面提高首都服务国际交往的软硬件水平，加强与长江经济带的联动。

（二）合作需求

1. 各自为政，协作意识淡薄

目前京津冀地区国有资本占绝对优势，但市场配置资源的机制并不完善，地区政府对资源的控制能力仍很强，对企业干预比较大，在政府主导下的现代制造业发展缺乏市场活力，难以应对风险，区域内城市间协作不强，缺乏合作意识。

2. 重复建设严重，产能过剩

多年来，京津冀现代制造业发展都从自身出发，重点建设领域如电子信息、新材料、生物医药等均有着重复建设的地方，产业定位及发展重点过于笼统，难以形成对要素的有效吸引和产业的充分集聚，不能形成产业特色和区域特色，导致各地在资源、项目、资金等方面存在无序竞争和资源浪费，因此区域内合作不力，产业协同发展亟须加强。

3. 京津冀三地的合作需求强烈

根据京津冀三地现代制造业中长期发展规划来看，均侧重于发展节能环保、新材料、电子信息、汽车、医药等制造业，交叉领域较多，存在着共同的技术需求，因此，京津冀三地政府目前在积极寻求现代制造业的科技合作方式和合作重点领域。

（三）合作目标

到 2020 年，京津冀地区自主创新能力大大增强，形成一批具有国际知名品牌的企业和产品；现代制造业产值翻一番，高端产品与国际先进水平的差距缩小到 5 年之内；形成健全的技术创新体系，造就一支富有活力的技术创新队伍（李国平等，2008）。

紧跟国家的制造业发展要求，重点发展大型先进运输装备及系统、海洋工程装备、高端智能制造与基础制造装备等。实施高速列车、绿色制造、智能制造、服务机器人、高端海洋工程装备、科学仪器设备等科技产业化工程。研发高速列车谱系化和智能化、绿色产品设计、机器人模块化单元产品等重大关键技术，提升我国制造业的国际竞争力。[①]

北京应继续打造中关村国家自主创新示范区，把它建设成为具有全球影响力的科技创新中心和国家级高新技术研发的总部基地，使其成为我国自主创新网络的最高节点和建设创新型国家的主要支撑；天津应加快建设世界级先进制造业基地，发展高附加值的重化工业、现代制造业和服务业；河北应积极承接京津转移的产业，并注重用高新技术改造提升传统产业，积极推动"三个转型"，即推进传统重化工向现代重化工转型，劳动密集型产业向劳动、知识、技能相结合的制造业转型，加工贸易向自主研发、设计、制造转型（叶堂林，2014）。

（四）合作重点任务

1. 汽车制造业

将整车企业做大做强，汽车零部件工业重点发展高附加值产品，建立起汽车整车销售、维修、零部件配送和零部件销售体系，强调汽车电子领域的发动机生产及电子控制系统、车载信息系统，推动电动汽车、混合动力汽车等新能源汽车整车设计制造、动力电池、充电装置、电控系统等研发生产，形成较为完整的产业链条。

2. 高端装备制造业

加快高端装备制造成套装备的智能化、高端化、网络化和规模化，不断完善产业链条，促进产业发展壮大，重点发展高压大型输变电设备，高速动车组、城市轨道交通等现代轨道交通设备，通用飞机及航空配套装备，自动化系统成套生产装置及工业机器人等。

3. 节能环保设备制造业

大力推广高效机电设备、环境检测设备、节电节水器具、电袋除尘设备、烟气脱硫脱硝、工业"三废"和有毒有害物质处理、二次资源利用等技术和装备。加快大宗工业固体废弃物综合利用和再制造、再利用产业发展，大力培育节能服务产业，重点发展合同能源管理服务产业和合同污染防治服务产业。

4. 通信设备、计算机及其他电子设备制造业

重点支持新一代移动通信系统和终端、卫星通信系统、应急通信指挥控制系统、多媒体通信系统、工业监控系统等领域的研发和产业化，带动元器件等配套行业集群式发展。进一步完善液晶显示产业链条，加快形成半导体照明较为完善

---

① 科学技术部. 国家"十二五"科学和技术发展规划（国科发计〔2011〕270号）。

的产业链条,支持网络、医疗、安防、汽车、电力等领域应用电子产品的研发与产业化,培育光伏产业、半导体照明产业智能测控设备仪表的开发和产业化。

5. 新材料制造业

以高性能材料为重点,发展壮大现有优势高性能材料,加大技术创新力度,大力培育新兴材料,继续培育一批具有全国领先水平、跻身世界先进行列的新材料,促进新材料产业跨越式发展。大力发展复合、纳米、智能等材料,积极发展高品质特殊钢、高档焊接材料、工程塑料等材料,加快硅材料、钒钛材料、高速钢、非晶带材等基础性领域的科技成果产业化。

6. 医药制造业

发展生物制药,大力开发免疫抑制剂类药物、重组蛋白药物、多肽类药物,以及防治恶性肿瘤、心脑血管疾病、神经系统疾病、消化系统疾病等的基因工程药物和抗体药物,加快基因重组人血蛋白、丁苯肽等产品的产业化。推进化学创新药,重点推进重大、多发性疾病防治需求的创新药物、首仿药产业化。重点推进中药材种植生产规范化,加快传统中成药的二次研究开发和中药新剂型研发生产,加快中药现代化。

(五)合作政策设计

1. 形成多层次、开放性科技合作,健全服务与协调机制

政府应建立协调机制,促进三地多方合作,可成立京津冀区域科技发展促进委员会以促进项目合作,鼓励产学研的交叉渗透,引导三地企业、大学、科研机构建立长期稳定的全面合作关系。

2. 增强企业自主创新能力,健全金融、财税政策

加强对企业的支持力度,加快产业技术创新体系建设,建立政府支持与企业为主体的产学研投入机制,形成政府资金引导与企业投入相结合的新型创新机制,加大应用技术支持力度,提高支柱产业、龙头企业整体创新能力,推行有利于京津冀科技合作的金融、财税政策。

3. 促进科技人才自由流动,健全自主知识产权体系

京津冀地区的科技合作应注重对科技人才的共同培养、相互交流和共同利用,构建具有自主知识产权的区域创新体系,大力发展知识产权中介服务体系,加强对知识产权的申报和评估工作,通过政府与行业协会的协作,扩大知识产权对企业生存状态的影响力度(李国平等,2008)。

第二节　高技术产业科技合作

　　高新技术产业的发展不仅是一个国家科技创新能力的综合体现，也是国际科技和经济激烈竞争的制高点和推动经济发展方式转变、促进经济结构升级的重要力量。京津冀地区作为我国高新技术产业的重要基地，具有良好发展的基础，但也面临着体制、机制、市场、人才等诸多方面的挑战和问题，需要在发展中加以应对和解决。本节在分别论述北京、天津和河北三地的高技术产业发展概况的基础上，综合描述京津冀地区的高技术产业科技合作情况，将软件、新材料、生物医药等作为未来合作的重要领域。

一、北京高技术产业科技发展

（一）北京高技术产业发展进程

　　2016 年北京新经济实现增加值 8132.4 亿元，比 2015 年增长 10.1%，占全市地区生产总值的比重为 32.7%，比 2015 年提高 0.6 个百分点；高技术产业增加值占新经济的比重为 69.4%；战略性新兴产业实现增加值 3824.3 亿元，比 2015 年增长 10.7%，占新经济的比重为 47%（高技术产业与战略性新兴产业有交叉）。如今，北京市高技术产业规模不断扩大，高技术产业的企业数、从业人员年平均人数、工业总产值、增加值等主要经济指标都显示出北京地区高技术产业的规模呈现不断扩大的趋势，同时主营业务收入迅速增长。北京市高技术产业的发展得到了政府的大力支持，为落实"加强自主创新，建设创新型国家"的国家发展战略，北京市先后出台了《关于增强自主创新能力建设创新型城市的意见》《"科技北京"行动计划（2009~2012 年）》《北京市"十二五"时期高技术产业发展规划》，加快推动了高技术产业，特别是以研究、开发等生产性服务为特征的高技术服务业的发展。高技术产业中的医药制造业、航空航天器制造业、电子及通信设备制造业、电子计算机及办公设备制造业，以及医疗设备及仪器仪表制造业五个主要行业，北京市均有所涉猎，其中电子信息产业发展迅速。

（二）北京高技术产业科技进步状况与存在问题

1. 科技进步状况

　　（1）电子信息产业发达，形成比较完善的产业体系。北京是全国最重要的软件及系统集成基地和主要的电子技术研究开发基地、电子产品生产基地，具备研制、规模生产各类电子产品的综合能力，其移动通信手机、微型计算机、程控交换机、录放像机、彩色显像管等产量均排在全国前列。目前，北京市电子信息产业已建成以中关村科技园区为核心的研发、生产、营销和服务体系，形成了各具特色的电子信息产品基地，如亦庄科技园、酒仙桥电子信息产业基地、北方微电子产业基地等。

（2）生物医药产业格局初步形成，产业发展迅速。从生物医药来看，北京是全国生物工程和医药产品研发、检定、评审、监管和临床应用的中心。拥有同仁堂集团、万东医疗等龙头企业，且外资企业发展迅速，诺和诺德、法玛西亚、GE 航卫等世界著名跨国企业在京建立了研发中心。目前北京生物工程与医药产业南北两翼协同发展的产业格局初步形成，主要由以中关村生命科学园为主体的研发体系、以北京经济技术开发区和北京生物工程与医药产业基地为主体的产业化体系所组成，重点支持生物医药、生物农业、生物环保等产业的发展。2010年北京市生物医药产业实现销售收入 559.5 亿元，其中生物医药制造业实现销售收入 483.5 亿元，实现工业增加值 118.6 亿元，在全市 36 个工业领域中居第五位。同时，北京市还成功实现"北京生物医药创新孵化基地""北京生物医药产业基地"两个基地重大项目落地（叶堂林，2012）。

2. 存在问题

（1）产业整合能力不足，无法形成完善的产业发展链条。北京市高新技术产业发展存在的核心问题就是产业整合能力不足，郊区工业落后，制造业郊区化进展缓慢，周边省市经济落后，难以形成一体化区域经济，京津冀地区高新技术产业发展极不平衡，而且企业多为外向型，本地联系少，难以形成区域间产业互补。

（2）缺乏大型企业带动，中小企业实力较弱。具有国际竞争力和国际品牌的大型龙头企业较少，产业链不够完善，缺乏高效、协作、规模效应突出的产业集群，而中小企业融资担保体系建设尚不完善，高新技术产业投融资机制尚未形成，不利于中小企业的发展，企业自主创新能力需进一步提高。

二、天津高技术产业科技发展

（一）天津高技术产业发展进程

高新技术产业是天津的重要支柱产业，近几年得到了快速发展，已经成为国民经济的重要支撑力量。第一，先进制造业发展向好。2016 年装备制造业增加值占规模以上工业的 36.1%，拉动全市工业增长 3.7 个百分点，比 2015 年提高 1.6 个百分点，其中汽车制造、航空航天、电气机械、专用设备等行业分别增长 11.9%、14.9%、22.3% 和 12.2%。消费品制造业增加值占全市工业的 20.8%，比 2015 年提高 1.6 个百分点。优势产业增加值占全市工业的 91.0%，其中，航空航天、新材料以及生物医药等新兴产业合计增加值占全市工业的 16.5%，拉动全市工业增长 2.1 个百分点，比 2015 年提高 0.9 个百分点。[①] 第二，目前天津市已形成电子信息、生物制药、光机电一体化、新材料、新能源、新环保、航空航天七个高新技术产业部门，其中电子信息产业占绝对优势地位。第三，天津市高新技术产业园区发展良好。2006 年，天津滨海高新技术开发区被国务院批准为全国综合配套改革实验区，天津市高新技术产业部门在开发区发展良好，同时南开大学泰达学院、天津科技大学、天津外国语大学等院校纷纷落户高新技术开发区，增强了高等人才的培育力度。国家生物医药联合研究院、中科院工业生物技术研究院等科研机构的运营，提高了开发区的科技研发转化能力（藏华，2012）。第四，高新技术产业集群初步形成。新技术产业园区、经济技术开发区作为高新技术产业两大基地的地位更加突出，开发区、西青微电子区成为中国重要的电子产品制造基地，以华苑产业园区为依托的新能源产业基地、以津南开发区环保产业密集区为依托的环保产业基地、以华苑软件园为依托的软件产业基地和以中新药业、天士力为龙头的中药现代化基地初步形成。图 9-1 为 2015 年天津市高新技术产业产值比例。

（二）天津高技术产业科技进步状况与存在问题

1. 科技进步状况

（1）科学技术成果丰硕。2016 年全市 12 项科技成果获得国家科学技术奖，其中，技术发明奖 2 项，科技进步奖 10 项，涉及装备制造、生物医药、新材料等多个领域。全年完成市级科技成果 2622 项，其中，属于国际领先水平 80 项，达到国际先进水平 390 项。全年签订技术合同 13060 项，合同成交额 602.32 亿元，增长 11.7%；技术交易额 435.70 亿元，增长 4.1%。

（2）自主创新能力不断增强。自主创新示范区建设全面推进，2016 年引进清华大学电子信息研究院等一批高水平研发机构，新建产学研用创新联盟 30 家，

---

① 天津市统计局. 2016 年天津市国民经济和社会发展统计公报［EB/OL］. http://mp.weixin.qq.com/s? __biz= MjM5ODA3NTA0MA ==&mid =200281451&idx =3&sn =26deddd14115f8880e278de4ac7145e0&3rd =MzA3MDU4NTYz Mw==&scene=6#rd.

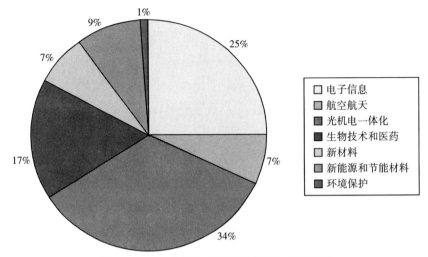

图 9–1 2015 年天津市高新技术产业产值比例

数据来源：《2016 年天津统计年鉴》。

众创空间达到 139 家，滨海新区 TjAb 众创空间成为全国首批国家专业化众创空间。全年新增科技型中小企业 14737 家，其中规模过亿元企业 456 家，累计分别达到 8.8 万家和 3902 家。截至 2016 年末，全市国家高新技术企业 3265 家。全年受理专利申请 10.65 万件，专利授权 3.97 万件，其中发明专利 5185 件；2016年末有效专利 12.48 万件，其中发明专利 2.27 万件。2016 年末全市共有国家重点实验室 12 个，国家部委级重点实验室 49 个，国家级工程（技术）研究中心 36 个，国家级企业技术中心 45 个。①

2. 存在问题

（1）国有和民营企业实力弱，高技术产业风险大。产业投资以外资为主体，国有和民营企业对天津高新技术产业的贡献率低，没有大型和龙头企业支撑高技术产业发展，缺乏具有较强知名度和国际竞争力的高新技术企业，企业自主创新能力较低，面临着较大的产业风险。

（2）企业技术创新的主体地位尚未真正确立，体制机制等深层次矛盾仍待破解。全社会创新创业的氛围不够浓厚，民营企业发展活力还不足，科技型中小企业群体数量较小，缺乏带动作用强的科技型领军企业。产学研用合作还不够紧

---

① 天津市统计局. 2016 年天津市国民经济和社会发展统计公报 ［EB/OL］. http：//mp.weixin.qq.com/s？ __biz= MjM5ODA3NTA0MA ==&mid =200281451&idx =3&sn =26deddd14115f8880e278de4ac7145e0&3rd =MzA3MDU4NTYz Mw==&scene=6#rd.

密，缺乏有效的组织形式和制度安排。科技投融资体系还不健全，创新服务环境有待进一步改善。适应新阶段发展要求的科技宏观管理体制和微观运行机制需要优化与完善。①

三、河北高技术产业科技发展

（一）河北高技术产业发展进程

为加快转变经济发展方式，推进产业结构升级，河北省正在积极构建现代产业体系，其中以生物技术与新医药、电子信息等为代表的高新技术产业有了较快速度的发展。2015 年高新技术产业增加值比 2014 年增长 11.6%。其中，新材料、高端技术装备制造、电子信息和新能源四个领域增加值分别增长 10.9%、11.8%、13.8% 和 19.7%。2016 年高新技术产业增加值比 2015 年增长 13.0%，占规模以上工业的比重为 18.4%，比 2015 年提高 2.4 个百分点。其中，新能源、新材料、高端技术装备制造三个领域增加值分别增长 27.5%、12.8% 和 12.7%。② 河北省高新技术产业主要集中在生物技术与新医药、光机电一体化、电子信息和新材料四个领域，其中生物技术与新医药所占比例最高，新材料产业发展最快。河北省已发展形成一定的产业集群规模，产业聚集度进一步提高，特色产业基地正式形成，如石家庄国家生物产业基地已经成为全国重要的抗生素、维生素等生物医药研发制造基地，保定国家新能源产业基地已成为中国产业聚集度最高、产业链条最完整、创新能力最突出、产业定位最明晰的新能源产业工业园区，廊坊信息产业基地引进富士康、华为、中兴、京东等龙头企业及上下游相关配套企业，有望成为全省高新技术产业发展的新高地。

（二）河北高技术产业科技进步状况与存在问题

1. 科技进步状况

（1）省政府扶持高技术产业力度大，研发成果显著。2016 年河北省研究与开发（R&D）经费支出 400 亿元，比 2015 年增长 13.6%，占全省生产总值的 1.26%，比 2015 年提高 0.08 个百分点。建设省级及以上企业技术中心 492 家、工程技术研究中心 260 家、重点实验室 111 家。组织实施的国家和省高新技术产业化项目 823 项，其中在建国家重大专项和示范工程项目 76 项，新增国家重大

---

① 天津市科学技术委员会. 天津市科学技术发展"十二五"规划 ［EB/OL］. http://www.tstc.gov.cn/ zhengwugongkai/kjgh/201204/t20120405_58928.html.
② 河北省统计局. 2016 年河北省国民经济与社会发展统计公报 ［EB/OL］. http://www.hetj.gov.cn/hetj/ tjgbtg/101374627640687.html.

专项和示范工程项目 9 项。专利申请受理量 54838 件，授权量 31826 件，分别比 2015 年增长 24.5% 和 5.6%。截至 2016 年底，有效发明专利 15755 件，增长 28.3%。

（2）高技术产业的固定资产投资增长迅速，产业发展实力雄厚。2016 年高新技术产业投资 4136.8 亿元，比 2015 年增长 10.7%，占固定资产投资（不含农户）的比重为 13.2%。其中，生物技术投资增长 21.2%，环保产业投资增长 28.8%，新能源投资增长 33.5%。[①]

2. 存在问题

（1）河北省高新技术产业的发展进程缓慢，资源依赖型工业仍占有相当比重，产品附加值低，资源利用率低，环境危害大。

（2）创新原动力不足，尤其是对共性及关键技术创新活动的财政资金支持力度与先进省市相比差距明显，工业产业科技创新体系还没有真正建立起来。

（3）产业政策的衔接不够，产业间缺乏配套，产业内衔接松散，人才缺乏且近些年大量流失。

四、京津冀高技术产业科技及其产业合作

（一）合作历程和状况

京津冀地区作为我国高新技术产业的重要基地，具有高新技术产业发展的良好基础。目前，京津冀区域电子信息、软件、新能源、新材料等实力雄厚，并已经形成了北京中关村、天津滨海新区、河北曹妃甸等产业集聚区，具有良好的产业发展基础，但也面临着体制、机制、市场、人才等诸多方面的问题，需要在发展中加以克服。京津冀地区已由竞争发展走向了竞争合作，京津之间的高新技术产业发展相似，合作较多，河北省高技术产业发展较为落后，但其雄厚的工业基础和资源、能源优势为其与京津合作提供了基础，河北省迫切需要与京津地区进行高新技术产业的合作，与京津发展的梯度差异更有利于承接产业转移，京津冀地区应从竞争合作走向区域经济一体化。

（二）合作需求

1. 与珠三角、长三角相比，京津冀地区高技术产业发展差距显著

目前，北京与天津两市高新技术产业的发展突飞猛进，凭借京津的优势，京

---

① 河北省统计局. 2016 年河北省国民经济与社会发展统计年鉴 [EB/OL]. http://www.hetj.gov.cn/hetj/tjgbtg/101392884505851.html.

津冀已然成为继珠三角和长三角之后，中国高新技术产业发展的第三板块。然而，作为一个区域经济的整体，该区域不仅与世界典型区域高新技术产业的发展存在巨大的差距，而且与长三角和珠三角区域高新技术产业的发展也存在明显的差距，具体表现为区域市场分割严重、各自孤立发展、区域内产业分工并不明确、科研成果转化率较低、优势资源整合配置不尽合理等。

2. 京津冀地区内部经济发展不平衡，无法形成完善的高新技术产业体系

河北省高新技术产业的发展与京津两市的差距十分明显，技术落后，经济发展不平衡，未与京津两地形成良性互动，削弱了该地区的市场竞争力，阻碍了京津冀区域经济的协调发展。因此，京津冀地区如何通过高技术产业科技合作实现优势互补，促进高新技术产业在区域内优化资源配置，合理进行产业布局，形成整体优势，对环渤海地区出现繁荣的经济局面将起到强劲的拉动作用，成为带动北方经济增长的引擎。

（三）合作目标

京津冀地区应在软件产业、生物医药业、新材料产业、先进制造业、海洋资源开发利用等领域加强合作。

争取到 2020 年，在软件产业领域内建成全国首个跨省市一体化软件产业基地；在生物医药领域，实现京津冀生物医药人才资源的最优布局，促进整体发展；在新材料领域，京津冀地区将互补合作和联合，防止过度重复建设、过度竞争的发生；在先进制造领域，建立先进制造技术综合信息服务平台、网络化制造技术服务共享平台和先进制造技术推广服务联盟（王元等，2007）；在海洋资源开发利用领域，降低海水淡化成本，充分满足京津冀地区的城市生活用水和工业用水需求。

加快提高优势支柱产业、战略性新兴产业的技术自给能力和核心竞争力，提升科技对发展方式转变的支撑能力，结合国家和本地区经济社会发展重大需求，在航空航天、石油化工等重点领域，加快攻克一批核心技术和关键技术；在信息科学与技术、生命科学与生物工程方面，增强已有优势，培植新的学科优势，形成壮大一批国内领先的基础研究与前沿技术领域；抢抓国家加快发展战略性新兴产业的机遇，大力发展科技型中小企业；培育发展航空航天、新一代信息技术等若干战略性新兴产业，壮大海洋科技和科技服务业两个科技产业；强化顶层设计，重点建设完善技术创新、知识创新、科技服务和区域创新体系；加强高层次人才引进与培养，壮大高端科技人才队伍；进一步推进科技体制机制创新，不断优化创新创业环境。

（四）合作重点任务

1. 软件开发产业联盟

在京津软件产业共同体基础上，成立京津冀软件开发产业联盟，最终建成全国首个跨省市一体化软件产业基地。重点发展支撑现代物流、金融保险、电子政务及电子商务的关键基础软件，支撑传统制造业信息化改造的通用软件、高端制造业嵌入式软件，面向重要领域的应用软件系统。

2. 新材料研发与应用

加强在电子信息相关材料及关键技术、纳米材料及关键技术、新能源材料及关键技术、新型环境友好型材料及关键技术等领域的科技合作。

3. 生物医药研发与应用

逐步培育医药生物、组织和基因工程等领域的特色产业。重点发展基因工程、抗体工程、疫苗虚拟药物设计与筛选、药物基因组等技术，改良医学超声成像关键技术与设备、新型功能成像技术和设备、新型人体生理与病理信号监测分析技术和监护设备；开发医用纳米生物材料与技术、骨科植入材料和医用塑料技术与产品。

4. 海水淡化和海洋资源开发利用

重点开发低成本海水淡化成套技术，突破海水淡化关键设备及多联体耦合设备国产化制造技术和系统集成技术；开发大规模循环冷却成套技术装备、大规模海水净化工程技术、浓盐水综合利用技术、大生活用海水利用技术、海水新型制盐技术、海水化学资源提取技术；研究海水利用的环境影响，制定海水淡化及综合利用技术标准（李国平等，2008）。

（五）合作政策设计

1. 重视统一布局，做好规划，加大基础设施建设力度

京津冀政府部门应认真做好统一规划，对高新技术产业统一布局，加强组织保障机制建设，从而优化京津冀地区高新技术产业发展环境，同时重视京津冀区域基础设施建设，打造京津冀地区无障碍人流、物流系统，构筑一体化的交通体系，建设"信息高速公路"。

2. 建设推动高技术产业科技合作的广泛交流平台

大力推进高端技术创新人才的引进和培育，鼓励创新人才的自由流动，完善科技人才市场，从而建设推动京津冀高新技术产业区域合作的广泛交流平台，使学者、企业家、政府官员共同为区域合作建言献策，同时设立京津冀高新技术产业区域合作门户网站，及时公布技术供需信息、合作项目，密切关注国内外区域

合作动态，加快产业技术创新体系建设。

第三节　资源环境领域科技合作

京津冀地区是我国人口和经济最密集的地区之一，随着工业化体系的完善和区域一体化的深入，资源环境的约束和压力逐渐凸显出来。尽管各级政府在生态、环境保护方面做了大量的工作，但由于经济发展基本沿袭传统的工业化道路，高清耗、高污染，导致京津冀地区生态与环境日益严峻。本节从资源和环境两个领域论述京津冀地区科技合作的概况，探讨京津冀地区在生态环境和水资源、土地资源、矿产资源等方面科技合作的可能性。

一、合作历程与存在问题

（一）合作历程

进入 21 世纪以来，京津冀地区的生态、环境和资源问题无论在类型、规模、结构还是性质上都在发生深刻的变化，新的问题不断产生，生态、环境与资源问题变得更加复杂，解决这一难题需要全方位的综合措施，其中科学技术将起到重要作用。

北京、天津、河北，两市一省，均将保护资源环境提上了日程。北京市在相关领域的投入和研究以及软科学方面进展最快，一直走在全国前列，进行了许多总规修编和土地利用总体规划等工作；天津市也曾展开相关的生态修复工程，并且提出"绿色天津"的一系列行动计划，提出到 2020 年，把天津建设成为经济更繁荣、社会更文明、科教更发达、设施更完善、环境更优美的国际港口城市、北方经济中心和生态城市；① 河北省在 2006 年就已提出《河北生态省建设规划纲要》，该纲要提出，未来 30 年，河北省要规划 1015 项重点工程建设项目，投资4188 亿元打造生态省。②

京津冀区域也曾合作解决资源环境问题，在 2002 年 3 月，国务院正式批准实施《京津风沙源治理工程规划（2001~2010 年)》，京津周边省份均参与进来，

---

① 中共天津市委，天津市人民政府. 美丽天津建设纲要（2013 年）.
② 李国平，李岱松等. 京津冀区域科技发展战略研究 [M]. 北京：中国经济出版社，2008：304.

开展沙化土地及水土流失治理、草地治理、小流域综合治理等，区域合作取得了显著成果，北京沙尘天气减少。2014年京津冀三地签署了《中国开发区协会与京津冀开发区协会共同推进京津冀开发区协同发展战略合作框架协议》，倡导京津冀开发区绿色发展、生态发展，推动三地开发区建立完善生态建设与环境保护的合作机制，加大环境污染的防范和治理力度。

（二）存在问题

1. 资源领域

（1）水资源短缺问题严重，供需矛盾突出。京津冀地区在未来一段时间内，水资源供需存在较大的缺口，供需矛盾将影响该地区长期的经济社会发展。需求方面，京津冀地区工业和城市发展用水增长过快；供给方面，华北地下水严重超采，地下水位不断下降，同时水污染程度不断加剧，减少了水资源的供给。而该地区对水资源的管理体制还不顺畅，无法实现水资源的联合调度和优化配置，水资源的利用存在严重的浪费现象，水资源利用率偏低，进一步加重了京津冀地区水资源短缺的矛盾。

（2）土地利用空间布局不合理，土壤生态环境脆弱，资源短缺。土地资源紧缺，人口规模的不断膨胀和城市的飞速发展，导致耕地后备资源不足，土地供需矛盾突出，同时城市用地布局不合理，土地利用的空间布局严重背离土地价值构成，京津冀都市圈内大量农地转为非农用地，广大农民的利益得不到有效补偿；另外，环境的变坏和污染的加剧，使土壤的生态环境脆弱，形势严峻。

（3）能源、矿产资源过度开采，利用率低下。能源及矿产资源同样面临许多问题，过度开采导致生态污染进一步加剧，环境保护迫在眉睫，同时能源利用效率低，能源结构不合理，后备资源不足，导致对外依赖性强，能源供给安全保障体系的建立面临挑战，而京津冀地区矿业发展滞后，未能充分转化为资源优势。

2. 环境领域

（1）环境污染问题严重，生态环境脆弱。由于不合理的人类活动以及过度的资源开发，京津冀生态系统整体功能下降，生态恶化的范围不断扩大，危害程度逐渐加剧。环境污染触目惊心，生态环境非常脆弱。京津冀地区环境污染已从陆地蔓延到近海水域，从地表水延伸到地下水，从一般污染物扩展到有毒有害污染物，已经形成点源与面源污染共存、生活污染和工业排放叠加、各种新旧污染与二次污染相互复合的态势。

（2）京津冀地区快速城镇化产生一系列的生态与环境问题。城市污染和城镇污染物排放将大量增加，还将增加对水环境和生态系统的压力，造成城区的自然水系、植被格局和物种组成发生明显变化，区域生态系统的调节能力下降；同时京津冀农村地区生态环境与贫困落后交织，环京津贫困带是全国特大城市周边贫困程度最严重的地区，也是我国生态保护最敏感的地区。①

二、合作需求

（一）区域资源与生态环境发生深刻变化，区域合作刻不容缓

与 20 世纪 80~90 年代相比，京津冀地区的资源与生态环境问题无论在类型、规模、结构还是性质上都在发生深刻的变化，新的问题不断产生。同时，问题的严重性已经不仅仅在于环境污染加剧、生态破坏加大、资源消耗加强，而是生态、环境与资源问题变得更加复杂，威胁和风险更加巨大，对资源利用、生态系统、人体健康、经济发展、社会稳定的影响更加深远，成为区域经济社会可持续发展、人与自然和谐的主要制约因素。

（二）京津冀三地在资源环境领域互补性较高，为科技合作提供了可能

解决这一难题，科学技术将起到重要作用，同时京津拥有先进的科学技术，河北省拥有丰富的资源，提高资源利用效率，解决生态环境问题需要京津冀共同参与进来。

三、合作目标

应通过转变不可持续的生产和消费方式，突出自主创新、综合集成研究和系统综合防治，优先关注影响我国生态与环境的重大问题和重点退化区域，建立符合区域情况的生态与环境科学理论和技术体系，为生态、环境质量明显改善和建立资源节约型、环境友好型社会提供科技支撑。遵循区域生态系统自然演替规律和社会主义市场经济规律，因地制宜，强化生态系统服务功能，保证城乡发展的水源、绿色食品供应，协调流域上下游、开发与整治、人口与资源、发展与环境之间的利益关系。

未来 5~10 年，要坚持自主创新与引进消化创新相结合、关键技术与系统集成相结合、重大工程与产业化相结合的原则，大力发展循环经济，提高资源特别是水资源的利用效率，降低污染物排放，建设生态城市。优先发展水资源优化配置与综合开发利用技术、综合节水技术、海水淡化及综合利用技术、资源节约与

---

① 李国平，李岱松等. 京津冀区域科技发展战略研究［M］. 北京：中国经济出版社，2008：337-339.

循环利用技术、污染防治与生态修复技术。①能源消费结构调整和总量控制取得成效，能源生产和利用方式转变不断深入，以较低的能源增速支撑全面建成小康社会的需要，能源开发利用与生态环境保护的矛盾得到有效缓解，形成清洁、高效、多元的能源供应体系，实现绿色、低碳和可持续发展。

四、合作重点任务

（一）自然资源方面

1. 水资源

建立完善地表水、地下水、外调水、再生水、雨洪水"五水联调"系统，实现供水安全保障，实现综合节水技术在京津冀地区的全面推广，污水深度处理和再生水回用技术得到改进，开发低成本高质量的海水淡化综合技术。

2. 土地资源

开发和应用土地资源集约利用的调查、评价、监测等技术和方法，开展退化与废弃土地资源的生态修复关键技术与安全再利用研究，进行相关技术集成与工程示范。建立土地利用科学决策和科技支撑平台。

3. 能源与矿产资源

实现建材、石化、冶金等重点工业领域节能设备制造技术改进和工艺开发，研究开发高效节能的混合动力汽车、燃料电池汽车、电动汽车、氢能源汽车等新型汽车，实现交通节能。进行太阳能、生物质能、风能和地热资源的技术开发和设备研制。②

（二）生态环境方面

1. 水污染治理

以水源生态修复和改善为目标，研究流域综合整治及水环境改善技术、地表水体富营养化综合防治技术、城市水系水环境改善技术、含重金属污泥的处理与资源化利用技术。研究湿地建设及生态恢复技术，建立湿地生态修复系统。

2. 生活垃圾处理

推进宜居城市建设，提高生活垃圾、危险废物等固体废弃物的回收处理效率，研发城市生活垃圾处理关键技术与设备，开展对生活垃圾、危险废物等固体

① 天津市人民政府. 天津市中长期科学和技术发展规划纲要（2006~2020年）[EB/OL]. http://www.tjst.net/glzx/fzgh/200904/t20090407_15271.html.

② 李国平、李岱松等. 京津冀区域科技发展战略研究 [M]. 北京：中国经济出版社，2008：329-334.

废弃物的处理技术及装置的合作研发。

3. 大气污染治理

以减少雾霾天气为目标，研究北京与周边地区污染物输送影响，建立北京及周边地区大气污染源数据库系统，开展大气颗粒物区域性污染监测研究。研究有效控制工业、汽车尾气等污染源排放的先进工艺和设备，开发准确反映大气质量的实时监控技术、污染源连续监测的数据分析处理技术。

4. 沙尘暴防控

建立不同类型的生态治理示范基地，加强坝上荒漠化地区综合生态工程技术模式开发及示范区建设，加强对沙尘暴的动态预测预报与监控，研发沙尘暴综合防治装置。[①]

五、合作政策设计

（一）健全法律法规

政府应完善法律法规，促进生态资源有效利用，使生态环境保护有法可依、有法必依，协调京津冀各省市相关的法律法规体系，科学评估生态与环境创新计划和项目，改革生态与环境公益性研究机构。

（二）完善各项标准

对京津冀地区资源环境的利用进行综合规划，建立完善的标准体系，例如，研究制定不同产业单位产值耗费能源和水资源的标准，落实京津冀地区不同类型区域有关循环经济的理论和标准，以及污染控制标准、生态修复标准、环境承载标准等。

（三）加强实时动态监测，鼓励全民参与

政府应加强动态实时监测，构建京津冀生态与环境动态观测网络综合平台，实现资源和数据共享，同时加强宣传教育，鼓励全民参与，通过建立各级政府、企业、公民间的沟通和协商机制，加强社会公益组织的能力建设，鼓励公众及社会公益组织参与生态和环境保护事务的决策、管理和监督，创建有利于资源环境领域科技创新的社会环境。

---

① 李国平，李岱松等.京津冀区域科技发展战略研究［M］.北京：中国经济出版社，2008：350.

第四节　现代农业科技合作

农业是国民经济的基础，是维护国家安全的基本保障，占据重要的战略性地位，随着城市化进程的加快，耕地面积减少，农业人口流失，农业的地位岌岌可危。京津冀地区同样面临这一困境，如何协调城市发展和农业之间的关系，本节将以这一问题为核心，分别论述京津冀三地现代农业的科技发展概况，提出京津两市发展都市型农业、河北省着重基础性现代农业的科技合作方式。

一、北京现代农业科技发展

（一）北京现代农业发展进程

北京市在"九五"期间就做出了调整农业经济结构的战略决策，推进农业现代化进程，重点发展郊区农业。2005 年底北京市农委发布了《关于加快发展都市型现代农业的指导意见》，标志着从 2006 年起北京由城郊型农业进入都市型现代农业发展阶段，虽然农业在全市 GDP 中的比重逐渐下降，但其在国民经济与社会发展中的地位不断增强，北京市以多功能开发为中心的农业基础建设进一步增强，农业综合生产能力进一步提高，农业的广度和深度不断拓展，农业结构不断优化升级。首都农业由单一功能向多功能转变，由粗放型向集约型转变，由注重生产向注重市场领域转变。

2016 年北京市全市农业观光园 1258 个，比 2015 年减少 70 个；观光园总收入 28 亿元，增长 6.3%。设施农业实现收入 54.4 亿元，下降 2.0%。民俗旅游实际经营户 9026 户，比 2015 年增加 85 户；民俗旅游总收入 14.4 亿元，增长 11.7%。种业收入 14 亿元，增长 10.4%。全年实现农林牧渔业总产值 338.1 亿元，比 2015 年下降 8.2%，扣除价格因素实际下降 9.9%。[①]

目前北京市发展现代农业，其生态功能日益凸显，农业不再局限于生产出多少产品，更重要的是发挥了改善城市景观环境的作用。北京市着力打造都市型现代农业长廊，率先在全国提出沟域经济发展模式，打造了一批生态农业主题公

---

① 北京市统计局. 2016 年北京市国民经济与社会发展统计公报 [EB/OL]. http://www.bjstats.gov.cn/sjjd/jjxs/201402/t20140213_267718.htm.

园，全市季节性裸露农田治理覆盖率达到92%，基本实现了"无裸露、无撂荒、无闲置"的目标。北京现代农业发展衍生出设施农业、休闲农业、加工农业、创汇农业、农产品物流配送业等新的产业形态，拓宽了农业的就业空间与增效空间，开发了生产功能、生态功能、生活功能、示范功能、教育功能、服务功能等。依托首都科技、经济和社会优势，北京农业不仅为自身服务，还为周边及至全国的农业提供科技、教育和信息服务，成为了高新技术成果的展示与辐射基地。表9-4为2009~2015年北京市现代农业发展基本情况。图9-2为2009~2015年北京市现代农业收入增长情况。

表9-4 2009~2015年北京市现代农业发展基本情况

项目	2009年	2011年	2013年	2015年
农业观光园				
农业观光园个数（个）	1294	1300	1299	1328
生产高峰期从业人员（人）	49504	46038	50406	42617
接待人次（万人次）	1597.4	1842.9	1944.4	1903.3
经营总收入（亿元）	15.24	21.72	27.36	26.31
民俗旅游				
从事民俗旅游实际经营接待（户）	8705	8396	8530	8941
从事民俗旅游接待的人数（人）	19790	18232	19578	22313
民俗旅游接待人次（万人次）	1393.1	1668.9	1806.5	2139.7
民俗旅游总收入（亿元）	6.09	8.68	10.20	12.86
种业				
种业收入（亿元）	12.84	18.12	13.98	12.67
设施农业				
设施农业实际利用占地面积（公顷）	18762	18616	18852	17397
设施农业播种面积（公顷）	36203	38006	38763	41088
设施农业收入（亿元）	33.91	45.58	57.32	55.5

资料来源：《北京统计年鉴》（2010~2016年）。

（二）北京现代农业科技进步状况与存在问题

1. 科技进步状况

（1）科技优势。北京发展都市型现代农业有得天独厚的科技优势，在城市范围内形成了农业科技与知识的密集区。目前，已形成一个包括中央、地方和民营

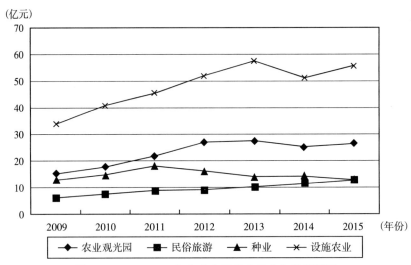

图 9-2 2009~2015 年北京市现代农业收入增长情况

资料来源:《北京统计年鉴》(2010~2016 年)。

企业三个层次,涉及农、林、牧、渔、水利和气象诸方面,农科教结合的研究推广体系。北京在多项科技资源方面具有领先于全国的显著优势,农业科技贡献率高于全国,形成一批在全国领先的现代农业技术优势领域,随着生物技术的广泛应用,通过发展生物工程农业,各种特色种业、种苗业及生物智能产业使京郊都市农业发展形式多样,同时利用北京深厚的文化内涵发展创意农业,丰富京郊乡村旅游商品。

(2)教育优势。由北京市农林科学院建立的农业信息远程教育网在覆盖北京市全部乡镇的基础上,与 17 个省市建立了合作关系,在新疆、西藏、四川等 30 多个边远省区也设立了卫星接收站(王爱玲,2011)。

(3)多样性农业示范基地成为现代农业发展前沿。长期以来,依靠科技和教育优势建立的现代农业示范样板主要有"奶牛胚胎工程技术研究中心""北京养猪育种中心""北京顺义三高农业示范区"等,这些都市型现代农业窗口受到国内外的广泛关注,并产生了辐射带动作用(李卫芳,2012)。位于北京小汤山的国家精准农业研究示范基地,成为中国研究与推广数字农业的前沿阵地。

2. 存在问题

(1)农业发展所需的自然资源数量持续减少。水资源匮乏、耕地减少、土壤状况不容乐观。近年来,北京降水量减少,干旱局势加剧,导致农业同国民经济其他行业的用水矛盾日渐突出;随着今后城市的快速发展和人口的迅猛增加,人均耕地减少的速度将加快，耕地和水资源的短缺将使北京市发展农业的自然空间越来越小。

（2）农业产业内部结构不合理。农产品生产与变化的市场需求不相适应，95%以上的产品处于供求平衡或供大于求的状态，由于北京地区劳动力成本高，物资费用高，郊区农产品成本高，因此降低成本的空间十分有限，必须借助高新农业科技手段，增加农副产品附加值，扩大效益显著农副产品的生产比重，促进农业产业化经营。

（3）农业区布局发生变化，远郊区和山区农业资源亟须整理。由于房地产业的发展和北京城区第二、第三产业的转移，北京城近郊区已经没有农业发展的基础，目前农业主要分布在远郊区的一部分平原区和广大山区，环北京地区将与北京农业构成共同的农业经济圈，通过构建农业经济圈的形式，整合土地、劳动力、资金资源与政策制度资源（刘薇和陈孟平，2005）。

二、天津现代农业科技发展

（一）天津现代农业发展进程

1999 年天津市政府制定实施《天津市率先基本实现农业现代化实施规划》，明确提出了天津发展沿海都市型现代农业的思路，将产业型都市农业、科技型都市农业和生态型都市农业融为一体。其中，天津都市农业的产业化经营大多是依托农业龙头企业或农民合作社，将一个个分散的农户与市场连接起来，将农产品生产、加工、销售有机结合。

2016 年天津市农业稳步发展。全年农业总产值 494.44 亿元，比 2015 年增长 3.3%。其中，种植业产值 247.49 亿元，增长 5.1%；林业产值 8.35 亿元，增长 7.9%；畜牧业产值 140.85 亿元，下降 0.7%；渔业产值 85.80 亿元，增长 3.2%；农林牧渔服务业产值 11.95 亿元，增长 7.5%。全年粮食总产量 196.37 万吨，增长 8.0%；蔬菜产量 453.36 万吨，增长 2.7%；水产品产量 40.18 万吨，增长 0.1%；禽蛋产量 20.63 万吨，增长 2.1%；牛奶产量 68.02 万吨，与 2015 年持平。现代都市型农业结构进一步优化。按照减粮、增菜、增林果、增水产品的"一减三增"思路，发展设施农业、节水农业、绿色农业，新建农业物联网试验基地 10 个。宝坻、武清和蓟州区被列为国家农村产业融合发展试点示范区。重点打造蓟州乡村旅游、武清运河休闲旅游带、宝坻潮白河休闲观光廊道等，全市休闲农业直接从业人员超过 6.7 万人。[①]

天津在提高农业生产能力的同时,非常重视开发农业的生态功能,目前,全市无公害农产品标准化生产基地建设初具规模,已取得良好的示范辐射效果。现代农业园区成为天津市都市型现代农业发展的主要形式,其中津南国家农业科技园区、滨海国家农业科技园区被科技部确定为国家级农业科技园区,农业园区已经成为带动全市都市型现代农业发展的重要引擎。

(二) 天津现代农业科技进步状况与存在问题

1. 科技进步状况

农业科技园区建设是天津"十二五"期间实施农业科技创新工程和设施农业提升工程的生力军,是天津现代农业发展的宝贵资源。天津现代农业科技创新基地是天津农业科技园区的重要组成,其建设经营主体是天津市农业科学院,是目前天津唯一一家以科研机构为建设和经营主体的农业科技园区。

天津市农业科学院于 2010 年启动天津现代农业科技创新基地建设,基地强化自主创新能力,在蔬菜、黄瓜、杂交粳稻、农产品保鲜、动物克隆等领域形成一批在全国具有优势的学科,其中动物克隆技术达到国际先进水平,天津市农业科学院自主研发成果应用推广率达 90% 以上。基地设有科技创新、中试孵化和推广服务的试验示范区,集成应用低碳农业技术,打造国内外科技合作交流展示的平台。

基地内技术研发、成果传递和示范带动机制完备。技术的研发适应区域特色、自身优势和产业发展需求,基地根据天津都市型现代农业对农业科技的需求和自身的优势,开展蔬菜育种、农作物遗传育种、农产品贮藏保鲜、果树品种选育等学科的试验研究和科研成果转化;示范内容广,示范技术实用综合性强,示范内容不仅有新品种,还有技术和新设备示范,如栽培技术、水肥一体化技术、设施监控技术、自走式蔬菜采摘设备等;科技产业链条和科技成果转化途径完备,通过整合天津市农业科学院科技成果、人才、技术、资金等要素资源,基地构建了产业技术需求—科技自主创新—集成中试示范—服务辐射推广的完整科技产业链条。[②]

---

① 天津市统计局. 2016 年天津市国民经济和社会发展统计公报 [EB/OL]. http://mp.weixin.qq.com/s? __biz=MjM5ODA3NTA0MA==&mid=200281451&idx=3&sn=26deddd14115f8880e278de4ac7145e0&3rd=MzA3MDU4NTYzMw==&scene=6#rd.

② 魏秀芬,郑世艳,邸娜. 天津现代农业科技创新基地绩效潜力的支撑机制分析 [J]. 天津农业科学, 2012, 18 (3): 87–89.

2. 存在问题

（1）融资问题。农业园区融资渠道少，财政扶持有限，建设资金缺口较大，而且融资渠道并不畅通，影响了资金的筹措。

（2）机制问题。目前天津市现代农业园区建设经营主体存在重建设轻管理、重生产轻营销等问题。

（3）技术问题。目前天津市大多数现代农业园区缺乏科技研发部门，实施的科技项目较少，产业科技水平不高，科技人才短缺。

三、河北现代农业科技发展

（一）河北现代农业发展进程

河北省是一个农业大省，在 21 世纪初，全省农业进入新的发展阶段，农业科技水平有了很大变化，农业科技进步贡献率不断提高，河北省农业综合生产能力不断增强。与京津两市相比，河北省拥有丰富的农地资源以及优质的农产品，然而总体而言，河北省农业现代化程度仍明显滞后于工业化和城镇化。2016 年，畜牧、蔬菜、果品三大优势产业产值占农林牧渔业总产值的比重为 71.0%。农业产业化经营率为 66.7%，比 2015 年提高 1.1 个百分点。2016 年新增有效灌溉面积 0.9 万公顷，新增节水灌溉面积 28.4 万公顷。农业机械总动力 7402.0 万千瓦（不包括农业运输车），比 2015 年增长 1.1%。实际机耕面积 547.3 万公顷，占农作物播种面积的比重达 62.8%，比 2015 年提高 0.2 个百分点；当年机械播种面积 666.9 万公顷，占 76.5%，提高 0.7 个百分点；机械收获面积 539.7 万公顷，占 61.9%，提高 2.5 个百分点。农村用电量 600.8 亿千瓦小时，下降 1.8%。[1]

（二）河北现代农业科技进步状况与存在问题

1. 科技进步状况

（1）农业科技示范园区（试点）稳步发展。截至 2014 年底，廊坊市省级农业科技园区总数达到 7 家，唐山市共获批建设省级农业园区 8 个，石家庄市已有省级农科园 9 家，到 2015 年末，河北省将建成 50 个省级农业园区，[2]加强科技型农业龙头企业与科研院校的交流和合作，以提升技术创新水平和产品的市场竞争能力。例如，三河市农业科技园区大力发展特色农业、生态农业，现已逐步发

① 河北省统计局. 2016 年河北省国民经济和社会发展统计公报 [EB/OL]. http://www.hetj.gov.cn/hetj/tjgbtg/101392884505851.html.

② 河北省农业厅.http://www.heagri.gov.cn/hbagri/index.jsp.

展成为集农产品生产、加工、销售于一体的农业科技示范基地。

（2）三级农业技术推广体系不断完善。河北省建设了以农业局为主导，区域站为纽带，农业技术推广员为终端的三级农业技术推广体系，打通了农技推广的"最后一公里"，将实用的农业技术送到农民手中，并及时解决农民在实际生产中遇到的难题（卢国华，2013）。

（3）农林新品种选育与现代农业关键技术创新成效显著。"十二五"期间，河北省育种的自主创新能力明显提高，杂交棉花、杂交谷子的育种与应用继续保持国际领先，小麦、棉花、油料、杂粮等育种继续保持国内领先。培育了一批具有突破性的农作物新品种，全省主要农作物新品种基本更新一次，主要农作物良种覆盖率稳定在98%以上；突破了一批农产品标准化生产技术，开发了一批具有自身特点的新品牌，打造了一批高品质、高科技含量、高附加值和强竞争力的战略性农产品；突破了一批农产品精深加工关键技术，完善了农产品加工、贮运、保鲜、在线快速检测和质量安全控制技术体系。[①]

2. 存在问题

（1）农业发展以传统农业为主，产业化水平低，科技落后。河北目前仍主要以传统农牧业为主，高附加值农业发展严重不足，农业功能性较单一，而且农业产业化水平低，土地规模化经营程度不高，难以建立实力雄厚的农业生产基地。农业科技落后，农业科研仍以政府主导型为主，较少考虑农民和企业的实际需求，而且农民文化素质低，科技扩散速度慢，制约农业的发展。

（2）农业产业化过程中，缺乏支柱企业，农业企业管理水平低。河北省农业支柱企业建设起步较晚，缺乏带动力强的大型龙头企业，企业发展弱小，产品增值能力低，缺乏现代企业经营技巧，抵御市场风险的能力弱，竞争力差，效益低下，缺乏长远规划。

（3）省内部门分割现象依然存在，社会化服务体系不完善。省内各地区之间的生产、加工、销售过程很难协调配合形成合力，一体化经营被部门管理人为分割，产业化程度低，而且农村市场建设缺乏统一协调规划，从而使农村商品流通水平与大城市相比还存在着明显差距，制约了农村经济的发展（李英和侯建军，2007）。

---

① 河北省科学技术厅. 河北省科学和技术发展"十二五"规划.

四、京津冀农业科技及其产业合作

(一) 合作历程和状况

在京津冀一体化发展的大趋势下，实施京津冀农业协作发展战略，是该地区农业发展的方向性选择。农业是京津冀可持续发展的共同依托，北京都市型现代农业、天津外向型都市农业与河北省基地型农业格局正在逐步形成。河北省是农业大省，粮食和蔬菜大多供应京津，京津冀地区内部农业联系紧密。然而由于市场体系和要素流动受到行政体制的严重制约，地区之间发展不平衡，农业结构不合理，大规模的农业经营组织实力还较为薄弱，区域性的农业组织化集团还没有形成，京津冀农业区域协作的战略规划尚未出台，难以应对经济全球化条件下国际市场竞争的要求。

目前值得借鉴的农业协作模式主要有龙头企业带动模式，园区技术转移模式、农产品物流优化模式、政府论坛协商模式、行业协会复合协作模式和生态流域补偿协作模式。

(二) 合作需求

1. 河北省在农业科技合作中的基础性作用

农业是京津冀可持续发展的共同依托。从自然条件看，河北省与京津同属华北平原暖温带大陆性气候旱作耕作区，相同的农业自然条件是京津冀城市化进程中难以分离的自然基础。从目前京津城市的重新定位看，河北省农业的安全、健康发展是京津可持续发展必须依赖的基础和保障。

河北省农业在京津经济一体化中不能被边缘化。河北各市与京津间协作经营规模小，市场欠发育，产业化程度低，抵抗市场风险能力弱，农民增收不足，一方面导致河北省农业大而不强，另一方面出现了环京津贫困带。巨大的区域差异、产业失调和城乡失衡构成了京津冀都市圈的最大风险。河北省农业要走出京津经济边缘化而走向一体化，必须进行区域协作。

2. 京津两市存在巨大的农业需求市场

缩小城乡差距，建设和谐富裕的新农村，解决"三农"问题等，这些都成为京津冀区域农业产业协同发展的内在动力。随着京津两市城市化进程的不断深入，农业生产逐渐被边缘化，远郊区和山区的农业资源亟须整合，这些地区与河北省接壤，是农业科技合作的重点区域，而随着京津两市人口日益膨胀，消费水平不断提高，高品质农产品的需求逐年递增，京津地区的农产品已无法满足农业需求市场，迫切需要与河北省构建农业一体化经营模式，加强农业科技合作。

（三）合作目标

通过促进京津冀农业产业协同发展，最终实现京津冀地区农业行业集群化、科学化、产业转移和升级。

京津两市发展都市型现代农业，提高农业科技水平，成为农业发展的科技研发中心，辐射华北地区乃至全国。

河北省加快农业现代化进程，保证京津两市的农产品供应和质量安全，并借助位置优势，成为京津农业科技转化的主要试验田。

（四）合作重点任务

1. 动植物新品种选育、健康养殖与安全种植技术

开发常规育种与现代生物技术相结合的育种技术，以及农作物新品种制种、加工、检测等产业化技术；发展土壤污染调控与修复技术，化肥、农药等投入品的安全使用技术，产地环境监测、外源投入品控制和农田安全信息系统建设、生物防治等关键技术，开发温室设施及农业生产机械化技术和设备。

2. 农产品精深加工与现代储运技术

重点发展果蔬、水产加工关键技术，畜禽及副产品综合利用加工技术与设备，农产品有效成分提取技术；开展膜技术、超临界萃取技术、冷冻干燥技术、微胶囊技术在农产品加工中的应用；发展气调、生物、物理保鲜新技术，农产品运输保鲜新技术；开发保鲜新材料和新装备。

3. 农业信息化技术

发展精准农业，推动地理信息、遥感、卫星定位技术在农业生产中的应用；重点发展农作物耕作、播种、除草、施肥、灌溉、产量信息采集处理技术，病虫草害预测预报技术和农业精确喷施技术，设施农业的智能控制技术；发展精细养殖，重点开发畜牧品种核心群管理系统、繁殖管理系统、饲养管理系统、疾病防治系统；开发水产养殖动态监控系统；发展安全农产品可追溯数字技术；开发适用的农业信息服务平台。[①]

4. 休闲农业旅游一体化

2014年4月，京津两地休闲农业协会签署了休闲农业《合作框架协议》，京津冀三地政府应相互协调、共同引导，有效地整合旅游资源，尽快建立京津冀休闲农业旅游总体规划，同时预防休闲农业旅游产业陷入盲目的互相竞争。同时，政府应增加基础设施投入，特别是交通、供水、供电建设，提高农村地区的可进

---

① 天津市科学技术委员会. 天津市科学技术发展"十二五"规划.

入性，鼓励休闲农业旅游企业多方合作，加强休闲农业旅游企业之间农业科学技术和管理方式的交流，增加休闲农业旅游产品的技术含量，提升休闲农业旅游产品的质量与企业的管理水平。[①]

（五）合作政策设计

1. 调整和优化农业产业结构，建立体制机制创新模式

京津冀三地政府应消除协作上体制和机制的政策障碍，积极实现区域管辖权、财税收益权和管理权一体化，建立各种体制创新模式，调动农民积极性，扶持发展农业协会组织，培养能驾驭现代市场的新型农民群体，提高农产品质量，搞好农产品的精深加工，加强农副产品的市场预测。

2. 加强合作，健全一体化科技农业规划

政策设计应以合作任务为基础，强化京津冀一体化中的农业协作规划，将京津的都市农业与河北省的基地农业相对接，以京津的技术转移带动河北的规模化生产，延伸和稳固农业产业链条，以相互带动谋共同发展，使京津冀农业区域协作走上可持续发展之路。

3. 加强基础设施和生态环境建设

加强农业基础性建设，加强农村公路建设，提高公路等级和通行能力，健全农村电网建设，加快实施小水电替代燃料的生态保护工程，搞好农电管理，提高农村电气化水平，积极培育农产品物流体系，提高农产品物流效率，开拓国内和国际市场。

第五节 现代服务业科技合作

近年来，国外现代服务业相关科技发展突飞猛进，特别是在网络基础设施、基础计算环境、智能技术和智能终端、智能标签、GPS/GIS等方面发展快速，日新月异。京津冀是我国北方和环渤海经济圈的核心区，其服务业的发展水平以及辐射范围对我国服务业总体发展具有重要的示范影响和引领作用。本节分别论述了北京、天津和河北现代服务业的科技发展概况，并总结了三地在现代服务业科

[①] 中研网讯. 京津冀区域休闲农业旅游一体化对策［EB/OL］. http：//www.chinairn.com/news/20141118/111608729.shtml.

技合作方面的现状。

一、北京现代服务业科技发展

(一) 北京现代服务业发展进程

北京现代服务业主要形成于 20 世纪 80 年代，进入 20 世纪 90 年代后，北京现代服务业得到了快速发展。近年来，北京作为全国的科技创新中心，在软件和信息服务、研发设计、技术交易、电子商务等多个服务领域处于全国领先地位，形成了围绕科技创新和自主创新，以高新技术和新型商业模式为主要支撑，具有高技术、高附加值、高成长性及新技术、新商业模式、低碳（即"三高、两新、一低"）等特征的北京现代服务业。

北京现代服务业总量不断上升，产业结构不断优化。2016 年北京市第三产业增加值 19995.3 亿元，比 2015 年增长 7.1%。全年文化创意产业实现增加值 3570.5 亿元，比 2015 年增长 12.3%；占地区生产总值的比重为 14.3%，比 2015 年提高 0.5 个百分点。高技术产业实现增加值 5646.7 亿元，比 2015 年增长 9.1%；占地区生产总值的比重为 22.7%，比 2015 年提高 0.2 个百分点。信息产业实现增加值 3797.6 亿元，比 2015 年增长 10.1%；占地区生产总值的比重为 15.3%，比 2015 年提高 0.3 个百分点。① 以金融、信息服务、互联网服务、科技服务等为代表的新型服务业在第三产业中占有较大比重，居于主导地位。

北京市现代服务业集聚特征明显。除金融街、CBD、中关村等老牌区域外，顺义空港物流园区、通州物流园区、亚奥会展产业区等新兴服务业集聚区逐渐成为北京现代服务业发展的新亮点。全市四大功能区中，首都核心区和功能拓展区是北京市现代服务业发展的重点区域。北京现代服务业整体呈现中心集聚性，并且东部区县密度大于西部区县。

(二) 北京现代服务业科技进步状况与存在问题

1. 科技进步状况

北京市科委 2005 年在全国率先组织实施了"北京现代服务业促进"（试行方案）主体计划，全面引领科技促进现代服务业的发展方向，建立了北京 DRC 工业设计创意产业基地，后来设立了"北京现代服务业科技促进中心""北京软件和信息服务业促进中心"等促进机构，明确了科技创新引领现代服务业发展的工

---

① 北京市统计局. 2016 年北京市国民经济与社会发展统计公报 [EB/OL]. http://www.bjstats.gov.cn/sjjd/jjxs/201402/t20140213_267718.htm.

作方向，完善了现代服务业科技促进工作的组织设计。

（1）计算机服务和软件业。北京有诸如中科院软件所、清华大学、北京大学等院所和高校，对以服务为中心的 IT 管理技术和标准有较深入的研究，同时拥有如联想、中软等大型 IT 企业，以及众多的中小型 IT 企业，这些企业可以开发面向现代服务业的 IT 服务管理系统，并提供相应的 IT 专业服务。

（2）金融业。北京科委近年来支持了"国际化、开放式的银行核心业务系统研发及产业化推动"项目，对先进的银行数据模型（客户关系模型、风险模型等）的构建，核心数据平台，参数化的业务管理系统（包括业务管理工具），高并发量、稳定、安全的系统应用框架及组件，银行海量数据的管理，核心账务系统，核心清算系统等进行了研发和在银行的推广应用。同时还支持了"基于 EMV 标准的 IC 卡终端研发及产业化推广"，建立了银行卡国际组织授权和认证的 EMV 监测实验室，生产了基于 EMV 标准的 ATM 和 POS 终端等。[①]

2. 存在问题

（1）现代服务业产业结构不合理，没有形成完善的产业体系。北京现代服务业企业组织规模小，没有形成有品牌的、大型集约化的龙头企业，规模效益差，而且房地产业比重较高，文体和娱乐、教育的比重较低，与北京市全国文化中心的地位极不相称，现代服务业的发展定位亟待落实。北京现代服务业的发展并不充分，没有形成完整的产业链，如缺乏健全的资本市场交易场所。

（2）现代服务业市场发育不充分，企业竞争能力不强。受行政性垄断、行业和开放度的限制以及体制、机制的制约，现代服务业市场发育不充分，部分行业市场准入限制多，门槛高，严重抑制了民间和国外资本的投入，缺少大型和龙头企业的带动作用，导致企业市场意识、竞争意识、创新意识和主动服务意识差，市场风险大，企业的竞争能力不强。

二、天津现代服务业科技发展

（一）天津现代服务业发展进程

天津作为北方传统的工商业大都市，按照国务院"天津市是环渤海地区的经济中心，要逐步建设成为国际港口城市、北方经济中心和生态城市"的定位，现代服务业应成为天津城市现代化的重要产业基础和提高天津城市综合竞争力的主要依托。

---

① 李国平，李岱松等.京津冀区域科技发展战略研究［M］.北京：中国经济出版社，2008：271.

2005 年，天津市出台《关于加快发展现代服务业的决定》，采取多项措施大力发展现代服务业，这是天津市实施"三步走"战略的重要内容。2009 年，天津发改委编制了《天津市现代服务业布局规划》，对天津市现代服务业发展布局做出具体规划，明确金融、现代物流、商贸流通、文化及创意等八大产业为天津现代服务业重点发展对象，围绕金融、现代物流、商贸流通、科技服务、旅游、文化及创意六大产业形成"两核、两轴、两带"的现代服务业布局；力争在2020 年以前全方位构建与北方经济中心和现代化国际港口大都市地位相适应的高增值、强辐射的现代服务业体系。

2016 年天津市第三产业增加值为 9661.30 亿元，比 2015 年增长 10.0%。三次产业结构为 1.2∶44.8∶54.0。[①] 由表 9-5 可知，相对而言，天津市第三产业提升较快，2010~2015 年，比重提高了 8 个百分点，而同期全国和北京市都只提高了 5 个百分点。天津滨海新区现代服务业保持了较快的增长，表现出集聚和高端服务业快速发展的特点。新区已初具商务商贸、金融、物流等集聚区发展模式，而且新区高端服务业快速发展，一大批境内外金融机构在滨海新区设立分支机构。滨海国际股权交易正式运营，民生金融租赁、华侨基金、中船基金等也相继落户。同时，开发区国电海运、同方环球、丰田物流、重油货运代理等物流企业营业收入增长超过 70%。

表 9-5　北京、上海、天津第三产业占 GDP 的比重变化

单位：%

年份	中国	北京	上海	天津
2010	43.1	75	57	46
2011	43.1	76.1	57.9	46.2
2012	44.6	76.4	60	47
2013	46.9	76.9	62.2	48.1
2014	48.2	77.9	64.8	49.3
2015	50.5	79.7	67.8	52
2016	48.2	80.3	70.5	54

资料来源：全国和有关地区各年国民经济和社会发展统计公报。

---

① 天津市统计局. 2016 年天津市国民经济和社会发展统计公报 [EB/OL]. http: //mp.weixin.qq.com/s? __biz=MjM5ODA3NTA0MA==&mid=200281451&idx=3&sn=26deddd14115f8880e278de4ac7145e0&3rd=MzA3MDU4NTYzMw==&scene=6#rd.

在天津中心城区，人口、生活和生产相对集中，现代服务业比较发达，各区形成了以现代服务业为主导的产业结构。中心城区现代服务业经过多年的发展，呈现出金融、商务、文化旅游、科技研发贸易、现代物流等功能集聚的特点，形成了跨区域集聚发展的态势。

（二）天津现代服务业科技进步状况与存在问题

1. 科技进步状况

（1）政府积极支持现代服务业的发展，研发投入增加。天津市服务业的研发投入不断增加，促进了科技与信息等技术密集型服务业的快速发展，形成了以滨海高新区为代表的高科技研发转化基地。国家生物医药联合研究院、中科院天津工业生物技术研究所等一批国家级科技和产业化创新平台建成运营。截至2016年末，全市共有国家重点实验室12个，国家部委级重点实验室49个，国家级工程（技术）研究中心36个，国家级企业技术中心45个。[①]

（2）金融业。从金融业领域来看，天津市科技主管部门已经支持了一批金融系统研发项目，攻克了一批技术难题，培养了一批研发队伍。天津市努力实施了储蓄通存通兑系统、信用卡结算系统、证券交易系统、外汇交易系统、同城结算系统等的完全电子化操作；资金汇划信息转为电子化运输，并成为银行业异地汇划的主渠道；创新银行卡服务功能，推动银行卡与智能卡结合，以及集管理功能、支付功能和金融服务于一体的IC卡的推广使用（李国平等，2008）。

（3）现代物流。在现代物流领域，天津移动推出了为提高各集团客户车辆安全生产和工作效率的移动增值服务——"移动定位"。该服务通过优质的GSM/GPRS网络，以GPS定位终端、电子地图和定位系统平台等为支撑，并结合天津移动特有的LBS定位技术，提供移动定位、智能指挥调度等综合服务。同时可以为物流运输及特种车辆提供监控报警、信息查询、反劫防盗等服务。

2. 存在问题

（1）服务业整体发展水平低，规模小。从总体上看，天津市服务业规模较小，占经济总量的比重相对较低，与北京、上海等城市相比有较大的差距。2016年天津市第三产业占GDP的比重为54%，比北京和上海分别低了26.3个百分点和16.5个百分点。[②]近年来，利用外资规模不断扩大，2016年天津市服务业实际

---

① 天津市统计局. 2016年天津市国民经济和社会发展统计公报［EB/OL］. http：//mp.weixin.qq.com/s？__biz=MjM5ODA3NTA0MA==&mid=200281451&idx=3&sn=26deddd14115f8880e278de4ac7145e0&3rd=MzA3MDU4NTYzMw==&scene=6#rd

② 北京、上海、天津2016年国民经济和社会发展统计公报。

直接利用外资 67.41 亿美元，比 2015 年增长 60%，占全市的比重达到 66.7%。全年新设境外企业机构 219 家，中方投资额 261.95 亿美元，比 2015 年增长 2.5 倍。对外承包工程新签合同额 26.48 亿美元，完成营业额 62.92 亿美元，比 2015 年增长 32.1%。截至 2016 年末，对外承包工程和劳务合作在外人员 1.38 万人。天津积极融入"一带一路"建设，有序推进中蒙俄经济走廊建设，开工建设埃及苏伊士经贸合作区拓展区，印尼聚龙产业园获批国家级境外经贸合作区。① 但天津市服务业对区域和国际的辐射力还比较有限，体现国际大都市特色的信息咨询、医疗服务、设计等知识服务业发展有待提高。

（2）传统服务业为主，服务业存在结构性不合理。从服务业内部来看，天津市服务业的整体结构还是以传统服务业为主，交通运输、仓储和邮政业，批发和零售业，住宿和餐饮业三大传统服务业增加值占 2015 年天津市服务业的比重为 43.3%，远高于北京的 27.5%、上海的 37.6%。天津市生产性服务业发展不充分，服务业研发投入严重不足，附加值较低。

三、河北现代服务业科技发展

（一）河北现代服务业发展概况

《河北省现代服务业"十二五"发展规划》中将"推进现代服务业集聚发展，最大限度地提高资源配置效率"作为河北省现代服务业建设的主要任务之一，力图在当前及今后通过现代服务业集聚区的建设发展，最大限度地发挥服务业集聚效应对经济增长的正面作用，使之成为河北省经济发展新的增长极。

2016 年河北省第三产业增加值 13276.6 亿元，比 2015 年增长 9.9%。现代服务业发展快速，逐渐形成以现代物流、交通运输、商贸流通、文化旅游、信息服务为主体的产业结构，服务业集聚式发展已初现雏形（见表 9-6）。河北省服务业行业结构呈现多样性特征，其中劳动密集型的服务企业仍占据主导地位，技术和知识密集型的企业所占比重很低。这种行业结构水平对其发展高新技术服务业和提升产业结构不利，但却适宜吸收劳动力就业。而且，河北省现代服务业地区发展不平衡，一些中心城市如石家庄、保定、廊坊等地出现了明显的服务业集聚趋势。

---

① 天津市统计局.2016 年天津市国民经济和社会发展统计公报 ［EB/OL］. http: //mp.weixin.qq.com/s? _biz= MjM5ODA3NTA0MA==&mid=200281451&idx=3&sn=26deddd14115f8880e278de4ac7145e0&3rd=MzA3MDU4NTYz Mw==&scene=6#rd.

表 9-6　2016 年河北省第三产业固定资产投资及增速

行业	绝对值（亿元）	比上年增长（%）
交通运输、仓储和邮政业	2081.3	2.2
住宿和餐饮业	185.6	−16.2
信息传输、软件和信息技术服务业	239.1	62.5
金融业	93.1	94.4
房地产业	5469.7	3.4
租赁和商务服务业	501.0	20.2
科学研究和技术服务业	351.8	89.5
水利、环境和公共设施管理业	2705.9	21.9
居民服务、修理和其他服务业	93.9	7.8
教育	325.3	25.0
卫生和社会工作	316.4	21.0

资料来源：《2016 年河北省国民经济和社会发展统计公报》。

（二）河北现代服务业科技进步状况与存在问题

1. 科技进步状况

（1）产业规模较大，特色资源丰富。近年来，服务业规模不断扩张，就业空间逐步拓展，已成为拉动经济增长的重要力量。资源禀赋优势日益显现，毗邻京津的独特区位、方便快捷的交通体系、多样化的地形地貌和生态系统、丰富的旅游资源、深厚的文化积淀，为河北省加快发展现代服务业奠定了坚实基础。

（2）结构逐步优化，业态趋向多元化。现代服务业发展加快，基本形成以现代物流、交通运输、商贸流通、文化旅游、信息服务为主体的产业结构。唐山庞大集团等 17 家企业进入中国服务业 500 强，石家庄南三条、新华集贸和保定白沟市场继续保持国内领先，开滦物流、冀运集团等 8 家物流企业跻身全国物流百强。沃尔玛、卜蜂莲花等 50 多家国内外大型连锁企业和浦发、兴业等一批股份制银行落户河北省。

（3）服务功能增强，集聚态势出现。近年来河北省城市化进程明显加快，城市基础设施日趋完善，空间布局进一步优化，特色街区不断涌现，促进了人口和生产要素向城市流动，为现代服务业发展提供了新载体。服务业集聚式发展已现雏形，北戴河创意产业、正定商贸物流、白沟箱包服装市场等服务业集聚区初具规模；崇礼滑雪、石家庄和保定动漫产业、曹妃甸新区能源原材料物流等服务业集聚区正在形成。[①]

2. 存在问题

（1）服务业发展总体水平低。河北省服务业基础薄弱，发展滞后，2016 年河北省第三产业增加值占 GDP 的比重仅为 41.7%，比北京和天津分别低 38.6 个百分点和 12.3 个百分点，[②] 也低于全国 46.9% 的平均水平。服务业就业比重偏低，就业贡献度不高，新增就业主渠道作用远未充分发挥。

（2）竞争能力不强。现代物流、研发设计、信息服务、商务服务等生产性服务业发展滞后，规模不大；文化创意、动漫产业、服务外包等新兴服务业起步晚、发展慢，尚未形成竞争优势；服务名牌匮乏，大企业、大项目不多，带动和辐射能力不强；服务业集聚区功能不完善，创新能力较差。

（3）体制机制制约。传统的发展观念还没有彻底扭转，对服务业发展规律、路径和手段的认识有待深化。改革尚不到位，部分领域长期垄断经营或市场准入"门槛"过高，一些歧视性和限制性政策依然存在；环境尚不宽松，硬件条件、政务环境、社会环境、消费环境及执法监督尚须优化和规范。

四、京津冀服务业科技及其产业合作

（一）合作历程

京津冀三地相近的文化、趋同的制造业体系、雄厚的技术力量、健全完好的综合配套设施以及丰富的劳动力资源，都为区域经济合作打下了扎实的基础；而中心城市与周边城市形成的资源互补、产业递延、人才互动的格局，又为京津冀区域科技合作创造了有利条件。总体来看，京津冀地区现代服务业合作的需求较强，但合作力度较小，未来应加速推进京津冀现代服务业的科技合作进程。

从金融领域来看，近几年，京津冀区域金融合作取得了一定进展，如跨区域票据交换已经覆盖了天津、北京及河北的廊坊、唐山、沧州、涿州等市，但总体仍处于起步阶段，行政壁垒严重，金融资源使用效率低下。

从物流领域来看，目前天津和河北都在各自发展自己的港口，京津冀在机场建设上也缺乏协调发展，公路运输状况就更为复杂，所有这些都不利于京津冀地区物流业的统筹发展。

---

① 河北省人民政府. 河北省现代服务业"十二五"发展规划（冀政函〔2011〕88 号）。
② 京津冀三地 2016 年国民经济与社会发展统计公报。

（二）合作状况

目前，河北省充分发挥环京津、环渤海的区位优势，围绕推进制造业结构优化升级和京津冀一体化发展，着力打造环京津和沿海两大现代服务业增长带，推进京津冀现代服务业一体化进程。

1. 环京津服务业增长带

坚持因地制宜、错位发展，河北省积极吸引京津消费，推动廊坊、保定实施与京津同城发展战略，依托特色资源、便利交通及机械装备制造、家具制造、纺织服装、农副产品等特色产业基地，加快发展以商务休闲、文化娱乐、体育健身、医疗康复、观光农业、空港物流以及鲜活农副产品和居家用品配送为主导的现代服务业。布局建设白洋淀温泉、霸州茗汤温泉、永清室内滑雪、万庄文化生态旅游、燕达国际健康城、白沟商贸物流、燕郊文化出版、野三坡和白石山生态旅游、廊坊中国北方金融后台服务、保定体育产业和文化休闲、涿州商务休闲旅游区、保定新能源和能源装备制造业物流等一批现代服务业聚集区，进一步彰显保定"文化名城"的现代魅力，将廊坊建设成为环京津商务休闲中心，努力打造环京津体育健身休闲圈。

2. 沿海服务业增长带

充分发挥秦唐沧三市作为东北、华北交通枢纽和港口城市的优势，依托深水大港、滨海生态等优势资源和曹妃甸新区、渤海新区、北戴河新区等生产基地及产业集群，建设我国北方一流的临港产业服务体系，布局发展以煤炭、原油、矿石、杂货为主的现货及期货交易、物流配送、专业服务等生产性服务业和运动休闲、旅游度假等生活性服务业，重点建设曹妃甸物流园区、京唐港物流园区、秦皇岛临港铁路物流集聚区、渤海新区国际物流园区、沧州石化物流园区等一批大型物流园区，培育以滨海旅游、文化创意、研发设计、商务会展等高端服务业为主体的北戴河服务业集聚区、南戴河和黄金海岸体育休闲服务业集聚区、乐亭三岛旅游度假服务业集聚区、长城旅游服务业集聚区、唐山南湖生态城户外运动产业基地，形成全国性钢铁、煤炭、石油化工产品的交易中心、物流中心和滨海旅游度假区，支持秦皇岛创建"国际旅游名城"，打造中国北方生态休闲度假中心。

（三）合作目标与重点任务

1. 现代金融服务

开发建设大型实时金融服务系统关键技术研究与示范体系，解决目前京津冀区域金融服务信息化仍停留在金融交易业务层面上的问题，提高灵活控制金融风险的能力，满足金融产品创新和客户关系管理等需要，推动金融服务产品创新。

开发建设开放式金融综合前置平台研究与示范体系，解决银行各种渠道统一接入与整合的问题，减少资源浪费，建立京津冀三地统一的客户资料，实现京津冀三地居民跨城域的个人金融服务。

2. 现代物流服务业

开发建设大型物流系统研发与示范体系，着重于大件物流企业信息共享交换平台建设，统一企业的各业务系统数据标准，实现企业数据标准化、集中化管理，提高管理效率，降低应用系统维护综合成本，辅助企业流程优化。重点发展现代物流系统仿真技术、多式联运技术；重点开发数据采集、交换等核心技术，以及异构数据互联互通技术。

3. 电子政务与电子商务关键技术

重点发展网络安全技术、数据共享技术、信用评估体系及相关技术、新一代数据库技术、移动代理技术、虚拟专用网技术、基于人体生物特征的身份认证系统关键技术。

4. 城市信息化与社区服务信息系统

重点开发城市建设与管理综合信息平台，发展政府信息化领域的技术集成应用技术，以及以数字内容产品为主的信息增值服务；重点开发与城市信息服务相关的信息安全技术、数据管理技术等。

建设统一的社区服务信息网络及其服务支撑体系，建成能够满足不同服务需求的街道及社区呼叫系统，将居民对各个领域、不同层次的服务需求与能够提供服务的社会资源联系在一起；建成集社区治安保障系统、社区应急救助系统、信息服务系统、医疗保障信息系统、物流配送系统等于一体的样板数字化社区（李国平等，2008）。

（四）政策设计

1. 京津冀三地成立统一的科技合作领导组织机构，制定合作路线图

京津冀发展现代服务业应由政府牵头，成立统一的服务业合作协调组织，同时引入多层次、开放性的科技合作机制，鼓励大学、研究院所、企业，对三地现代服务业的合作积极建言献策，推动科技的研发与应用。在此基础上，以政府为主导，编制具体的现代服务业合作项目与工程指南、计划安排、资金配置办法等规划，制定和落实具体的现代服务业合作路线图，积极探索区域现代服务业合作新模式。

2. 健全资金保障体系，政策措施协调一致

京津冀地区现代服务业科技合作需要充足的资金支持、强有力的政策保障和

及时有效的信息资源，因此应构建来源多元化、运作市场化的资金保障体系，设立"京津冀现代服务业合作基金"，多渠道吸纳资金；三地政府为保证规划顺利进行，要打破行政壁垒，实施协调一致的政策措施；搭建疏通京津冀三地合作的公共信息平台，提高信息资源的及时性、有效性。

3. 探索区域现代服务业合作新模式

着力落实科技合作项目，引领高速公路、铁路、能源、水利、金融、商务与贸易、旅游、环保、农业、劳务、科教文化、信息化、生态建设、环境保护、卫生防疫等方面的合作，解决合作领域涉及的重大科技问题，保证合作项目取得实实在在的效果，并跟踪研究合作中遇到的重大问题。

第六节　基础设施领域科技合作

根据《京津冀协同发展规划纲要》，基础设施是京津冀协同发展三大重点领域之一。京津冀三地应利用其互补优势大力推进基础设施领域的科技合作，加速三地间基础设施的互联互通，进而促进其他领域的协同发展。

一、京津冀地区基础设施科技发展现状与趋势

（一）现状总特征与总趋势

基础设施能够为经济、社会发展和人民生活提供基本的公共服务，也是保证国家或地区社会经济活动正常进行的公共服务系统，主要包括交通、能源、水利、信息等公共设施和公共资源。在长期的经济和社会合作过程中，京津冀区域内部开展了较为广泛的基础设施合作，合作的领域涵盖机场建设，公路、铁路建设，电信基础设施建设等。近年来，京津冀都市圈、环首都经济圈等区域一体化概念的提出和谋划，为区域内部地区之间的基础设施合作指明了方向。据统计，2015 年京津冀三地基础设施投资占固定资产投资的比例分别为 27.7%、22.8% 和 18%。由表 9-7 可以看出，交通运输和邮政通信业务在基础设施投资中占据了重要地位，也是未来基础设施投资的重点，完善的交通网络体系是资源合理流动的基础。

对于交通基础设施，目前应重点建设放射系统、城际轨道交通系统、港口集疏运系统、都市圈交通建设协调管理系统四个系统，实现京津冀地区的互联互

表 9-7 2015 年京津冀地区基础设施投资情况

	北京		天津		河北	
	数值（亿元）	比例（%）	数值（亿元）	比例（%）	数值（亿元）	比例（%）
基础设施	2174.3	100	2734.32	100	5783.63	100
交通运输和邮政通信	999.3	45.96	755.74	27.64	2035.73	35.20
能源	297.3	13.67	308.33	11.28	1528.69	26.43
公共服务	877.9	40.37	1670.25	61.08	2219.21	38.37

资料来源：《2016 年北京统计年鉴》《2016 年天津统计年鉴》《2016 年河北经济年鉴》。

通；在能源方面，京津冀地区应加强区域内电力输送、电源建设以及煤炭、天然气、油品供应等方面的合作，逐步建立起环渤海地区安全、稳定、可持续发展的能源供应体系，形成完善的能源供应网络；同时，提高水资源的利用效率，改善水源生态恶化现状，促进水资源的生态承载能力进一步提升；而区域信息化合作将是京津冀社会经济全方位合作的基础，京津冀地区将在信息化战略规划、信息基础设施建设、信息化标准体系和信息化人才等方面进行统筹协调和交流。

在未来，要把京津冀地区视为一个整体，研究三方共同的基础设施配置，在供水、供电、交通、通信、能源、信息、环保、防灾抗灾等基础设施方面加强科技合作，共同开发利用；应全面推进以交通为重点，包括通信、能源、排水、环境保护等在内的一系列基础设施，尽快形成航空、高铁、高速公路、港口建设的合理布局；完善现代化的信息基础设施，构建完善的"信息高速公路"网络，实现京津冀的信息高速传送。

（二）交通基础设施科技发展现状与趋势

经过多年的建设和发展，京津冀地区城市沿交通走廊分布态势明显，"首都"的地位和职能对区域发展影响显著，以北京为核心，沿京沪、京广、京哈、京开、京承、京张等交通走廊均分布有多座城市。京津两地交通运输网密度、运输强度远高于河北。京津冀区域综合交通运输网络初步建立，形成以北京、天津、石家庄为枢纽的公路网络，高速公路起到骨架作用且增长迅速；铁路网密度较高，大秦、朔黄、邯长为运煤主通道，北京、天津、石家庄、邯郸、唐山、衡水为铁路路网枢纽；区域已形成以首都国际机场为核心，天津、石家庄等机场为补充的区域民航机场格局；形成以天津港、秦皇岛港为中心，黄骅、京唐等专业港口为补充的沿海港口体系。区域交通设施投资增长迅猛，两市一省交通投资增长均超过同期 GDP 增长速度，为运输网络的发展和完善打下了坚实基础。

京津冀区域内城市化进入加速发展阶段，随着城市化进程的加快和城镇群的逐渐形成，交通运输的需求量将迅速增长，对运输质量的要求也随之提高，城市化的发展呼唤区域交通结构的转化，区域客运交通联系由高速公路向以轨道交通为主的区域公共交通转化符合这一发展趋势。以中心城市为核心的城乡一体化公共交通发展，是支持城乡统筹和新农村建设的有力保障。随着铁路网络的完善和高速铁路、客运专线、城际快速轨道的建设，京津冀的综合交通体系将扭转单一以公路为主的态势，并向高速化方向发展。应协调公路、铁路、民航、港口、管道等运输系统之间的关系，形成合理完善的综合运输体系，整合区域物流运输资源，发展现代物流（朱胜跃，2011）。

（三）能源基础设施科技发展现状与趋势

近几年，京津冀地区能源科技产业取得了较快进展，产业规模得到了扩大，能源技术取得了进步，产生了一批有影响力的能源企业。2002年开始，河北省保定市国家高新区瞄准太阳能、风能、高效节能设备等新能源产业的发展方向，建设了以新能源与新能源设备产业为核心的产业集群。目前，该区已形成太阳能光伏发电设备、风力发电设备、新型储能材料、电力电子与电力自动化设备、输变电设备以及高效节能设备六大产业体系。

近年来，天津新能源产业平均保持了40%以上的发展速度，天津新能源产业门类比较宽，包括太阳能、风能、生物质能、地热能、海洋能、核能、氢能及燃料和化学储能电池等，形成了梯次拉动和产业融合、相互促进的发展态势。中国电子科技集团第十八所、南开大学、天津大学在新能源领域具有很高的声誉，培养了大批人才，研究开发出大批科研成果。

北京市昌平科技园作为中关村科技园区的一部分，凭借自身特有的政策优势、服务优势、智力优势，吸引了大批高新技术企业入驻。其中，能源科技类企业已逐步成为中关村科技园区昌平园的重要支柱产业，涵盖了节能技术、新能源技术和传统能源技术改造等众多能源领域，涉及石油、煤炭、电力等传统能源行业及太阳能、风能、生物质能等新能源行业。中国石油大学、华北电力大学以及清华大学核能技术设计研究院等国家重点能源科技研究机构都位于昌平，这将为能源科技产业在昌平园的发展储备充足的人才资源，提供强有力的智力支撑。[①]

在未来，京津冀三地应加强能源结构调整，淘汰落后产能，化解过剩产能。京津冀的协同发展将压减燃煤，提高清洁能源的使用比例，大力发展风能、太阳

---

① 北京昌平能源科技产业集群发展战略研究 [EB/OL]. http://www.doc88.com/p-503543410201.html.

能等新能源产业,把京津冀地区打造成为能源环境的先导区。

(四)水利基础设施科技发展现状与趋势

北京人均水资源不足 300 立方米,仅为全国的 1/8、世界的 1/30,远远低于国际公认的人均 1000 立方米的缺水下限,属重度缺水地区,是世界上缺水最严重的大城市之一。北京地区水资源开发利用已接近极限,现状用水的表面平衡是以牺牲生态环境和制约发展为代价的。北京市用水迅速增长,需水量超过水资源的供应能力;本地地表水资源偏少,境外流入官厅、密云两大水库的来水又不断衰减,水质逐渐恶化,水污染程度不断加剧。

流经天津境内的一级河道有 19 条,总长为 1095.1 公里,天津同样是一个严重缺水的城市,为解决城市用水问题,20 世纪七八十年代曾四次引黄济津,淡水供应紧张状况趋于缓和。天津市还有一定数量的地下水资源,水质好、矿化度低。目前,天津实际地下水采水量已超过允许开采量,局部地区由于过量开采已发生地面沉降现象,市政府已经采取措施,如加强对地下水的管理、对地下水位下降严重的地区实行限量开采等。

河北省地处半干旱半湿润季风气候区,全省多年平均降水量仅为 536 毫米。2015 年,河北省水资源总量仅为 138.9 亿立方米,在全国仅排第 26 位,人均水资源为 195.3 立方米/人,是全国平均值的 1/11,远远低于国际上公认的人均1000 立方米的缺水标准,是严重的资源型缺水省份。随着全省人口的增长和经济的发展,未来 10~20 年河北省人均水资源量将降至低谷,缺水正由单纯的农业缺水发展为工农业及城镇生活的全面缺水(李国平,2013)。

今后京津冀地区应围绕水资源利用率的提高和水环境治理技术开展合作,重点加强流域生态保护工程技术、城市饮用水安全净水关键技术与优化工艺研究、污水处理和污水资源化技术等一批重大科技的合作与攻关。具体包括:海河流域河道源水净化技术研究、库区水体净化技术研究、水源水的生物预警、病虫害检测与净化;建立流域饮用水安全预警信息平台;污水处理技术和污水资源化技术合作研发;先进技术中试、应用技术;先进污水处理设备制造和应用推广体系;克服先进设备制造方面落后于全国其他地区的状况(王元等,2007)。

(五)信息基础设施科技发展现状与趋势

《北京市"十三五"时期信息通信业发展规划》提出,2020 年北京市电信业务收入将超过 4000 亿元,其中基础电信业务收入超过 600 亿元,增值电信及互联网业务收入超过 3400 亿元。固定互联网宽带接入用户数将到 800 万户,移动互联网普及率超过 90%,宽带家庭普及率达到 85%。《规划》确定了五大目标:

一要建成国内领先、世界先进的宽带网络基础设施。力争实现城区家庭宽带接入能力普遍达到 1Gbps，农村地区家庭宽带接入能力普遍达到 100Mbps。到 2020年，全市平均宽带接入速率超过 50Mbps。建成覆盖完善、性能良好的 4G 网络，成为 5G 首批试点商用城市。二要建设绿色化的应用基础设施。充分利用太阳能等绿色能源和节能减排技术，实现确需新建的大型互联网、云计算数据中心的电源使用效率（PUE）值优于 1.4。三要全面推进下一代互联网建设。推动政务网站、主流商业网站支持 IPv6 改造，积极推进国际互联网 IPv6 根服务器的引入，推动创新技术试验环境建设。四要强化信息通信业的经济社会引领作用。五要形成有力支撑网络强国建设的网络信息安全保障能力。

近年来，天津市信息基础设施建设取得显著成绩，信息化应用得到长足发展，信息化整体水平位于全国前列。目前，天津市基本形成了光纤与无线相结合、覆盖全市的高性能宽带通信网络和双向化数字广播电视网络。互联网出口带宽 6100G，带宽接入能力 100Mbps，光纤入户能力 818 万户，成为国内首个实现全光网络的城市。3G 网络覆盖全市域，4G 网络覆盖城区和主要乡镇，建设"i-Tianjin"公共免费 Wi-Fi，开通网络热点超过 10 万个。同时，天津市宽带网络发展仍存在互联网城市出口带宽不足、网速整体偏低、WLAN 覆盖热点较少、宽带网络应用不够丰富、发展环境不完善等问题，亟须得到解决。[①]

到 2014 年底，河北省电信业务总量达到 728.2 亿元；全省固定及移动电话用户总数 7314.2 万户，其中，固定电话用户数 1085.1 万户，移动电话用户数 6229.1 万户，移动电话对固定电话的替代性逐步显现；3G 移动电话用户 2044.2万户，4G 移动电话用户 342.3 万户，其中互联网宽带接入用户 1127.6 万户，移动互联网用户 4034.1 万户。《河北省信息化发展"十三五"规划》提出，推进政府数据开放共享和大数据应用，建立政府部门和事业单位等公共机构数据资源清单，2018 年底前，建设政府统一数据开放平台。到 2020 年，逐步实现民生保障服务相关领域的政府数据有序开放，60%的省级部门依托政府统一数据开放平台开放数据。同时，完善全省统一的电子政务网络，到 2020 年形成全省统一、互联互通的电子政务内外网体系。另外，河北省加快与京津协同发展，推进管理协同和服务共享，以信息化支撑产业与京津协同发展，共办北京—张家口"智慧冬奥"。加快建立"多规合一"的信息联动机制，绘制京津冀区域产业生态大数据

① 天津市人民政府办公厅关于转发市经济和信息化委拟定的"宽带天津"实施方案（2014~2016 年）的通知［EB/OL］. http://www.tj.gov.cn/zwgk/wjgz/szfbgtwj/201407/t20140708_241653.htm.

地图，加快构建区域经济大数据动态监测体系。

二、京津冀地区基础设施建设科技合作需求

(一) 交通基础设施科技合作需求

京津冀地区道路交通网络发展仍然与经济社会发展的要求不相适应，随着交通物流需求的迅速增长，路网负荷逐渐增大，一方面亟须扩大路网整体规模，另一方面需要对路网结构进行优化。区域内部首先要解决的就是"断头路"问题，截至 2015 年，河北省与京津两地间的"断头路"总里程仍高达 2300 公里，而河北省内部"断头路"总里程已超过 11000 公里。

同时，放射状的交通网络使核心城市车辆过境压力较大。京津冀地区高速公路网和铁路网均以北京、天津为起始点或核心中转节点，这种格局有利于特大型城市的快速发展以及货物的中转流通，但从长远来看将带来大量的交通压力。河北省北上或南下的货物大部分需要由北京中转，这无形中增加了北京的交通负担，同时也造成了京津冀交通网络体系的不平衡发展。

另外，交通网络的集聚效应有待进一步提升，近年来京津冀交通网络体系硬件设施不断完善，但其对经济的拉动作用却不明显，由交通体系发展而形成的聚集效应也并未体现。究其原因在于该区域交通体系并未带活市场发展，因而没有形成基础设施建设与区域市场发展之间的良性互动。

因此，京津冀地区实现交通一体化是该地区发展的共同诉求，是走向全面一体化的突破口。

(二) 能源基础设施科技合作需求

一方面，北京地区属于能源资源短缺地区，其一次能源的主要来源是储量较少的煤炭和少量的水电及地热等能源，而石油和天然气在北京尚未发现足够储量以供开采；天津市和河北省的能源相对丰富，天津平原及渤海海域蕴藏着丰富的石油和天然气资源，河北省的能源矿产主要分布于唐山、承德、张家口、邯郸、邢台五市，河北省海域蕴藏有丰富的地热、油气资源，因此，北京市需要与天津、河北加强能源领域的合作；另一方面，在环境压力增大以及环境保护措施加强的共同作用下，京津冀地区清洁能源及新能源的研发使用日益重要，因此需要京津冀地区加强合作，共同治理大气污染。

(三) 水利基础设施科技合作需求

京津冀地区国土面积 21.6 万平方公里，总人口 1.1 亿人，以不到全国 2.3% 的国土面积和 1% 的水资源承载了全国 8% 的人口和 11% 的经济总量。由于水资

源严重短缺，加之长期对水资源的掠夺性开发，京津冀已成为我国水资源环境严重超载的地区之一，面临着水资源短缺、水生态恶化、水污染严重等突出问题。

目前京津冀地区水资源开发程度高达 109%，海河南系和冀中南地区水资源超采最为严重。按照现状用水水平，京津冀平水年份生态环境用水年均赤字近 90 亿立方米，其中地下水 68 亿立方米，年均挤占河湖生态用水量 15 亿立方米，枯水年份问题更加突出。除了水资源匮乏外，京津冀地区的水安全形势也引起了广泛关注，洪涝灾害仍是威胁人民群众生命和财产安全的心头大患。骨干河道防洪标准达标率不高，蓄滞洪区建设滞后，城市防洪排涝设施不完善，发生强降雨时极易发生城市内涝。因此，重点统筹考虑水源地生态环境保护和治理、水资源高效配置、工程调水、集雨工程、生活和工业污水处理技术及资源化成套设备、城市河湖水体的污染防治、农业节水灌溉、城市饮用水净化和安全保障等科技问题的重大需求，是提高水资源综合利用率，解决水资源短缺和水资源污染、保障水安全的必要途径（王元等，2007）。

（四）信息基础设施科技合作需求

北京已初步实现国民经济和社会发展的信息化，构建起数字北京的基本框架，其信息化总体水平始终处于全国领先地位，是全国最大的综合性信息中心。天津已拥有完善的通信网络，信息化水平也位于全国前列，是全国产业信息的聚集地。河北省近年来信息化建设成果显著，信息化水平已位居全国中游，其信息需求日益扩大，本身的信息化建设已不能满足其需要，正成为接收京津信息辐射的扩散场。从京津冀信息化建设现状来讲，一方面，京津冀信息化进程各具特色，信息化发展水平层差较大，信息市场供需互有侧重，具备了合作的可能性。北京可将大量的综合信息辐射到河北和天津；天津可提供丰富的产业信息满足区域内需求；河北可充分接收京津信息辐射，有效参与区域内的产业梯度转移、生产要素流通和统一市场构建。另一方面，近年来京津冀三方已经在信息化特别是信息产业各部门从政府、企业到民间开展了一系列的合作，具备了一定的合作基础。为避免京津冀信息流通"瓶颈"的产生，客观上要求三省市信息办在信息化合作中发挥更重要的组织作用，使京津冀信息化环境得到改善（潘新颖等，2012）。

三、京津冀地区基础设施建设科技合作历程与基础

（一）交通基础设施

在长期的经济和社会合作过程中，京津冀区域内部开展了较为广泛的基础设施合作，合作的领域涵盖了机场建设，公路、铁路建设，电信基础设施建设等。

近年来，京津冀都市圈等区域一体化概念的提出和谋划，也为区域内部地区之间的基础设施合作指明了方向。

2000年1月，首都机场和天津滨海机场率先实现了跨区域联合。2002年10月，北京与天津港口岸开始直通，两市实现了港口功能一体化。随着京津塘高速公路、京平高速公路陆续建设和运行，京津冀区域间基础设施建设正在加速，有力地推动了京津冀之间的经济合作。京津高速公路是北京和天津之间直达的第二条高速公路，是交通运输部规划的连接京津两市南、北、中三条高速公路中的北通道，是国家高速公路网的组成部分、首都放射干线公路之一，该高速公路的投入运行大大提高了京津两大区域城市之间的可达性。此外，2008年投入运营的京津城际铁路是我国高速铁路的开端，采用高新技术的系统集成，它的建成并投入使用不仅直接提升了京津冀区域内部两个核心城市之间的交通能力，也有效带动了相关领域的合作。2010年之后相继开通了京石高铁、京沪高铁等，从首都北京辐射出发的高速铁路将北京和京津冀各地区便利快捷地联系在一起，为三地间更紧密的科技合作提供了良好条件。

（二）能源基础设施

在资源开发方面，以大型企业为主导，京津冀区域能源开发与合作正逐步加深。在三地的共同努力下，一批电、热等能源合作项目陆续建成并发挥效用。2007年，北京市京能集团和国华电力、河北建投共同投资的燕郊三和发电厂二期工程圆满完成，满足了北京市通州区的供热需求，这项重要能源合作项目成功实现了首都区域合作对首都经济建设的重要支撑作用，促进了资源区域协调体系的构建。

在煤炭开发方面，北京焦化厂、首钢总公司与唐山市合资，在京唐港开发区注册成立了唐山佳华煤化工有限公司；在天然气方面，北京燃气集团与中石油、河北省共同投资的曹妃甸液化天然气项目，远期工程规模1000万吨/年；在电力方面，北京有关企业与河北合作建设的三河电厂二期工程已顺利完工，在河北秦皇岛市投资的煤矸石发电厂正加紧建设。在未来京津冀区域的资源与环境合作方面，必须以区域为着眼点，从整体上考虑资源的综合开发利用，建设生态的、可持续发展的一体化区域（李国平，2012）。

（三）水利基础设施

水资源短缺一直是困扰北京城市可持续发展的现实问题，南水北调工程的实施充分体现了京津冀区域内部资源合作的潜力，南水北调中线北京段起自房山拒马河，经房山区，穿永定河，过丰台，沿西四环北上，至颐和园团城湖，全长

80.4 公里，2008 年 4 月主体工程基本完工，2008 年 9 月成功实现冀水进京。2009 年 5 月，南水北调中线京石段应急供水工程圆满完成调水目标，历时 7 个月，从河北省岗南、黄壁庄、王快三个水库累计调出水量超过 3 亿立方米，进入北京的实际水量达 2.25 亿立方米。这不仅对确保北京供水安全起到了重要作用，也为实现南水北调中线全线通水目标奠定了基础。

（四）信息基础设施

目前，京津冀地区正在积极地进行信息化的交流合作，搭建信息基础设施合作平台，如北京市、天津市、河北省国家税务局和地方税务局将进一步创新管理和服务，通过建立统一互联网办税平台和优化"12366"热线服务，采取资质互认、征管互助、信息互通等工作措施，进一步加强税收征管合作，优化区域纳税服务，共同推进区域税收现代化建设（张士勇，2014）。

同时，京津冀三方签署《京津冀区域农业信息化合作协议》，共建"京津冀农产品供需信息网"，弥补京津地区农产品流通及需求信息与河北省农产品供给信息在收集、整理、发布上的差异性和不同步性；按照区域水资源分配规划，应用 GSI 技术、计算机网络技术和智能化控制管理技术等，进一步完善京津冀水资源信息管理与辅助决策支持系统，提供京津冀水资源管理和业务查询、京津冀水资源专题地图制作及京津冀辅助决策支持等多项功能，以实现京津冀区域水资源的统一市场化管理；建立京津冀交通运输综合信息服务网，利用三大交通智能化系统，实现京津冀都市圈现代化综合交通运输脉络的形成（潘新颖等，2012）。

四、京津冀地区基础设施建设科技合作目标

（一）交通基础设施

2014 年 7 月，京津冀交通一体化规划方案对接会在廊坊举行，区域交通一体化专题研究组编制了《京津冀区域交通一体化发展规划》，将京津冀交通一体化发展目标定为：到 2020 年，交通基础设施水平大幅提升，实现所有通道全面连通，建成环渤海乃至全国第一大港口群，形成多功能网络化航空体系。基本建成以高速公路、高速铁路、港口、机场和轨道交通为骨架的综合交通运输网络格局，形成环首都通道和京津冀区域环线综合交通运输通道；形成沿海、京廊沧、京衡、承京保石邢邯四条纵向综合交通运输通道，张京唐秦、涿廊津、保津、石衡沧四条横向综合交通运输通道，承唐、津石、邢临、邯济四个综合交通运输通道；形成秦皇岛港、唐山港、天津港、黄骅港四海港的港口群；形成以首都机场、北京新机场、天津机场、石家庄机场四空港为重点的机场体系；形成北京、

天津、石家庄、承德、张家口、秦皇岛、唐山、保定、沧州、邯郸十个重点综合交通枢纽，打造相邻城市之间"一小时交通圈"、主要城市与周边卫星城市"半小时生活圈"（张桐和张霁星，2014）。

（二）能源基础设施

在未来，京津冀地区的能源合作应加强区域内电力输送、电源建设以及煤炭、天然气、油品供应等方面的合作，逐步建立起环渤海地区安全、稳定、可持续发展的能源供应体系，形成完善的能源供应网络。未来应提高非化石能源和天然气（不包含煤制气）消费比重，降低煤炭消费比重，远期能源消费结构调整和总量控制取得明显成效，能源生产和利用方式转变不断深入，以较低的能源增速支撑全面建成小康社会的需要，能源开发利用与生态环境保护的矛盾得到有效缓解，形成清洁、高效、多元的能源供应体系，实现绿色、低碳和可持续发展。

（三）水利基础设施

根据《京津冀协同发展水利专项规划》，到2020年，水资源利用效率显著提高，水源涵养保护能力显著增强，水资源超载局面得到基本控制；重要河湖生态功能逐步恢复，地下水基本实现采补平衡，水功能区水质明显改善，水生态环境恶化趋势得到基本遏制；现代水安全保障体系基本建成，防洪除涝减灾能力显著提高，应对风险能力显著提升；水资源协同治理、统筹调配与综合管控体系基本建立，初步实现利用高效、空间均衡、人水和谐的局面（杨翼，2014）。到2030年，水资源承载能力进一步提高，率先建成节水型社会，水生态文明水平进一步提升，一体化协同水治理管控能力进一步增强，应对风险能力和水安全保障程度进一步提高，基本实现水利现代化。

（四）信息基础设施

目前，京津冀已在港口建设、基础设施建设、科技资源共享、旅游开发、环境保护、农产品互检等领域开展了一系列合作。随着"大北京"战略的提出、京津冀都市圈规划的制定、环渤海经济区的建立，三地间还将展开领域更为广泛的合作。京津冀社会经济的全方位合作必然要求区域信息化合作的优先发展，在信息化战略规划、信息基础设施建设、信息化标准体系和信息化人才等方面统筹协调与交流。

在未来，京津冀地区将建成国内领先、国际一流的信息基础设施，通过信息化经济促进创新发展能力显著增强，城市和社会服务科学化、精细化管理水平提升至新台阶，公共服务适度普惠，城乡信息化差距进一步缩小，初步形成健康向上的信息化文化氛围，建成与中国特色世界城市相适应的信息安全体系，信息化全面渗透，引领发展，促进经济社会包容性增长。

五、京津冀地区基础设施建设科技合作重点领域

（一）交通基础设施

以协同发展为基本立足点，重点建设区域交通放射系统、城际轨道交通系统、港口集疏运系统、都市圈交通建设协调管理系统，尽快完成京津冀高速公路与铁路的建设和完善，大力推进京津冀主要城市客运 2 小时交通圈，以人的流动促进信息流动。

按照功能定位，将京津冀地区综合交通枢纽城市分为三级：全国综合交通枢纽城市为北京、天津；区域综合交通枢纽城市为石家庄、唐山、邯郸、秦皇岛、沧州；地区辅助交通枢纽城市为保定、张家口、衡水、廊坊、邢台、承德。加强交通枢纽城市对外交通与城市交通衔接，铁路客运站、公路客运站、空港、轨道交通枢纽、公共交通枢纽等尽可能形成综合交通枢纽；铁路货运站、公路货运站、物流园区应综合考虑并与城市货运道路网衔接，港口疏港交通应与货运设施衔接。

整合区域空港、海港等重大交通资源，形成三级机场体系，以北京首都机场为主体，联合首都第二机场、天津滨海机场共同形成洲际空港门户；石家庄正定机场作为辅助的门户机场；邯郸、秦皇岛、承德、张家口、冀东（唐山）、沧州、衡水等支线机场承担各都市区与国内其他地区的联系功能。冀东机场与石家庄正定机场共同作为首都机场的备降机场，提升首都国际机场区域备降的灵活性；加强机场集疏港交通体系建设，促进机场的区域共建共享。形成以天津港为洲际门户，唐山港、秦皇岛港为枢纽港，黄骅港为地区性重要港口，其余港口为喂给港的港口体系（朱胜跃，2011）。

（二）能源基础设施

2014 年 10 月 22 日，工信部、发改委、科技部等七部委联合印发《京津冀公交等公共服务领域新能源汽车推广工作方案》，提出 2014~2015 年，在京津冀地区公共交通服务领域共推广 20222 辆新能源汽车，新建充/换电站 94 座，新增充电桩 1.62 万个。预计到 2015 年底，京津冀地区充/换电站总数将达到 112 座，充电桩总数将达到 19657 个，基本建成以保障运行为前提，建设规模适度超前的充电设施网络。[1]

---

① 国家发改委、财政部、工信部、环保部、住建部、科技部、国家能源局. 京津冀公交等公共服务领域新能源汽车推广工作方案［EB/OL］.中国政府网，2014–10–22.

加大火电、石化和燃煤锅炉污染治理力度，重点做好华北地区小火电淘汰工作，加强分散燃煤治理，基本建立以县（区）为单位的全密闭配煤中心、覆盖所有乡镇村的清洁煤供应网络，控制能源消费过快增长，启动能源需求侧管理试点工作，逐步降低煤炭消费比重，力争实现煤炭消费总量负增长，增加天然气供应，完善京津冀等地区的现有储气库，新建适当规模的地下储气库，安全高效地推进核电建设，有效利用可再生能源，京津唐电网风电上网电量所占比重争取到2015年提高 10%，积极扩大光伏发电应用，推广浅层地热能开发利用。

（三）水利基础设施

根据分区水资源承载能力、存在问题和国土空间功能定位，可将京津冀地区划分为燕山太行山区、山前平原区、中东部平原区、东部沿海带"三区一带"。燕山太行山区以水土保持和水源涵养保护为重点，严格产业准入制度，控制用水总量增长；调整产业种植结构，实施退耕还林还草；适当减少生产活动，加大水源地治理保护力度，涵养水量，提高水质，确保水源安全；加强中小河流和山洪灾害治理。山前平原区的重点是通过构建山区水库—南水北调中线干线—骨干输水渠道为一体，覆盖中东部地区的水源配置体系，发挥对京津冀水源的统筹调配作用，建设山前洪积扇地下水储备库；结合水源置换、调整优化供水结构，逐步退减超采地下水；调整与优化生产结构与布局，压缩灌溉面积；提高山前城市的防洪能力。中东部平原区的重点是通过南水北调东中线及引黄增加供水，提高水资源承载能力；综合治理地下水超采区，压缩灌溉面积；增加河道用水，恢复历史通道，治理水环境，修复白洋淀、衡水湖及永定河等重要河流廊道的生态；加强蓄滞洪区和骨干河道治理，提高防洪除涝能力。东部沿海带的重点是加强河口综合治理，加快海堤工程建设，保障沿海经济区和城市防洪防潮安全；加大海水淡化和直接利用力度，同时加强多水源联合调配，保障滨海区供水安全；恢复南大港、北大港、七里海等滨海湿地。

目前，京津冀三地水资源开发保护与水环境治理的标准不一，水利基础设施、水资源调控和管理标准等方面也存在一些差别，未来实现协同发展需要多项标准实现并轨，建立统一的目标体系；未来必须加大水资源调配工程建设，特别是要实现工程互联互通，构建水资源统筹调配体系。此外，要建立水资源应急储备与应急体系，以应对长期干旱和特殊灾情，在京津冀水资源应急储备中，要加强城市战略储备水源地建设与维护，大中城市均要建设战略储备水源地。要建立南水北调中线地下水源储备体系，在漳河、拒马河、永定河、潮白河等山前洪积扇建设地下水储备库系统，建设黄河应急调水通道。①

（四）信息基础设施

在城市建设方面，打造宜居城市建设科技工程，进行宜居城市建设理论、方法和相关标准体系的研究，在城市交通、城市安全和城市管理等领域，搭建一体化、智能化、信息化管理系统，建立"京津冀三省市信息互通平台"，整合发布三省市政务、社经贸、技术、咨询、供求、招商、旅游、交通等各方面政策法规、办事信息和动态信息，以三省市门户网站的形式面向企业和公众提供"一站式"的信息服务，实现跨省区的信息互动与合作。在此基础上，建立跨省区的、统一的政务协作服务平台和电子商务应用平台。

本着"统一领导，统筹规划，互联互通，有长远性"的原则，抓好京津冀重大信息化基础设施建设的布局，避免重复性建设，在实现光缆一体化目标的基础上，共同推动信息兴农畅通工程、电子商务区域认证中心、下一代互联网、数字集群通信系统、电子标签等重大基础性信息化工程的建设。在扩建和完善公用基础设施容量的基础上，注重其向农村地区扩散，逐步实现光纤到镇，网络进村。

在京津冀都市圈联盟的框架下，加快建立区域性基础设施信息资源共享与协调领导小组，为信息整合提供有力的组织制度保障；适时成立"京津冀区域数字城市联盟"，制定统一的、能够真正促进信息资源共享、信息技术共享链接、信息产业协调规范、信息法规政策统一的信息化发展盟约，各方共同遵守；借鉴国内外经验，加快制定信息资源公开的统一政策法规，消除信息割据；以交通一卡通、信用信息、物流信息整合等为抓手，全面带动和推进都市区信息资源的整合与共享（李景元等，2014）。

六、京津冀地区基础设施建设科技合作的政策措施

深化京津冀基础设施建设科技合作应完善协调机制，在合作联席会议框架下，对涉及三地整体利益的大型基础设施规划和建设加强协调，与高校科研院所进行积极交流和合作，定期对规划实施效果进行评估、调整和完善。

改变基础设施投融资模式，当前我国基础设施融资途径较为单一，多是依靠各级政府拨款，这在一定程度上阻碍了基础设施建设的进展，应广泛吸纳民间资本，聚集各个阶层的优势资源，以市场化的运作手段促进京津冀地区基础设施建

---

① 中国商网. 京津冀水利一体化亟待破冰，水资源将统一调配［EB/OL］. http://www.zgswcn.com/2014/0921/498397.shtml.

设网络不断完善。

推进交通、能源、水利、信息等基础设施的一体化进程，政府应积极搭建信息资源共享的基础性平台，加快建立区域性基础设施信息资源共享与协调领导小组，制定信息资源公开的统一政策法规，全面带动和推进都市区信息资源的整合与共享。

第十章　京津冀地区共性技术平台建设研究

21世纪的经济和市场竞争实际是技术创新能力的竞争，从宏观层面上就是国家或地区间的政府在构建产业共性技术平台上的竞争。美国、欧洲之所以拥有领先于世界的技术竞争优势，日本、韩国等后起国家之所以能迅速崛起，就在于政府的平台建设与企业技术创新能力的变革走在世界前列。

在一体化进程中，京津冀地区企业技术创新能力的不足与平台的缺失等问题已日益凸显，因此借鉴国内外产业技术平台建设的经验，加快构建与完善京津冀地区产业共性技术平台是当务之急。本章分析了京津冀地区共性技术平台建设的必要性与可行性，同时结合该地区产业及技术分布特征，初步形成了平台建设的模式与设想，并对政府如何在其中发挥主导性作用提出了政策建议。

第一节　必要性与可行性

一、必要性

（一）京津冀地区产业结构性矛盾突出

京津冀地区传统产业依然占有很高的比重，很多企业只是加工厂或组装厂，没有掌握核心技术，产品科技含量低，装备现代化程度不高，技术进步对经济增长的贡献率低，且技术进步主要依靠技术引进。尤其是河北省，其经济发展落后，大多数企业无法掌握关键的核心技术，因此生产效益低下。从整体来看，京津冀地区的企业技术创新能力不足。

（二）现代产业缺少龙头企业带动，中小型企业发展后劲不足

京津冀地区许多行业缺少国有和民营的大型企业的引领，中小型企业依然占

据大多数，众多中小型企业普遍存在着有生产能力而没有研发能力、依靠成本而不是技术竞争的问题，相当一部分市场急需的高技术含量和高附加值的产品，以及一些关键技术和重大技术装备，不得不依靠进口来解决。而产业共性技术往往涉及多个技术领域，使得共性技术开发周期较长，研发资金投入规模较大，预期收益波动大，投资具有很大的不确定性，需要有一定的预见能力和风险承担能力，这都是中小型企业所不具备的。[①]

（三）京津冀地区内部经济发展不平衡

随着珠三角和长三角的崛起，京津冀地区的经济科技地位出现不断弱化的趋势。同时，京津冀地区的工业体系、产业体系、服务体系、科技体系等还处于不完善的阶段，尤其是区域内不平衡的经济发展模式、区域经济系统的协同能力等都迫切需要改变或提高，京津冀地区需协同搭建共性技术平台，加强技术合作，构建区域创新体系。

（四）搭建共性技术平台的意义

京津冀地区共性技术平台的建设能够最大限度地提高该区域的创新效率，降低科技成本，使资源能够得到有效的整合和利用；共性技术平台的建设是区域创新体系构建的基础，有利于推进区域经济一体化的进程，将促成经济、科技和社会等各部门和子系统之间相互作用、密切合作，产生一种以知识创新、技术创新和服务创新为主的科技提升的整体效应；同时，从国内区域发展来看，长三角、珠三角是京津冀区域经济领先地位最强有力的竞争对手，共性技术平台的搭建是提高京津冀区域竞争力进而提高京津冀区域国际竞争力的需要。

二、可行性

（一）京津冀一体化的趋势为技术平台的搭建提供了支持

"十二五"期间，京津冀一体化彻底提上了日程，其未来合作的路径引起了广泛的讨论，共性技术的基础性特征将构成现代产业各部门发展的基础，而其外溢性和共享性将使整个京津冀地区的科技发展受益，因此共性技术平台的搭建将加速京津冀一体化进程，政府作为一体化进程的主导将为平台搭建提供广泛的政策、资金和技术等支持。

---

① 李平等.传统产业共性技术平台构建模式研究［J］.自然辩证法研究，2007（9）：55-59.

（二）京津冀地区为技术平台的搭建提供了密集的智力和人力资源的支持

京津冀地区是我国高校、科研院所最为集中的区域，大量创新人才资源，以及国家对重点创新区域财力、物力的投入，为京津冀地区区域共性技术平台的建设提供了基础，而京津冀地区综合环境优越，必将吸引全国的优秀科技人才向其流动。其中，北京、天津是我国智力密集度最高的地区，其研发机构、研发人员在我国占据较大份额，拥有比较发达、完善的高新技术产业链，巨大的国内市场强烈地吸引着跨国公司在京津冀地区投资建厂、建立研发中心，随之而来的是国外先进的技术、生产经营与管理经验，这为京津冀地区企业学习吸收国际先进科技成果、进行二次创新提供了可能。

京津冀地区技术支撑体系相对完善，高新技术企业密集，而且该地区在技术标准、知识产权保护、自主创新能力、科技成果转化、技术产权交易、创新融资平台等方面形成了一定的基础，为科技的研发、应用、转化等提供了保障。

（三）京津冀三地对技术平台搭建存在迫切需求

在区域内部，京津冀三地处在不同的三个层次上，形成了一定的垂直分工体系，河北省处于地区经济发展的末端，中小企业迫切需要低成本地获得共性技术，而京津两市也将通过技术平台的搭建促进技术资源的合理流动和最优配置，因而为区域技术合作以及创新跨越式发展提供了可能。

京津冀地区是我国东北部的门户地区，处于东北亚的中心位置，拥有天津港、秦皇岛港以及曹妃甸港等港口优势，航空、海运发达，内外交通通达性好，有利于技术的吸收和扩散。

第二节　京津冀地区产业及其技术分布特征

目前，京津冀三地的高新技术产业形成了以京津两大城市为中心双极发育、以京津塘高速公路为轴纵向联系的发展格局，并逐步向区域网络化发展过渡。从总体来看，现代产业的发展主要集中于现代制造业、高技术产业、现代农业和现代服务业。

一、京津高技术产业占据优势，河北以传统工业为主

北京、天津在京津冀高技术产业中占有明显优势，河北省则显得相对薄弱；而由于投资环境等方面的优惠及便利，京津冀三省市的高技术产业大多集中在各种不同层次的高技术产业开发区内。

在京津塘高速公路两侧，集聚了大批的高新技术产业，已将北京、廊坊、天津、塘沽、天津保税区、天津港联系起来，形成一条覆盖华北、连接西北的双极轴向带状高新技术产业带，中关村和天津经济技术开发区则成为该产业带两端的高新技术辐射源。

从总体来看，三地间产业联系松散，经济发展十分不平衡、落差很大，北京和天津已拥有现代化的工业体系与国际化的市场格局，河北省目前仍以传统的工业体系为主，市场拓展有限，河北与京津高技术产业结构的互补与竞争关系不强。

二、京津冀未形成产业的合理分工和转移，亟须资源整合与科技合作

从技术分布角度来看，在京津冀地区高技术产业构成中，电子及通信设备制造业产值处于前列，医药制造业和医疗设备及仪器仪表制造业产值所占比例也较高，而各行业的高技术产值分布中，北京市的优势明显，在航空航天制造、电子计算机、医疗设备等领域占据有利地位，创新能力强，从全国范围来看，城市建设与社会发展、电子信息、环境保护与资源综合利用、现代交通、核应用等占据主导地位（见图10-1）。

但京津冀在高技术发展上没有形成合理分工和梯度转移，而是各自为政，导致自我封闭、结构趋同和重复建设情况日益严重，相互之间争资源、争项目、争投资等过度竞争和封闭竞争激烈，最终造成资源的浪费和发展速度趋缓，京津冀地区迫切需要资源整合和科技合作。从图10-2、图10-3可看出，与吸纳技术相比，北京市输出了大量高新技术，但在东部地区中，天津市和河北省吸纳北京市高新技术的成交额居于倒数第三位和倒数第二位，北京市与天津市、河北省的技术交流较少。

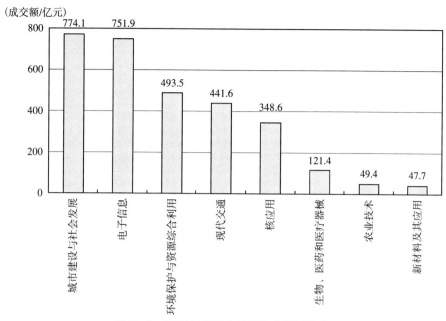

图 10–1　2015 年北京市输出技术领域构成

资料来源：《2015 年北京技术市场统计年报》。

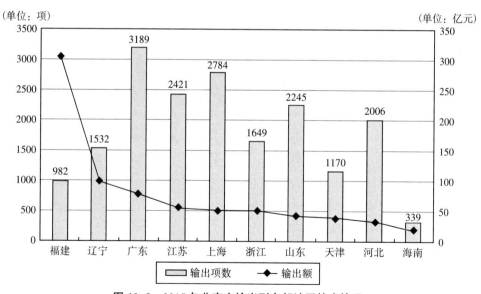

图 10–2　2015 年北京市输出到东部地区技术情况

资料来源：《2015 年北京技术市场统计年报》。

（单位：项）

（单位：亿元）

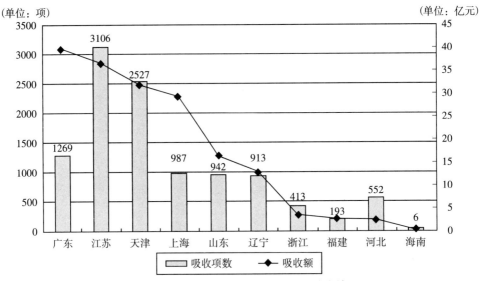

图 10-3 2015 年北京市吸纳东部地区技术情况

资料来源：《2015 年北京技术市场统计年报》。

第三节 平台建设的模式与初步设想

共性技术具有经济和社会效益大、影响面广的特点，因此政府多将对共性技术研究的支持作为一种政策工具，政府关注的焦点是基础性研究开发活动基础设施的供应问题，大学和科研院所主要为社会发展提供基础研究和基础科学，而企业则主要关心面向消费市场的科学技术的商业应用，因此在基础研究和技术的应用研究之间就需要一个链接，也即对共性技术的开发。在我国的现阶段，依靠政府、大学、科研院所或者企业任何一种组织的力量来单独进行共性技术的研发，实力都显得有些薄弱，而联合政府、大学、科研机构以及企业等各方力量，优势互补、高效整合各方技术资源则是产业共性技术创新平台建设的有效形式，因此京津冀地区应采用基于"官产学研"合作的、有效联合基础研究和市场应用研究的共性技术创新平台建设方式。

一、参与主体

（一）政府的主导作用

由于市场机制还未健全，在技术发展上正处于从引进、模仿、消化到自主创新的过程之中，企业很难主动进行共性技术的开发并成为主导力量，因此需要政府发挥主导作用，提供财政支持，制定各种优惠政策和激励制度，组织各个领域的专家确定技术方向，促进"官产学研"合作进行共性技术的开发。此外，政府的积极参与还有利于共性技术成果更有效地得到推广和应用。

（二）大学和科研院所的创新源作用

在基础研究方面，在有大学参加的共性技术开发平台中，大学研究能针对企业所需，将产业技术与科学研究相结合，有利于企业更好地接受研究成果；具有很高学术声誉和造诣的大学研究人员能够吸引产业界相当多的资金，同时产业界也很少限制大学对技术成果的公开发表，而这又有利于新技术的快速传播和扩散。

与此同时，我国还有一批基础好、在行业内有重要影响且已建立良好运行机制的国家工程研究中心和科研院所，这类行业性科研院所具有较强的研究能力且具有长期从事共性技术研究和技术扩散的经验。

因此，积极鼓励、引导大学和科研院所与企业合作承担共性技术研究课题，充分发挥其创新源作用，对当前组织共性技术研究具有一定的现实意义。

（三）企业的主体作用

共性技术研究的最终目标是差异化的商业产品、工艺和服务，这些都影响到现代企业的市场竞争力。虽然具有国际先进水平的产业共性技术开发难度较大、风险高、开发周期长、人力物力财力消耗都很大，但如果考虑到"官产学研"合作开发的成本优势，一些具有战略意图的企业是有可能在政府的组织和鼓励下参与共性技术研究的。企业在面向市场的应用技术和专有产品、技术工艺开发研究方面是最重要的执行主体，其对于共性技术开发方向的把握对于产业共性技术平台来说非常关键。因此，要充分发挥市场机制在引导研究资源配置方面的基础作用，通过制度变革与政策调整，真正使企业将知识创造视为塑造企业核心竞争力的关键。[①]

---

① 薛捷等.基于"官产学研"合作的产业共性技术创新平台研究 [J].工业技术经济，2006（12）：4-6.

二、组织机构

（一）京津冀地区共性技术管理委员会

政府要按市场经济的运作方式，在关键性、战略性的产业领域引导"官产学研"共性技术平台的搭建。"官产学研"共性技术平台的组成主体具有多元化的特点，因此它们对于技术成果的研究目标、研究方式以及最终成果的扩散分享都可能产生意见上的分歧，解决这一问题的关键就是要设置合理的组织管理方式，确立共性技术平台的最终目标和研发过程。因此，要组建"京津冀地区共性技术管理委员会"，通过共同参与的管理方式使各成员间保持信息畅通、资源高效配置，保证共性技术平台的平稳运行。

（二）科技研发工程实验室

在京津冀地区共性技术管理委员会下设立工程实验室，其成员来自共性技术平台成员单位的技术负责人和专家，下属的项目小组可以由各联盟成员抽调人员组成，工程实验室作为共性技术平台的中心节点和指导小组，将分散的研发团队联结起来，保证项目团队与共性技术平台决策层的信息沟通，同时负责整个项目实施的进程控制与管理，并协调各个研发团队之间的任务职责和利益冲突。通过这种方式来组织共性技术的研发，产业共性技术平台将会具有较强的创新优势，通过不同项目小组的交流与合作，更容易产生全新的理念，包括工艺创新、产品创新、组织创新等多方面的内容。这种组织形式既保证了各个模块的独立性和创造性，也保障了整个研发项目的整体性和协同性（薛捷，2006）。

三、运作模式

如图10-4所示，由政府主导成立京津冀地区共性技术管理委员会，协调参与主体，管理产业共性技术的最终目标和研发过程，下设科技研发工程实验室，作为共性技术平台的中心节点和指导小组，负责具体科研项目，管理委员会和工程实验室均有企业、大学和科研院所参与，项目研究采取小组负责制，由企业向工程实验室提出共性技术研究申请，工程实验室委派企业、大学和科研院所的相关人员组建项目小组，完成科研项目。

四、共性技术研发领域

（一）现代制造业

依据京津冀地区先进制造行业的产业基础和科技优势，主要围绕汽车、数控

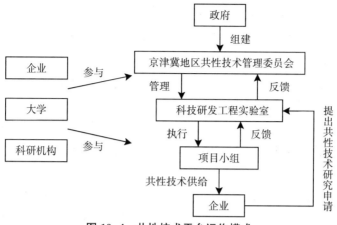

图 10-4　共性技术平台运作模式

机床等领域构建技术平台。以汽车行业为例，京津冀地区汽车产业总体规模在全国占有相当重要的位置，汽车产业的技术创新链较为完整，基础研发、设计、零配件制造、整车制造、维修等环节都有较好的基础，特别是研发实力居国内一流。京津冀汽车产业技术平台搭建应重点提高整车设计、新燃料汽车基础研发与产业化、汽车电子等领域的创新水平，引导北京市研发、设计、整车制造、零配件制造与天津相关环节的对接，积极加强唐山、保定、廊坊等地汽车零配件环节与技术创新链的对接。对于机床产业来说，京津冀地区应争取在高档机床制造业实现突破，发挥机械科学研究院的技术优势，通过重点技术突破，实现数控机床的精度和信息化水平大幅提高，提升京津冀区域制造业信息化、智能化水平。

在现代制造业的创新发展中，不仅要发挥京津冀地区相互合作的优势作用，同时也要以循环经济为核心，以尽可能少的资源消耗、尽可能小的环境代价实现最大的经济和社会效益，力求把经济社会活动对自然环境的需求和对生态环境的影响降低到最低程度，促进产业间的共生组合。

（二）高技术产业

依托京津冀地区在高新技术产业领域的创新基础和条件，在电子信息、生物医药、新材料和清洁能源等领域打造京津冀高新技术合作平台，形成以区域为主体的高新技术产业创新组织。

立足京津冀信息产业特色，推进电子信息产业创新链的梯度建设。北京电子信息产业的战略重点是向创新链条的高端挺进，侧重总部和研究开发环节的发展，加速实现电子信息产业制造环节与技术成果向天津和河北的梯度转移；天津应重点开展电子信息产业的技术应用研究开发；河北省则应积极承接京津地区与国内外其他地区的电子信息产业转移与技术转移，致力于电子信息产业技术成果的产业化应用。

对于生物医药产业，应充分发挥北京中关村生命科学园、北京生物医药产业基地、北京经济技术开发区的医药产业研发优势，加强药物原始创新和二次创新，天津、河北加快产业化发展，强化制药工艺创新，降低成本，扩大产业规模，在区域内形成具有国际竞争力和梯度明确、层次清晰的生物医药产业创新链。

在新材料领域，应通过京津冀互补合作，分层次、有步骤地建设并完善京津冀新材料技术研发平台，推动京津冀地区新材料产业研发与生产能力的提升，实现产业内产品结构的有序、良性演进。

对于清洁能源产业建设，北京和天津要利用科技优势，将能源开发与节约并举，与河北在电力、天然气、煤炭、新能源和可再生能源等领域密切合作，重点开发常规能源的高效清洁利用技术、可再生能源最大效率转换控制技术和清洁能源在生产生活领域的有效应用技术，保证能源供应链的有效衔接。

（三）现代农业

现代农业技术平台搭建要深度整合河北省丰富的农业资源，北京、天津生态型都市农业、籽种农业、休闲观光农业优势，以及京津冀地区农业科研院所、大学的科技资源，建立由知识创造、技术创新、农业技术服务体系等组成的农业技术创新平台，促进区域农业的产业化、标准化、组织化和精品化。具体来说，提升育种技术水平，加强植物遗传资源的精细评价和创新利用研究，推进科技型生态文明村镇建设与农村城镇化技术的研究和示范。

重点关注食品质量安全领域，解决京津冀地区食品安全中的关键检测、控制和监测技术，制定符合京津冀区域特征的食品安全科技支撑创新体系。

（四）现代服务业

现代服务业的技术研发应用应充分发挥北京丰富科技资源的绝对优势，解决京津冀区域现代服务业发展面临的共性关键科技问题，为现代服务业的行业应用系统提供一个通用的开发平台和运行平台。选取现代金融业、现代物流业、数字内容产业、高新技术服务业等典型现代服务业领域作为试点，发挥三地在现代服务业技术创新链上下游各个节点的优势，整合三地资源，为京津冀区域经济和社会的发展提供支撑。

京津冀地区应借助创意产业发展的良好机遇，形成以北京为基地，以天津、河北为两翼的巨大创意产业网络体系。对京津冀区域内创意产业集群的形成与发展模式、创意产业集群的空间布局、创意产业集群发展的动力机制及发展阶段进行研究，进而提出京津冀地区不同区域内创意产业的发展战略、发展模式以及发展政策，避免区域内的重复建设和不良竞争。[①]

第四节　平台建设的对策与政策建议

一、三地政府相互协调合作，发挥引导作用

共性技术平台建设需要三省市政府建立良好的互动机制，政府可直接引导和参与区域的技术合作，经济、科技、金融等部门要密切配合，形成创新合力，培育创新网络，通过完善区域创新体系建设，高层政府可加强信息交流与共享，制定京津冀区域科技进步评价指标体系，促进科技成果产业化。

政府要为区域创新活动创造良好的制度、体制和政策环境，鼓励企业掌握自主知识产权，把专利申报作为评价京津冀区域合作科技计划项目创新成果的重要指标，加强产权的保护，及时有效地处理知识产权纠纷。

此外，要利用宣传工具，加强区域创新与创业文化建设，加强文化与思想意识的引导作用。

二、完善人才培养和引进机制

政府应积极培养高科技创新人才，按照高新技术产业发展需求培养面向产业的高技能产业技术工人，重点培养高层次、高素质、创新型和国际化人才，加大人才引进力度，鼓励人才流动，完善人才激励机制，加强与国内外科研机构的交流与合作，营造发挥人才创新能力的良好环境。

三、建立完善的科技创新投融资体系

共性技术平台的搭建需要大量的资金投入，为吸引社会各界投入资金建设京津冀区域创新体系，政府应投入一定的资金加以引导和扶持，可设立京津冀区域

---

① 李国平，李岱松等.京津冀区域科技发展战略研究 [M].北京：中国经济出版社，2008：469-475.

创新体系建设专项资金，专款专用。

　　同时，地方银行应设立专项科技资金贷款额度，为有发展潜力的企业提供贷款优惠政策，鼓励和吸收社会闲散资金，拓宽风险投资的资金来源渠道，加快推动风险投资主体的多元化，鼓励民间资本和商业银行对科技企业的直接投资。

第十一章　国内外区域科技合作
模式与借鉴

他山之石，可以攻玉。本章选取了美国、德国、意大利、俄罗斯、巴西、法国、以色列和日本八个具有代表性的国家，对各国内部区域科技合作的模型和主要做法进行了介绍，同时也对我国区域科技合作比较成功的长江三角洲地区和泛珠江三角洲地区进行分析，探讨其区域科技合作模式，为京津冀展开区域科技合作提供有益的启示和借鉴。

第一节　国际区域科技合作典型模式

世界上不同的国家国情不同，面临的科技发展问题和环境条件存在国别的差异，发达国家也存在较发达和欠发达的客观现实，因此各国实施不同类型地区科技合作所采取的模式和途径也不尽相同。总结这些经验对于京津冀制定区域科技合作的政策和措施无疑具有借鉴和启示意义。

一、美国发达和落后地区科技合作：依靠法律和市场结合

美国曾经地区经济发展极不平衡。19 世纪以前，位于大西洋沿岸的东北部和五大湖地区是美国经济较为发达的地区，而南部、西部和山地诸州的经济发展比较落后。为了促进落后地区的经济发展，美国政府推行了以开发西部为主的区域经济政策，称为"西进运动"。这从根本上改变了西部的经济结构，使美国经济重心逐渐西移，东西部经济发展趋于平衡。美国西部开发的成功，主要依靠的是政府颁布的法律和实施的政策。

1862 年，林肯总统颁布著名的《宅地法》，鼓励向西部移民，随后 1873 年出台《鼓励西部草原种植法》，1877 年出台《沙漠土地法》，一系列法律的颁布激发

了大量创业者向西部迁移，为西部开发提供了充足的劳动力资源，推动了西部开发的进程。

美国东西部互补性较强，西部地区有丰富的资本、原料和市场等资源，美国政府投资基础设施建设，鼓励东西部之间的铁路修建，到19世纪晚期全国铁路网络基本形成，促进了全国统一市场的形成，东西部地区互补性优势得以发挥。政府积极培育西部城市作为经济增长中心带动区域经济发展，发挥经济增长的聚集和扩散效应。同时，政府充分利用市场的基础性作用，鼓励民间投资，发挥中小企业的作用，使大量的商业或民间资本涌入西部地区，活跃了西部经济。美国政府特别重视对落后地区进行教育投资，开发人才资源。20世纪60年代，美国投资于占全国人口不到1/3的落后地区的教育经费占联邦政府支出的45%。采取补贴等措施鼓励北部高素质人口向西部和南部流动，20世纪60年代，美国出现人口南移高潮，大批科学家、工程师、专业技术人员和熟练工人向南迁移，极大地推动了南部新型工业的发展。犹他州的崛起，很大程度上在于重视中小企业生力军的作用，特别是鼓励中小型高技术企业的发展，犹他州许多高技术企业只有一个车间、一个实验室、十几个工人，但工作效率很高，创新技术的经济价值很大，不少小企业仅靠一项高技术起家就创造了巨大的经济效益。州政府为促进科技型中小型企业的发展，实施了优惠政策，奠定了美国最大的"生物硅谷"的基础。

二、德国发达和落后地区科技合作：依靠政策和财政支持

20世纪90年代初东西德统一后，东部成为德国明显的落后地区，东西部经济差距悬殊。为了推动东部的经济发展，德国政府对东部进行财政援助，西部资金转移给东部，对其进行资助和补贴，财政投入重点集中在三个方面：对贫困地区一次性投资补助；对生产性的基础设施进行投资补助；对高技术的职业位置予以补贴，促进了资产和知识资本在区域间自由流动。

政府支持中小企业开展科研和创新，通过科技带动东部发展。促进研发人员向东部企业流动，加强科技界与企业的合作，支持和资助中小企业间的合作项目，促进信息交流，鼓励青年人才创新，在东部地区内部实现产学研的良性互动。同时，政府实施东西部合作研究与开发计划，加强西部地区企业与东部地区研究开发机构之间的项目合作，将政府资助对象定位于承担了西部地区企业研究开发合同的东部科研单位及研究开发公司，在市场上引起了积极的反响。截至1995年底，共有774家科研机构承担的总值为4.6亿马克的2235份研究开发合

同获得了资助，资助经费达到 1.753 亿马克。

三、意大利发达和落后地区科技合作：依靠产学研合作推进

意大利南北差距的存在由来已久，开发南部一直是政府的重要任务。意大利政府在明确南部开发目标、吸引各方资金流入、企业主导、政府扶持中小企业之外，还加强了研发投入，政府成立了南方研究和培训中心，免费培训企业管理人员，提高企业的管理水平和技术水平；在南部建立各层次职业教育和大学，主要接受贫穷地区和家庭的子女实行基础性教育；通过制定法律法规，将技术创新作为新的开发目标，并增加对南方科学技术研究的优惠和补贴。

在 1994~1999 年，意大利实施了"南方发展计划"，以加速南方落后地区的发展。发展计划的重点是产学研科技合作，政府推动科技人员流动，鼓励大学中有成熟项目的教师到中小企业工作，促进大学和科研机构的合作；建设科技园区，政府对技术转移投入大量经费，要求项目必须与地方经济紧密结合，鼓励企业、大学、科研机构联合项目，资助科技人员的培训。

四、俄罗斯发达和落后地区科技合作：依靠要素和科技转移

俄罗斯的西伯利亚和远东地区一直是其经济发展的落后地区，对这一地区的开发历经计划经济和市场经济两个时期。

在计划经济时期，苏联主要依靠西伯利亚地区丰富的自然资源，确定西伯利亚应成为全苏最大燃料动力供应基地、全苏耗能产品生产基地和多种工业原料供应基地的目标。为与美国抗衡，苏联优先发展重工业，特别是军事工业，这使苏联不合理的产业结构和工业部门结构状况更加恶化，东部丰富的自然资源没有带来应有的经济发展。

俄罗斯转变为市场经济模式后，东部开发的"生产力东移"模式被"自我发展"模式所取代，发展定位从原来最大限度地保证全国的经济效益过渡到满足市场需求和提高企业的竞争力，实行中央、地方、企业、个人多元性投资，不再仅依靠中央财政支持。至此，东部地区的开发开始遵从市场经济的规律，挖掘地区自身的发展潜力。

对东部地区的开发一直重视科技的作用，苏联政府为了调整科研机构和高等院校布局，在 20 世纪 50 年代决定开展科技力量东移，1957 年苏联科学院西伯利亚分院组建，到 20 世纪 80 年代末，西伯利亚分院已成为苏联科学院最大的分支机构，在科学研究、培养各种专业人才、促进西伯利亚生产力发展方面取得了

重大成绩，完成了科技力量的调整和布局。西伯利亚分院迅速发展的原因主要在于政府制定了相应的鼓励政策，采取了切实可行的措施吸引、稳定和培养科技人才队伍。

五、巴西发达和落后地区科技合作：依靠人才流动和产业重组

第二次世界大战后，巴西开展了新工业化运动，工业飞速发展，到 20 世纪 70 年代，国民经济总产值跃居世界第十位，与此同时，巴西的东南部和东部经济发达区与亚马孙河流域经济落后地区之间的差距急剧扩大。为了缩小差距，巴西政府制定了《全国一体化》规划，加大对亚马孙河流域的开发力度。

巴西政府加快了北部地区的城市化进程，将首都从里约热内卢迁至巴西利亚，在中部高原建造了一座现代化都市。政府设置了马瑙斯自由贸易区，提供各种优惠政策，吸引国内外投资，该区成为了巴西最重要的贸易集散地。巴西选择在落后的中西部和北部地区兴建大中城市，通过城市化促进落后地区的工业化。同时加强了对中西部和北部地区的交通建设与能源开发，兴建了总长 1.3 万公里的铁路网，并开展了水陆联运，建立了以巴西利亚和马瑙斯为中心的交通网络。另外，政府积极开发水利资源，在亚马孙地区建造了图库鲁伊水电站，为落后地区发展提供了电力资源。

巴西重视对落后地区教育的投入，通过投资东北部教育基金，帮助落后地区培养教师，在 1996 年启动"远距离教学计划"，通过电视卫星向偏远地区播放教学节目，使落后地区的文盲率大幅度下降。另外，政府为了吸引民营企业增加对落后地区的投资，实行了优惠的税收和投资政策，促进了巴西汽车工业和纺织、制鞋等传统工业的发展。然而巴西各地政府为了吸引投资而减免税收，政府之间恶性竞争，成为出现巨额财政赤字的重要原因。

六、法国发达和落后地区科技合作：依靠乡村改革和补贴

20 世纪 80 年代，法国东部和西部之间发展差距较大，大企业和集团大部分集中在东部，同时东部拥有许多著名的高等院校，人力资源丰富，工农业发达，而西部地区由于资源比较贫乏，工业、交通运输的发展远远落后于东部。

法国通过国土整治措施缩小地区间发展差距，在 1955 年政府将本土分为 22 个经济区，以加强中央政府统一领导，推动区域发展；在 20 世纪 60 年代成立国土整治和区域行动评议会，重点整治西部、西南部、中央高原、东北老工业区等区域，集中进行落后地区的开发建设；到 20 世纪 80 年代，法国国土整治计划

由过去缩小地区差距为目标，扩展到教育、就业、培训、环境保护、生活质量等多方面，加大了区域政府的权力，逐步形成了一套较为完整的城市发展政策、农村改革政策、山区开发政策、滨海资源开发与保护政策以及老工业区结构改革政策。法国国土整治不仅能够合理利用和开发地区自然资源，充分发挥地区经济优势，而且使地区经济按照政府制定的长远发展目标规划自己的行动，取得区域之间的协调，从而在全国形成一个较为合理的经济活动布局。这些政策的实施使法国西部地区的经济发展明显加快，某些发展中的农村地区经济活力明显增强。

七、以色列发达和落后地区科技合作：依靠人才和科研服务生产

以色列国土面积狭小，水资源稀缺，沙漠面积占国土总面积的60%以上，土地资源十分贫瘠，但以色列人通过治理荒漠创造了现代化城镇，成功地发展了现代农业，真正成为了沙漠中的绿洲。

以色列制定了自然资源保护、规划建筑、水源、水井控制等方面的法规，对珍贵的水资源实行严格的配额和奖惩制度，在保护生态的前提下开发沙漠，同时政府对沙漠地区实行政策倾斜，将沙漠地区列为最优惠开发区，扶持农产品企业，鼓励工业项目发展，引导投资流向沙漠地区。

以色列政府在开发沙漠的过程中重视科研和生产的结合，建立了很多沙漠研究所，开发出高精尖的沙漠农业技术。在20世纪60年代中期，以色列人就已发明了滴灌技术，极大地减少了水资源的渗漏和蒸发，同时还因地制宜地开发地下盐碱水灌溉、沙漠温室大棚、沙漠养鱼、地表水径流利用、花卉及废水灌溉技术。[①]

八、日本发达和落后地区科技合作：依靠产学官一体模式

日本科技合作采取了产学官模式，从明治时期就开始了对产学官合作模式的探索，但到20世纪90年代，科技合作的进展缓慢，直到1995年科学技术基本法颁布，科学技术基本计划开始实施，在相关政策的推动下产学官合作才有了实质上的飞速发展；2001年日本实行政府行政体制改革，逐步确立了综合科学技术会议的司令塔地位。地域性的大学与各企业开展了以活跃区域经济为目的的产学官合作。各省厅，特别是管辖大学的文部省，担当科学技术会议事务局的科学

---

① 李廉水，徐建国. 东西部科技合作——理论、模式与途径［M］. 北京：科学出版社，2004.

技术厅，以及负责产业技术与区域产业、中小企业政策的通产省，在以它们为中心对产学官合作的推动下，"科学技术政策""产业政策"与"大学"开始通力协作推进产学官合作。通过各层次的产学官合作会议，企业、大学、政府的观点相互渗透并达成共识，各主体开始积极、主动地进行共同研究、技术转移等方面的产学官合作，同时人才流动性的增强极大地促进了知识的流动和人才的成长，使得日本的国际竞争力、技术创新能力等都得以提升。①

产学官合作模式（见图11-1）使企业的创新能力显著增强，政府关于重点研发领域的确定、多次的税制改革等，使日本企业研究经费逐年增加；大学知识产权归属明确，积极与企业寻求合作，大学与企业的共同研究与委托研究资金明显增加，大学的定位更加明确，研究者的观念转变，注重培养复合型科技人才；政府的指导、协调能力增强，政策措施连续、配套，政府在产学官合作模式中从主导角色向引导角色转变。

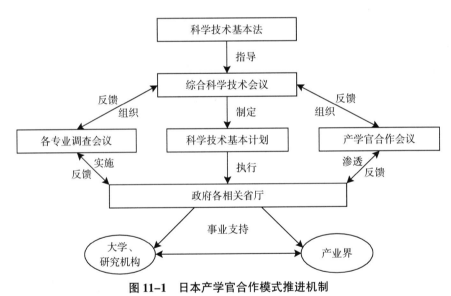

图 11-1　日本产学官合作模式推进机制

资料来源：秦玉萍.基于开放式创新的日本产学官合作模式研究［D］.华中科技大学硕士学位论文，2011.

---

① 秦玉萍.基于开放式创新的日本产学官合作模式研究［D］.华中科技大学硕士学位论文，2011.

第二节　国内区域科技合作模式

国内区域科技合作取得显著成效并被视为成功范例的是长三角地区和泛珠三角地区，二者各有特色，且基于同一国度的发展模式和经验可能对京津冀科技合作更具借鉴意义。

一、长三角地区

长三角科技合作模式最为典型的特征是政府作为合作的助推者和倡导者，企业、高校院所、区内跨国公司三者之间实现了科技的共同研发与应用。在 2003 年，建立了长三角区域创新体系建设联席会议制度，商讨区域创新体系建设和科技合作的重大事项，设立专项资金，政府科技合作意识不断增强，政策保障机制日益完善。

长三角地区的企业积极与高校院所展开合作，促进产学研合作不断深化。上海是长三角的中心城市，科技资源最丰富，科技实力最雄厚，长三角各市县都积极出台相关政策，采取有力措施，支持当地企业主动接轨上海，参与交流合作，如江苏省太仓市科技局近年来采用多种方式实施科技接轨上海的战略，积极开展与中科院上海分院、复旦大学、上海交通大学等著名高校院所的横向联系；另外，各省市主动引进国内大院名校，与企业联合共建研究院所、工程中心、实验室等科技创新载体，其中浙江省在 2003 年就已出台《关于引进"大院名校"联合共建科技创新载体的若干意见》，浙江清华长三角研究院、中国科学院宁波材料技术与工程研究所等先后在浙江省落户。

长三角地区的企业之间同样积极展开科技合作。同行业内部企业之间的合作有利于减轻单一企业科技研发的沉重经费负担，减少企业之间重复开展同一研发项目造成的人力物力等资源的浪费，有利于提升整个行业的竞争优势，使业内企业获得长期优势；而随着科技发展导致学科的交叉渗透，新产品的出现往往是跨学科联合研发的成果，跨行业企业间的科技合作需求日益增加，不同行业的相关企业联合研发有利于行业之间科技实现优势互补，发挥协同整合的作用，获得规模竞争力优势，加速推进长三角科技合作一体化的进程。

同时，长三角的企业、高校院所与区内的跨国公司积极进行科技合作。跨国公司有许多值得借鉴的科学技术和管理经验，与跨国公司的合作同样有利于加快产业结构重组和跨地区企业兼并的步伐，长三角地区已形成了一批与跨国公司有效对接的企业集团和研发中心，逐步提高了研发的国际化水平和本土企业的技术创新能力。近年来，跨国公司在长三角地区登记注册了数百家全球或区域性研发机构，将长三角地区作为其生产基地，2015 年，江苏、上海和浙江外商投资总额分别为 7821 亿美元、6612 亿美元和 2918 亿美元[①]，分别居全国首位、第二位和第五位；跨国公司同时与高校院所建立了合作关系，例如，通用电气研发中心与浙江大学、上海交通大学、上海硅酸盐研究所合作，罗克韦尔自动化研究中心与浙江大学合作等。

二、泛珠三角地区

泛珠三角区域科技合作，是指福建、江西、湖南、广东、广西、海南、四川、贵州、云南九省区和香港、澳门两个特别行政区构成的"9+2"范围内开展的跨区域科技合作。泛珠三角区域科技合作是泛珠三角区域合作的重要内容，始于 2003 年，经过十多年的探索和实践，成效明显，已经摸索出不少成熟经验和做法，走出了一条具有区域特色的科技合作路子。当前，京津冀三省市也在推进区域科技战略合作，借鉴泛珠三角区域经验，对加快京津冀区域科技合作和创新体系建设，促进京津冀地区一体化发展，具有十分重要的意义。

早在 2004 年签订的《泛珠三角区域科技创新合作框架协议》就确定了建立泛珠三角区域科技联席会议制度、联合开展区域科技发展战略研究、设立泛珠三角区域创新协作论坛、实行科技资源的开放和共享、组成区域产业协作和战略联盟、建立科技项目合作机制、合作培养科技人才七个方面的合作重点，正式启动区域科技合作。泛珠三角区域的科技合作同样需要政府、企业和高校院所的参与，政府是合作的倡导者，高校院所是积极参与者，企业则是区域经济合作的主体。但泛珠三角地区由于科技发展水平差别大，区位、资源、产业、市场的互补性强，因此，科技合作梯度转移是泛珠三角区域科技合作模式的主要特点。

2014 年，江苏企业 R&D 经费为 1376.54 亿元，居全国首位，广东为 1375.28 亿元，居第 2 位，福建、江西、四川、贵州和湖南分别居第 10 位、第 18 位、第 15 位、第 26 位和第 11 位，海南、广西、云南则居第 29 位、第 22 位和第 24 位。[②]

---

① 《中国统计年鉴 2016》。
② 《中国区域创新能力评价报告 2016》。

可以看出，泛珠三角地区科技发展水平差异明显，从而决定了技术转移与互补性科技合作前景广阔。这需要政府的积极引导，建立科研协调机构，通过促进经济圈内东部省份对西部省份的科技支援，以加强科技强区和科技弱区的技术协作与人才交流，从而形成经济圈内西部的特色产品、特色资源和特色产业群体，为经济圈内东部的资金、技术、人力资源进入创造必要的基础和环境，进而带动经济圈内西部省份的经济和科技发展。同时，泛珠三角地区区位、资源、产业、市场的互补性强，香港、澳门、广东是对外开放的前沿窗口，福建与中国台湾隔海相望，开放程度高，市场广阔，而广西、云南等地紧邻南亚诸国，有地域广阔、市场潜力巨大的内陆省份作为辐射区，其农业、旅游、生物制药等产业较发达，各省份之间在实行科技梯度转移的同时应积极开展科技合作。泛珠三角内部如今实行全方位的科技合作与交流，合作领域不断扩大，合作内容逐步丰富，采取了科技成果转化、技术咨询、技术服务、委托开发、合作研究开发等多种形式。

从实践来看，泛珠三角区域科技合作具有以下模式和经验特点：

（一）建立灵活务实的组织和工作机制，为深化合作提供保障

建立泛珠三角区域科技合作联席会议制度。联席会议是泛珠三角科技合作的最高议事和决策机构，按轮值主席和常设机构相结合，临时协调机构和固定联络机构相结合的原则进行组织。一般每年组织召开一次，由主办会议的所在省担任轮值主席。2004 年以来，泛珠三角区域共举办十一次科技合作联席会议。参加会议的人员既包括泛珠三角 11 个省市区科技管理部门的代表，也有高新技术企业、科研院校等单位负责人。每次会议设定一个主题，对泛珠三角区域开展科技合作涉及的一些重大问题进行研讨。

成立泛珠三角区域中心城市科技咨询委员会，由泛珠三角区域省会及副省级城市科协主要领导及香港、澳门有关人员组成。该委员会围绕促进和推动区域科技咨询工作的合作与发展，加速科技成果转化，有效发挥了各地科协及科技工作者在区域科技合作中的作用。

建立与国家部委工作联系机制。在泛珠三角区域科技合作过程中，一直积极争取相关国家部委的支持和指导。每次的科技合作联席会议均邀请到科技部司局级以上领导出席并讲话，也积极争取其他国家部委在多方面给予支持。例如，2012 年 4 月，争取到国家知识产权局的支持，在广州设立了我国第一个国家级区域专利信息服务中心，这个中心主要服务于泛珠三角区域内九省（区）的各级政府机构、企事业单位及社会公众。

(二) 制定具有前瞻性的总体规划，为深化合作进行引导

以《框架协议》为基础，泛珠三角区域的"9+2"成员在 2006 年和 2012 年共同签订了由广东省牵头编制的《泛珠三角区域科技创新合作"十一五"专项规划》《泛珠三角区域"十二五"科技合作规划》，对区域科技合作进行了顶层设计。明确了科技合作的目标定位：强化协同发展创新模式，构建能够突破行政范围约束的技术创新资源网络，建立泛珠三角区域技术创新合作体制机制，研讨合作项目与重大专项，促进科技成果在区域内及时转化，实现区域间创新要素的自由流动，构建开放融合、布局合理、支撑有力的泛珠三角区域技术创新体系。围绕这一目标，重点推进"科技资源共享行动、合作组建科技组群（联盟）行动、联合创新科技行动、科技人才培养行动"四大行动计划，并确定了合作共建网上技术市场和技术产权交易中心，联合建立区域技术标准检测公用中心，共同开展区域特色资源的开发和利用研究等 20 个重大专项。对每一个重大科技专项，逐一制定具体实施方案，并明确牵头承担任务的有关省区，确保规划落到实处。例如，由广东省科技厅和云南省科技厅负责"联合开展泛珠三角区域科技情况调查"，由四川省科技厅及湖南省科技厅负责"组建纳米科技及先进材料技术开发组群"，由福建省科技厅及香港创新科技署负责"组建纳米科技及先进材料技术开发组群"等。

(三) 推动科技资源开放和共享，实现科技资源效用最大化

泛珠三角各省区市围绕区域重点发展的基础研究和应用研究领域及高新技术产业集群，加强各类科技资源共建共享，提高了科技资源的管理和使用效益。

共享技术创新平台。泛珠三角区域积极推动相互开放国家级和省级重点实验室、工程技术研究中心、中试基地、大型公共仪器设备、技术标准检测评价机构。实施了由广东省科技厅牵头，广西、福建、海南等省（区）科技厅参与的"泛珠三角区域大型科学仪器协作共用网建设"，在制度建设、组织保障体系建设、落实区域平台共享专用资金、资源整合和共享情况等方面取得了明显成效，为区域科技创新提供了良好的基础平台。

共建网上技术市场和技术产权交易中心。泛珠三角 9 省区的产权交易机构以"自愿参加、市场主导、公平开放、互利共赢"为原则，在搭建统一的信息网络和服务平台、建立统一的信息披露标准和交易统计标准、加强联系人机制和项目推介等方面开展合作，着力打造集资本、技术、信息流动于一身的区域一体化产权交易服务平台。

共享人才资源。广东、广西、云南共同签署了《广东、广西、云南共享专家

资源的协议》，在三省区内率先建立专家资源共享机制，目前主要在基础研究项目和科技奖励成果的评审等管理领域开展合作。推进科技人才共同培养，泛珠三角区域各省区互派中青年专家和科技管理人员到各方所属区域的相关部门学习、培训、挂职锻炼，联合开展国家科技合作、考察、交流与人才培养。

（四）推进技术创新和产业合作，实现优势互补、互利共赢

泛珠三角区域在科技合作过程中，通过双边或多边的联合科技行动，发挥各自优势，共同解决科技难题，推动高新技术产业发展。

开展重大项目联合攻关。从 2004 年开始，广东省科技厅和香港创新科技署共同开展关键领域项目联合攻关工作，并将这一工作机制扩展到泛珠三角其他省区，开展广泛的泛珠三角区域科技项目联合攻关工作。联合攻关主要围绕区域内高新技术产业、支柱产业、潜力产业等重点领域，以共性技术、实用技术科技攻关为切入点，并围绕"泛珠三角"的特色资源和共性技术开展联合攻关。

共建区域性技术创新和产业发展联盟。围绕泛珠三角区域内高端装备制造、临港工业、海洋生物产业、生物医药、生物种业等特色优势产业，以国家重点高校、科研院所为核心，联合共建区域性产学研技术创新联盟。并通过建立区域产业协作和战略联盟，制定高新技术产业发展规划，实行优势互补的高新技术产业链发展战略，形成区域内各具特色、分工协作的发展格局。

泛珠三角区域科技合作取得了明显成效。广东和香港两地政府制定实施了一系列科技合作计划，在产、学、研等各方面开展了广泛合作。例如，双方共同投入资金，围绕新一代移动通信、新能源、新材料、生物医药等领域，实施重点项目联合资助行动，有力推动了相关产业的发展；广州、顺德等市与香港科技园共建粤港金融科技园、粤港联合孵化器、粤港科技示范大楼、粤港科技产业园、粤港创新中心等，培育了一批粤港高科技企业。广东和广西两省区通过加强与泛珠三角区域内高等院校和科研院所的合作，合力解决生物质能源产业方面的共性问题，共同推进甘蔗、木薯等生物质能源作物品种选育及产业化基地建设，重点开展非粮生物质能源及生物质产品开发综合技术研究与示范，顺利推进了一批国家科技支撑项目的实施。此外，通过双边合作，在两广星火产业带建设、南海海水养殖产业、特色生物中药产业、农产品优质高效产业化、数字媒体开发等领域，大力推进多种形式的科技合作，有力推动了区域内特色产业集群的发展。

总体上看，泛珠三角区域科技合作构建的区域创新体系具有很强的互补性和强大的内在动力，有利于克服区域科技发展中的恶性竞争，促进了区域创新成果转化和产业结构优化升级，区域科技合作展现了广阔的前景。

第三节 国内外区域科技合作的经验启示与借鉴

一、政府在科技合作中扮演着重要角色

政府在科技合作中扮演着重要角色，对落后地区的开发首先应完善基础设施建设，特别是交通网的构筑，便利的交通有利于资本、人力等各种资源的自由流动。同时，政府实行积极的财政支持和税收优惠，以吸引各方资本流入落后地区，而完善的法律法规建设和成熟的开发政策，为经济开发提供了法律和制度保障。

二、要注重立法建设和开发政策

美国在开发西部的过程中先后出台《宅地法》《鼓励西部草原种植法》《阿巴拉契亚开发法》《田纳西河流域管理法》。苏联为开发干旱的西伯利亚和远东地区，制定和通过了很多决议，如《关于进一步增加全国谷物生产和开垦生荒地的决议》。这些立法和开发政策的制定，有力地保障了区域合作的展开和推进。

三、发展完善的基础设施

美国的交通革命主要表现在公路、运河和铁路的发展方面，最为突出的是政府采取了"多铺铁路多得益"的政策，铁路公司在修建铁路时可以得到土地及贷款支持，从而成功地修建了横贯东西的五条铁路。日本、巴西、德国等国也采取了基础设施建设先行的做法。

四、综合性开发对区域科技合作十分重要

区域科技合作应实行渐进的综合性开发，仅局限于某一领域的发展或许在短期内会有效果，但受市场波动因素影响大，而且容易造成资源的枯竭，从长远来看，无法形成一个良性循环、运作良好的经济体。例如，在苏联时期，西伯利亚地区的开发侧重于重工业，特别是军事工业，不合理的产业结构使经济状况更加恶化，而在法国的国土整治中，逐步形成了一套较为完整的城市发展政策、农村改革政策、山区开发政策、滨海资源开发与保护政策以及老工业区结构改革政

策，整治卓有成效。在开发过程中，应赋予地方自主权，充分发挥地方的主动性，这样地方政府才有充分的权力依据自身特殊条件、优势发展。

五、重视高科技产业的发展

美国在西部地区发展了大批技术水平高和规模庞大的军工企业，后来依托其先进的军事高科技条件，加上西部丰富廉价的资源、土地和劳动力等要素，西部地区以宇航、原子能、电子、生物等为代表的高科技产业发展迅速，极大地加快了美国西部产业结构的升级。日本开发北海道和意大利开发南部地区的后期，分别将开发的重点逐步转移到对技术创新和国际竞争力的加强与提高方面，而高科技产业在其中发挥了重要的作用。可见，发展高科技产业是区域科技合作的重要选择。

六、科技合作离不开高科技产业发展和高科技研发应用

区域的科技合作离不开高科技产业发展和高科技研发应用，一方面，鼓励教育发展、吸引人才是科技长久发展的基础；另一方面，应重视产学研的充分互动，特别是借鉴日本的产学官合作模式，以法律为保证，以政策制度为桥梁，以政府、企业、大学和科研机构之间的合作实现完善的运作体系，这有利于充分发挥区域内各种资源的优势，加快高新技术的研发和应用速度。

北京是我国科技发展密集区，人才丰富、资金充足，京津冀地区应充分利用北京这一优势，建立完善的产学研官互动机制，以法律为保障，通过优惠的财政税收政策加速推进科技合作进程；在京津冀内部，特别是河北省，其与京津两市的科技发展差距较大，在合作的前期应以接受科技转移输出为主，吸收借鉴北京和天津两地的优秀科技成果与发展模式，逐渐明确发展的目标定位，通过发挥地方优势，实现综合性开发，与京津两市实现科技研发应用的良性互动。

第十二章　区域科技合作推动京津冀协同发展的政策框架体系

　　京津冀作为引领和支撑我国建设创新型国家的重点区域，区域科技合作应尽快确立"科技创新中心区、科技资源共享区、科技产业创造区、科技体制创新区、科技合作引领区、协同协调示范区"的建设目标，并使之成为区域共识。京津冀协同发展成为国家重大战略后，为京津冀地区展开包括科技合作在内的全方位、各领域的合作与交流带来空前机遇和巨大舞台，必将加速区域科技合作创新推进地区协同发展的步伐，提升区域自主创新的能力，区域科技合作将进入"以合作促进整合，以整合促进融合"的发展新态势。在区域科技合作确立新目标、面临新态势、执行新任务的形势下，如何协调、对接和统一京津冀三地跨行政区的科技政策是亟须研究的重要课题。研究解决跨行政区域的科技政策，需要从研究京津冀未来科技创新发展的基本趋势出发，对地区科技合作和科技创新的政策需求进行科学预测，深入分析现有科技政策、法规、体制、机制存在的问题、瓶颈及其原因，提出完善和优化区域科技合作、推进京津冀协同发展政策体系的相关思路和基本框架，构筑京津冀科技合作创新政策高地，为增强京津冀区域协同创新活力、提升京津冀区域整体创新竞争力提供坚实可行的政策体系保障。

第一节　地区科技合作政策前瞻

　　联合国教科文组织（UNESCO）对国家层面科技政策的定义是"一个国家为强化其科技潜力，达成其综合开发目标和提高其国家地位而建立的组织、制度及执行方向"。区域科技合作政策是国家科技政策的重要组成部分，是地方为促进一定历史时期的科技高效发展，通过合作整合相关各区域科技资源，实现区域科技发展目标和任务而共同采取的各种基本制度和规定的基本行动准则。区域科技合作政策研究和制定涉及的内容很广，包括区域科技发展战略、区域科技管理原则以及具体的地方性科技政策等多个方面。制定科技合作政策的基本原则有：一是区域科技合作政策要与国家发展战略相一致；二是科技合作政策要符合科技自身发展规律；三是科技合作政策要服务于地区经济、社会协调发展。

一、京津冀科技合作政策的定位及作用

京津冀作为我国科技、经济最为发达的三大都市区之一，伴随交通等基础设施互联互通程度的提高，区域一体化不断推进，地区科技合作交流也日趋频繁，京津冀协同发展上升为国家重大战略后，更是迎来了一个全新的发展阶段，迫切需要在区域间科技政策协调方面取得新的突破。区域科技合作政策对推动区域科技进步和经济社会协调发展具有重要作用，建立健全区域科技合作创新政策体系，有助于从根本上打破不同区域进行科技合作与交流的行政壁垒和政策障碍，优化科技合作与区域协同创新环境，并最终提升区域整体科技创新实力和区域协同发展能力，这是区域科技合作政策的主要功能和作用。

对京津冀地区而言，区域科技合作创新政策体系的功能定位可界定为四大方面：激活科技资源，优化资源配置；激发创新活力，提升创新能力；优化合作环境，促进协同创新；健全合作机制，推动协同发展。

（一）激活科技资源，优化资源配置

京津冀制定区域科技合作政策，通过产业技术开发合作、项目资助合作、税收优惠合作和科技成果推广合作等措施和手段，可以增强区域对科技创新资源的集聚和利用能力，促进科技创新资源在区域空间上的优化配置。例如，通过资助三地区域科技基础设施的建设，有利于加速科技创新成果的传播扩散和提升次发达区域对创新成果的吸收能力；通过地区科技合作，发挥三地各自的科技资源优势，可以促进科技资源跨区域优化配置和高效利用，如人力资源配置方面，对企业职员提供职业技能培训，资助和支持三地区企业、大学、研究机构之间的人员交流，有利于提升京津冀区域科技人力资源水平和促进科技人力资源合理流动，而人力资源的区域间流动则可以有效促进技术的扩散溢出和成果的转换迁移，对于提升区域协同创新能力具有重要作用。

（二）激发创新活力，提升创新能力

区域科技合作政策是增强区域科技合作和协同创新能力的重要保障，是加快区域科技合作发展的助推手段。首先，区域科技合作政策的制定和实施有利于增

加对科技合作和协同创新的投入，通过共同设立研究项目、支持重点领域课题研究、推动联合攻关研究等方式，有利于加速地区科技研发成果的产出。其次，区域科技合作政策的制定和实施有助于打破行政壁垒和区域分割，建立区域统一市场，这有利于促进区域研发成果的转化和产品的市场化，有利于更快地在区域间产生技术溢出，从而激发创新活力，提升京津冀三地整体的科技实力和创新能力。

（三）优化合作环境，促进协同创新

从国家宏观层面来看，京津冀地区作为国家重大战略的载体之一，其区域科技合作政策的重要目标是优化科技合作环境，促进地区的科技协同创新和经济协调发展。随着京津冀区域一体化的不断推进，三省市之间的科技合作需求也越来越强烈，迫切需要在政策障碍和分割上有所突破。因而，如何促进三地科技资源在区域内无障碍整合、流通和优化配置，从而促进科技合作和区域协同创新，并推动科技成果转化扩散，缩小区域科技差异，继而促进区域科技、经济协调发展，是京津冀区域科技合作政策的重要作用和功能。

（四）健全合作机制，推动协同发展

由于行政区域的分割和各地利益诉求的不一致，京津冀地区长期以来实质性的合作推进缓慢，当前，应借助该地区协同发展成为国家重大战略的历史性重大机遇，从科技领域入手，健全地区科技合作机制，打破行政划局限，促进各类科技要素自由流动，引导产业、科技转移，鼓励和支持各地区开展多种形式的经济、技术、人才合作，共享科技资源，推动园区、机构、技术成果在京津冀地区相互交叉落地，形成京津冀三地相互支撑、共同繁荣、协同发展的格局。值得庆幸的是，三地在健全合作机制方面已经有了具体行动，如 2014年 4 月，天津宣布与北京中关村联合打造具有世界创新影响力的京津创新共同体，形成具有国际竞争力的（中关村）科技创新中心和（滨海新区）产业创新中心。双方将共建武清、北辰、宝坻、东丽、滨海科技园五大创新社区。2014年 4 月，京津冀三方科技部门签署《北京市科委、天津市科委、河北省科技厅共同推动京津冀国际科技合作框架协议》。同年 8 月，北京市科委、天津市科委、河北省科技厅正式签署了《京津冀协同创新发展战略研究和基础研究合作框架协议》。2014 年 5 月，北京与秦皇岛共建的中关村海淀园秦皇岛分园已经挂牌。这些行动都在营造区域科技合作的机制和环境，都在为推动三地协同发展提供支点。

二、京津冀地区推进科技合作创新的政策重点

根据京津冀科技合作和科技创新的现状、特征以及国家对京津冀地区的战略考虑和部署，未来5~10年，完善京津冀科技合作和科技创新政策、提升科技协同创新能力，需要紧扣以下六大方面的政策需求内容。

（一）增强区域自主创新能力，打造北方经济增长引擎

作为我国区域经济最发达的三大地区之一，京津冀地区是我国区域经济发展重要的增长极和发动机，是区域自主创新的主力军和排头兵，在整个国家发展空间布局中具有举足轻重的地位，是国家实施科教兴国与经济社会发展战略的重要支撑，战略地位极高，负有率先增强自主创新能力、率先实现科学发展的战略重任和使命。京津冀应进一步解放思想，锐意改革，推进开放，充分发挥地区优势，实现率先发展、科学发展，加速建成中国最具活力的创新型区域。显然，增强区域自主创新能力，打造北方经济增长引擎，率先实现科学发展，将成为京津冀未来5~10年科技合作和科技创新的主题，这就要求京津冀区域的科技合作政策必须切实起到促进科技合作和创新发展的助推器作用，需要突破现有各自地方政策的狭隘，提高现有政策的操作性和实效性，建立和落实科技合作政策的效果评估体系。

（二）促进科技经济政策协调，支撑经济社会永续发展

科技与经济的日益融合是当今世界科技创新发展的重要特征和基本趋势。在"大科学"时代，发展现代科技的目的是促进经济发展和社会进步，解决经济、社会发展中的矛盾，保护生态环境，拓展人类更好的生存发展空间。科技发展的出发点和落脚点都是为了更好的经济发展和社会进步。支撑经济、社会永续发展，是京津冀科技创新发展的主要任务。这就需要从整体性和系统性的视角来剖析科技政策，在地区科技政策的制定和实施过程中，从整体性出发加强不同行业、部门、地区之间的沟通与协调，从系统性角度兼顾科技、经济、社会和生态环境等各个子系统，促进不同政策间的协调统一，避免政策的脱节和矛盾。

（三）联合参与世界科技竞争，吸纳利用国际科技资源

全球化是科学技术发展、转移和扩散的显著时代特征之一。世界上很多大型科技工程往往需要多个国家科技力量的合作和联合推进。作为发展中国家，要追赶世界的先进科技水平，就必须实施跨越式科技创新战略，在世界科技之林力争占据一席之地，唯其如此才能摆脱跟踪—模仿—落后—再跟踪—再模仿—再落后

的怪圈模式，才能实现跨越式发展，才能显著提升国际核心竞争能力。京津冀地区作为我国科技智力资源最富集、科技创新最有活力、未来发展最具潜力的区域，尤其应该顺应世界科技创新发展的历史潮流，着力增强自主创新能力，积极参与世界科技竞争，广泛吸纳利用国际科技资源，成为国家参与国际科技竞争的排头兵和主力军。现代科技的规模化、复杂化、全球化发展趋势，要求京津冀地区的科技发展进行大分工、大联合、大协作，区域科技合作政策的制定应适应全球科技竞争的需要，应有利于吸纳和利用国际科技资源。

（四）促进中央地方政策协同，保障国家整体战略目标

京津冀三地地缘相近、物缘相连、文脉相承、血缘相亲、商缘相通，随着交通和通信基础设施的互联互通和逐步完善，该地区区域发展联系和一体化程度不断提高，特别是随着京津冀上升为国家重大战略，打破"一亩三分地"的利益分割，京津冀一体化已从学术共识走向政府的现实规划和行动。自2014年习近平"2·26"讲话以来，京津冀地区正在全面提升合作的范围和层次，硬件（主要指交通等基础设施建设）、软件（主要指合作体制、机制和政策建构）方面都在加快区域一体化进程，京津冀三地都希望利用这个历史性的大好发展机遇，获得丰厚的发展利益，实现发展共赢。完全可以预见，未来京津冀地区间的科技合作、科技交流和协同创新将持续深入推进，将在更多领域、更大范围和更深层次展开。在此大背景下，京津冀三地科技合作政策的制定与实施，一是要与国家科技战略政策相一致，做到中央地方科技政策的协同共进，地方之间科技政策的协调统一；二是三地根据各自的科技资源禀赋和科技能力水平情况，制定既相互衔接又具有差别化的科技政策；三是京津冀三地科技政策要与国家科技发展战略目标和相关政策协调匹配，并服务于国家整体科技战略目标。

（五）把握区域科技发展规律，紧跟世界科技创新前沿

综观当今世界，科技发展一日千里，科技创新日新月异，科技进步的加速特征日益显现，科技创新节奏不断加快。据《创新美国》提供的数据①，汽车用了55年的时间实现了美国1/4家庭的普及率，电话用了35年，收音机用了22年，计算机用了16年，手机用了13年，互联网仅用了7年。科技创新呈加速趋势，周期不断缩短，科技发展机遇稍纵即逝。如何准确把握未来世界科技发展的主要方向和基本趋势，是京津冀区域科技发展和创新面临的新挑战与新使命。因此，

① 上海科技发展研究中心. 创新，决定21世纪成败的唯一要素——美国创新所面临的挑战和机遇［J］. 科技发展研究，2005（28）：3.

京津冀地区科技合作和创新政策的制定与实施必须高瞻远瞩，要具有战略性眼光，否则就只能随波逐流，始终落后于世界科技发展潮流，不但无法取得快速的科技创新发展，反而会被世界科技进步所桎梏。

（六）促进政府市场良性互动，健全科技创新体制机制

政府和市场在科技创新发展与区域科技政策完善中都扮演着重要角色。科技创新合作和区域科技合作政策需要政府的正确引导与规划，并在此基础上充分发挥市场机制的主导作用，建立开放、统一、有序的区域市场环境，实现政府和市场共同促进区域科技创新与合作的良性互动。为此，应重点抓好六项工作：一是建立基于科技规律和经济规律的区域宏观调控管理机制；二是建立健全区域研发成果评价和反馈机制；三是建立完善的规范科技活动的法律法规体系；四是建立健全市场配置科技资源的社会保障机制；五是完善市场机制配置创新资源的市场服务体系和政策支撑体系；六是合理定位科技资源的组织方式和管理模式。最终，逐步形成按市场需求、地区发展目标、科技发展需要来配置科技资源的新型科技体制和结构，建立起切实有效的科技合作创新体系和运行机制。

三、北京参与京津冀科技合作创新的政策定位

北京是国家首都，科技资源、人才资源十分富集，经济实力雄厚，对外辐射和带动力强，在京津冀区域发展和科技合作中起到核心主导作用。作为京津冀区域的发展核心，北京的产业政策、区域政策和技术政策一方面对整个京津冀地区经济社会发展、科技资源配置和科技合作创新具有导向性作用；另一方面北京包括科技政策在内的各类政策和做法也是京津冀区域内其他政府相关政策的风向标，引导整个京津冀地区的政策走向。因此，北京在制定科技发展政策时，必须要有全域理念，从整个京津冀地区甚至更大地域范围出发，综合考虑其决策、政策行为对整个地区科技发展和政策制定的影响，充分发挥北京在京津冀地区科技创新与科技合作以及建设创新型区域中的支撑、引领与服务功能，在政策定位上始终坚持以"支撑、引领与服务"为中心内容。

（一）支撑性政策定位

北京应持续增强自主创新能力，强化其对京津冀地区科技发展的支撑作用。从更高的层面，以法律法规的形式规范促进科技创新与合作的政策，把一些在实践中行之有效、趋于成熟的科技政策上升为法律规定和区域行为。结合《国家中长期科学和技术发展规划纲要（2006~2020年）》和《北京市中长期科学和技术发展规划纲要（2008~2020年）》，进一步规范和完善有关改善创业环境、规范政

府行为、理顺管理体制等方面的政策，明确其法律地位。同时，以中关村建设国家自主创新示范区和北京建设"科技北京"为载体，在加强区域科技资源优化配置、联合承担国家重大项目、共同增强区域国际竞争力、打造京津冀人才高地、促进科技园区联动发展和促进京津冀科技合作、创新创业等方面，大胆创新，努力探索为京津冀科技发展提供更大更多的支撑。

(二) 引领性政策定位

北京应从带动和辐射整个京津冀区域科技进步与发展的高度来设置其科技管理部门职能，与京津冀其他省市积极协调科技发展规划、科技政策的制定与实施。积极主动地与区域内其他省市沟通有关科技发展和科技合作的问题，引领京津冀科技发展和科技合作方向。北京要建立与天津、河北的沟通协商机制，通过与天津和河北的共同规划，主动谋求三地联动、协同发展，避免重复建设和恶性竞争，为京津冀科技创新及科技合作构建良好的发展环境。

(三) 服务性政策定位

通过京津冀三地充分协商沟通，在明确区域内各地分工协作的基础上，进一步明晰北京市科技发展的重点领域，在制定科技规划和相关科技政策时，不仅要考虑自身利益，而且要充分顾及其他省市的科技发展需求。北京要建立"科技服务中心"意识，在增强自身自主创新能力的基础上，更好地为京津冀区域提供各类科技服务，并渐次实现在京津冀地区、全国、东亚乃至世界经济发展和科技进步中"服务中心"城市的目标。

四、天津参与京津冀科技合作创新的政策定位

天津作为我国四大直辖市之一，科技资源丰富，科技发展快速，科技实力雄厚，综合科技进步水平多年一直位居全国第三位，仅次于北京和上海，具有较强的科技辐射带动作用，在京津冀地区是仅次于北京的科技中心。作为中国北方的重要经济中心和区域发展的重要龙头，天津的产业、技术政策及做法对整个京津冀地区的经济发展、科技进步和科技资源的布局具有重要作用，并成为影响京津冀地区各地区政府出台相关政策的重要变量。因而，天津在科技发展和政策制定上也应通盘考虑其行为对整个京津冀地区科技发展和科技政策制定的影响，充分发挥其邻近首都北京、科技资源丰富、产业基础雄厚、研发转化能力强大等多种优势，在京津冀科技创新型区域建设中承担科技创新重要支撑、研发创新转化主阵地、科技合作协同创新主要载体的功能。在政策定位上，以科技创新支撑、研发转化阵地、协同创新载体作为取向。

（一）科技创新支撑政策定位

天津要依托自身的科技优势和邻近北京科技中心的条件，进一步增强科技创新实力，与北京共同在京津冀地区创新型区域建设中承担支撑性重任。结合《国家中长期科学和技术发展规划纲要（2006~2020年)》《天津市中长期科学和技术发展规划纲要（2006~2020年)》《京津冀协同创新发展战略研究和基础研究合作框架协议》和《北京市科委、天津市科委、河北省科技厅共同推动京津冀国际科技合作框架协议》等，理顺科技管理体制，改善科技创新环境，提升科技合作水平，增强自主创新能力。同时，以滨海新区综合配套改革和新设的天津自贸区为载体，加强区域科技资源优化配置，联合北京和河北共同承担国家重大项目，共同增强京津冀区域的国际科技竞争力，打造京津冀人才高地，促进京津冀科技园区联动发展和科技创新创业，为京津冀科技合作创新提供重要支撑。

（二）研发转化阵地政策定位

天津雄厚的现代产业基础优势和全国第三的综合科技进步水平为其承担高端研发任务与研发成果转化创造了良好的条件。由于邻近的北京是全国科技资源最富集、科技活动能力最强、科技研发成果最多的城市，北京有大量的科技成果有待转化，科技成果尤其是高端科技成果的转化，往往对转化地的技术基础、人才条件、发展水平、产业环境等方面有较高的要求，显然天津这些条件都具备，加之距离邻近，空间成本较低，是接纳北京研发成果转化的理想之地，这种转化对北京和天津以及京津冀地区都是有利的。对于北京而言，输出了技术，扩散了创新，获得了成果转让的利益；对于天津而言，吸纳了技术，获得了产业化的收益，升级了产业结构；对于京津冀地区而言，提高了整体科技发展水平，加速了创新发展的速度，提升了整体科技、产业发展实力。

（三）协同创新载体政策定位

京津冀协同发展国家重大战略的实施，三地科技合作和协同创新是其重要内容。科技合作和协同创新，要考虑京津冀三地各自科技禀赋和功能的差异，处理好三地在协同发展中的关系。其中，天津的科技政策在取向上应发挥天津科技和产业的双重优势，以滨海新区、天津自贸区和各类开发园区为依托，探索区域科技合作和协同创新模式，以京津科技新干线为主轴，加强利用北京和自身的科技资源，打造世界级产业创新中心和战略性新兴产业集群，建设和提升一批国家级高技术产业化基地，着力建设科技合作和创新载体，为京津冀协同发展提供载体支持。

五、河北参与京津冀科技合作创新的政策定位

与北京、天津相比,河北的科技资源规模偏小,水平偏低,布局较为分散,集聚力不高。但河北的工业基础和资源禀赋优良,拥有广阔的空间资源和丰富的岸线资源,国土围绕北京和天津两个经济发达、科技水平高、辐射带动力强的特大型城市,区位优势明显。在京津冀地区科技合作和协同创新中,河北可为京津核心区提供科技产业配套支持、科技成果转化、生态服务支撑,其科技政策取向应与此吻合。

(一)科技产业配套的政策定位

因科技水平、产业发展客观上处于京津冀地区的相对低梯度区,河北在区域经济发展上属于京津核心区的外围,依照一般的区域分工和空间布局规律,当前河北的科技、产业发展应以为京津提供科技、产业配套为主要方向,即在区域产业链、技术链分工上,河北应服务于京津高端产业和高端技术的发展,这样既有利于京津冀三地的分工协作,提高其整体竞争力,也有利于河北省自身对接京津,接受京津辐射的产业、技术转移,加速发展。

(二)科技成果转化的政策定位

河北应发挥其基础产业和传统产业优势以及较好吸纳技术转移的环境条件优势,积极对接京津的科技和产业,主动承接京津的产业和技术转移,加速科技成果的转化,通过与京津合作,共建科技创新园区、共同实施重大科技示范工程、共建科技创新平台、联合展开科技攻关等,不断升级优化技术结构及产业结构,逐步缩小与京津的技术水平和产业发展差距,促进京津冀的协同发展。

(三)生态服务支撑的政策定位

京津冀地区的可持续发展需要良好的生态服务保障。河北省在维护京津冀生态安全和生态服务中具有关键性作用,一方面,从自然地理构造来看,河北的北部、西北部本身就是重要的生态涵养区;另一方面,从节能减排和消除工业污染来看,未来河北省的工业结构必须围绕提供更好的生态服务这一目标进行调整升级。无论是维护生态涵养区的生态功能,还是调整升级产业结构,都需要良好的科技支撑和巨大的科技投入。为此,河北省未来的科技发展应发挥对京津冀地区生态服务的支撑功能,科技政策的制定应体现对生态服务领域的倾斜。这样既有利于京津冀地区生态安全,也有利于河北获得京津的技术和产业支持,因而有利于整个地区的经济生态协调发展。

第二节　京津冀地区科技合作制度安排现状

中央政府、两市一省政府为促进京津冀科技资源优化配置，推进京津冀区域科技合作和创新体系建设，提高京津冀自主创新能力，加快构建京津冀创新型区域，实现以科技引领的京津冀协同发展和世界级城市群建设的目标，从各个领域出发进行了不懈探索并做出了制度安排，相继出台了一系列相关的合作协议、规定和措施，对推进京津冀科技合作和自主创新能力提升起到了重要作用。本节将对京津冀三地有关科技合作和科技创新的制度安排与机制设计做进一步的梳理，并分析现有制度安排存在的问题，为后面提出区域科技合作推动京津冀协同发展的政策框架提供依据。

一、京津冀地区科技合作现有制度安排梳理

近年来，京津冀区域出台了一系列有关科技合作与科技创新的协议、机制和制度安排，在促进区域科技合作、科技发展、提升区域创新能力方面发挥了重要作用。这里从八个方面对京津冀地区已出台并在执行的重要科技合作、协同创新的相关协议文件进行梳理，厘清京津冀地区当前相关科技合作制度安排和机制设计的现状概貌。

（一）资质认定方面

京津冀区域围绕高新技术园区、高新技术产品、高新技术企业等资质的认定，近年来相继颁布了系列规章条例及办法，如《北京市高新技术企业认定条件及管理办法》（京科高发〔2001〕364 号）、《北京市高新技术企业认定管理工作实施方案》（京科高发〔2008〕434 号）、《北京市战略性新兴产业科技成果转化基地认定管理办法》《北京市技术先进型服务企业认定管理办法》（2012 年修订）、《北京市高新技术成果转化项目认定办法》《天津新技术产业园区高新技术企业认定办法》《河北省高新技术企业认定工作流程（试行）》《河北省高新技术企业产品认定实施细则》《河北省高新技术产业开发区条例》等。这些办法或条例规章的制定与实施对于推动各地高新技术园区建设、高新技术产品开发、高新技术企业发展起到了积极作用。但京津冀三地有关高新技术园区、产品及企业的资质认定办法的制定，多数未经过各方沟通会商，各行其是，跨区域后，其资质并不

一定能得到认可。

（二）组织和工作机制方面

建立灵活务实、操作可行的组织和工作机制是展开区域科技合作的重要保障。2004年5月，京津两地政府共同签署《京津科技合作协议》，提出了按照"优势互补、互惠互利，市场导向、政府推动，整体规划、分层次推进"的原则推进京津科技合作的工作机制，并明确提出"建立京津政府间科技联席会议制度，建立联络员制度，开通两地科委视频会议系统，建立高速信息通道，形成对话交流与区域合作决策沟通机制"。2004年8月，国务院成立京津冀协同发展领导小组及相应办公室，为京津冀展开科技合作提供了最高层次的组织保障和工作机制。与此相匹配，2014年8月京津签署《贯彻落实京津冀协同发展重大国家战略 推进实施重点工作协议》，分别从战略研究和基础研究两个层面，围绕协同创新对京津冀科技合作进行了工作机制设计。2014年8月，京津冀签署《京津冀协同创新发展战略研究和基础研究合作框架协议》，着重建立京津冀区域协同创新发展的长效合作机制和打造"软环境"。

（三）科技资源开放与共享方面

推进京津冀三地各类科技资源开放和共享是京津冀科技合作的基础内容与基础工作，资源的开放与共享既有利于挖掘区域科技潜力，优化资源配置，也是促进京津冀一体化发展的重要方面。京津冀三地近年来签署的各类有关科技合作的协议，几乎都包括了强调区域科技资源开放共享的条目。如2004年京津签订的《京津科技合作协议》明确提出"推进科技资源相互开放和共享"；2014年4月京津冀签署的《北京市科委、天津市科委、河北省科技厅共同推动京津冀国际科技合作框架协议》，设计了三地共享国际科技合作资源、共建国际科技合作机制的内容；2014年8月由京津冀签署的《京津冀协同创新发展战略研究和基础研究合作框架协议》，提出三方将提高科技资源在三地间的充分利用与开放共享，推动科技创新资源的自由流动与优化配置，建立三地共享科技报告体系，实现基础研究项目成果的开放共享。

（四）科技创新与产业合作方面

科技创新是京津冀协同创新发展的核心内容之一，而科技创新最有效的途径就是三地展开科技产业合作，只有通过产业化驱动和科技创新成果产业化，区域科技合作才有动力，并使科技合作转化成区域发展的动力。因此，促进科技创新和产业技术合作是区域科技合作制度建设的重要内容。2008年，天津和河北共同签署了《天津市人民政府、河北省人民政府关于加强经济和社会发展合作备忘录》，其中强调了产业转移对接和加强科技合作的内容。2014 年 5 月，京津冀三地政府分别签署《北京市—河北省 2013 至 2015 年合作框架协议》和《天津市河北省深化经济与社会发展合作框架协议》，内容涉及广泛，但突出了推动三地产业转型升级和科技研发合作的重要举措。北京市 2014 年 7 月正式发布的《北京市新增产业的禁止和限制目录（2014 年版）》明确了北京产业发展的"负面清单"，实际上也为京津冀科技合作创新和产业发展合作方面给出了清晰的指向信息。2014 年 6 月，河北省与清华大学签署了《河北省人民政府、清华大学进一步深化扩大合作的协议》和《河北省人民政府、清华大学共建清华大学重大科技项目（固安）中试孵化基地协议》，推动省校合作纵深发展，充分利用清华大学的高端智力资源推动河北的科技创新。

（五）人才培养合作与交流方面

人才是区域发展中最活跃、最积极、最具创造力的因素，科技合作的最终落实都需要人才来完成，人才是区域科技合作成功与否的关键。因此，为加快科技人才培养合作和交流，切实推进京津冀科技人才高地建设，三地政府历来重视区域合作中的人才联合培养和跨区流动，各类合作协议中都包括了人才培养合作的政策内容。2004 年京津签订的《京津科技合作协议》明确提出两市鼓励科技人才等科技要素在区域内的有序流动。2008 年天津和河北签署的《天津市人民政府、河北省人民政府关于加强经济和社会发展合作备忘录》，突出了加强两地科技和人才合作的内容。2011 年，京津冀共同签署了《京津冀区域人才合作框架协议书》，明确了京津冀三地的人才合作思路和机制。2013 年 11 月，河北省发布《河北省院士工作站管理办法（试行）》，对推动区域合作高层次人才流动具有积极作用。2014 年 8 月，由京津冀签署的《京津冀协同创新发展战略研究和基础研究合作框架协议》，提出要积极探索新型智库建设，围绕京津冀协同创新发展，发挥三方人才和战略研究的优势，培育科技战略研究团队。2014 年 11 月，京津冀三地政府共同签署了《京津冀协同发展税收合作框架协议》，其中对拓展人才培养交流合作和加强税收科研合作做了规定。

（六）合作空间载体共建方面

合作空间载体是区域展开科技合作的共同聚焦场所，是区域合作发展的支撑点和示范区，任何区域合作都需要落脚到一定的空间范围。京津冀共同打造科技合作、产业创新空间载体方面的有关协议行动包括：2014 年 7 月京冀两地签署的《共同打造曹妃甸协同发展示范区框架协议》、2014 年 8 月京津签署的《共建滨海—中关村科技园合作框架协议》和《关于共同推进天津未来科技城京津合作示范区建设的合作框架协议》、2014 年 4 月廊坊市与北京经济技术开发区签订合作共建永清产业园区的《区域合作战略框架协议》、2014 年 7 月京冀两地签署的《共同加快张承地区生态环境建设协议》、2014 年 6 月签署的《河北省人民政府、清华大学共建清华大学重大科技项目（固安）中试孵化基地协议》等，都对具体空间载体的合作发展进行了安排。

（七）共同开展国际科技合作方面

2014 年 4 月，京津冀三地政府签署《北京市科委、天津市科委、河北省科技厅共同推动京津冀国际科技合作框架协议》，为三地共享国际科技合作资源、共享国际科技合作信息、共建国际科技合作机制，推进协同创新和成果转化，推动京津冀地区提升科技国际竞争力提供了途径。

（八）专门领域合作方面

针对专门领域的合作需求，三地签署了一系列旨在推进专门领域发展的合作协议以及中央政府发布了要求地区协作共同解决突出问题的相关文件，包括生态环境治理与保护、交通基础设施一体化、卫生协作、区域统一市场建设、商贸物流协同发展等诸多方面。如 2012 年国务院常务会议通过的《京津风沙源治理二期工程规划》（2013~2022 年）、2013 年国务院印发的《大气污染防治行动计划》（国发〔2013〕37 号）和环境保护部、发展改革委等六部门联合印发的《京津冀及周边地区落实大气污染防治行动计划实施细则》（环发〔2013〕104 号）明确要求大气环境治理的区域协作和联防联控。2008 年京津冀共同签署的《构建京津冀地区共同建筑市场框架协议（草案）》，2012 年北京与河北签署的《区域金融合作协议》，2014 年 8 月北京与天津签署的《关于进一步加强环境保护合作的协议》《关于加强推进市场一体化进程的协议》和《交通一体化合作备忘录》，2014 年 7 月北京与河北签署的《共同推进物流业协同发展合作协议》《交通一体化合作备忘录》和《共同加快张承地区生态环境建设协议》，2014 年 6 月京津冀共同签署的《京津冀突发事件卫生应急合作协议》，2009 年京津冀联合签署的《京津冀旅游合作协议》等，都从解决不同领域的问题出发要求区域合作。这里的合作不仅是业务上的合作，而且需要区域科技合作的支撑。

专栏：京津冀签署战略研究和基础研究合作协议

共促三地协同创新

2014 年 8 月 16 日，北京市科学技术委员会、天津市科学技术委员会、河北省科学技术厅正式签署《京津冀协同创新发展战略研究和基础研究合作框架协议》，加快建立和完善战略对话、信息交流、工作对接、科技资源和成果开放共享的协同机制和长效机制，并在协同创新发展战略研究和基础研究层面进行了具体工作部署。北京市科委副主任张继红、天津市科委总工程师李彭越、河北省科技厅副巡视员陈卫滨和三地有关战略研究、基础研究方面的专家代表出席签约仪式。

京津冀三地战略研究和基础研究层面加强联动和合作，是贯彻落实习近平总书记系列重要讲话精神和京津冀协同发展国家战略，加快建设全国科技创新中心的具体举措，是三地科技部门着力推动科技创新一体化的重要抓手：

在战略研究层面，着力搭建协同创新战略研究平台，依托首都科技发展战略研究院，充分调动中央和三地智库的研究力量，广泛吸纳各类创新主体的参与，围绕协同创新重大战略问题凝聚共识，积极探索"共同出题、共同组织、共同研究、共享成果"的合作研究机制与模式，打造京津冀创新发展战略高地，为促进全国科技创新中心建设和京津冀协同发展提供决策支撑。

在基础研究层面，着力搭建基础研究交流平台，推动基础研究资源共享，服务京津冀协同创新发展。通过完善专家资源交换、科技资源共享等机制，加快推动科技资源流动，实现基础研究项目成果的开放共享；针对共同面临的热点、难点科学问题和产业共性关键技术需求，在重点领域探索开展实质性研究合作，构建三地基础研究合作新模式；整合京津冀重点实验室等创新资源，在重点领域引导和支持建立重点实验室创新战略联盟，深入推进三地产学研用协同创新；共同举办京津冀青年科学家论坛，搭建科研人员交流与合作平台，促进科技人才的成长与交流。

下一步，京津冀三地将在框架协议的基础上，在战略研究和基础研究层面深入开展实质性合作，重点聚焦科技创新一体化、生态建设、产业协同发展、政策协同创新、科技资源共享等方面，全方位提升京津冀协同创新水平。

资料来源：北京市科委，2014 年 8 月 29 日。

二、京津冀科技合作现有制度安排存在的问题

国家层面、省市层面对涉及京津冀区域科技合作发展的相关制度安排在推动京津冀科技进步、协同创新和经济协调发展方面起到了重要作用，但仍然存在一些问题亟待解决，集中表现在组织工作机制、规划政策衔接、资源成果共享、协同创新平台、人才培养合作、合作载体建设、制度设计前瞻方面。

（一）组织工作机制有待完善

京津冀地区发展与科技合作相关的组织建设和工作机制设计，可追溯到1981年成立的华北地区经济技术协作会，此后经历了环京经济协作区（1988年）、环渤海地区经济联合市长（专员）联席会（2000年）、《环渤海区域合作框架协议》（2004年）、《京津科技合作协议》（2004年）、《北京市、天津市、河北省发改委建立"促进京津冀都市圈发展协调沟通机制"的意见》（2008年）、《京津冀区域人才合作框架协议书》（2011年）、《北京市科委、天津市科委、河北省科技厅共同推动京津冀国际科技合作框架协议》（2014年）、《北京市—河北省2013至2015年合作框架协议》（2014年）、《天津市—河北省深化经济与社会发展合作框架协议》（2014年）、《京津冀协同创新发展战略研究和基础研究合作框架协议》（2014年），以及多个专门领域合作的工作机制。上述组织架构和工作机制设计对于推动京津冀包括科技合作在内的区域合作起到了重要作用。但真正有效的合作组织保障和工作机制长期以来并未建立，国家层面的制度供给不足以及三个平级省级政府代表地方利益博弈使得地方层面的协同机制难以发挥作用是主要原因，直到2014年8月中央政府成立京津冀协同发展领导小组，才使得推进京津冀合作协同发展组织工作机制设计这一难题的解决看到了曙光。但即使拥有了顶层的组织决策协调机构，地方执行组织架构和工作机制还有许多工作亟待完善，如在京津冀协同发展领导小组下设立"京津冀协同发展省市长联席会议""京津冀协同发展专业委员会""京津冀城市协同发展协调会"、区域合作发展论坛、专门发展基金等，为包括区域科技合作在内的区域合作建立组织保障体系。又如，当前，京津冀三地为解决具体领域的合作问题，沟通协商签署了系列合作协议，但多数协议都是框架性的，协议的落实尚需要更多"细则"性的工作机制设计。

（二）规划政策衔接需要协调

京津冀三地为了推进本地区的发展，出台了很多诸如区域发展规划、城市发展规划、城乡发展规划、经济社会发展规划、产业发展规划、科技发展规划、交

通等基础设施建设规划、生态建设规划、环境治理规划、水资源利用规划等不同领域的规划，以及产业发展政策、园区发展政策、企业促进政策、资质认定办法、行业标准制定等各类政策办法。但这些规划和政策的跨区域衔接往往存在不少问题，如《北京市城市总体规划（2004~2020年）》和《天津城市总体规划（2006~2020年）》都没有对超出自身行政区外的部分进行明确规划衔接，仅有笼统的区域协调发展表述，这对跨区域规划的协调作用十分有限。事实上，这种国内普遍存在的现象已经不适应城市未来发展的要求，现在这种画地为牢的封闭规划思维将逐渐被抛弃，如2014年上海启动的新一轮城市总体规划一改过去囿于行政边界的做法，把周边联系紧密的节点城市纳入规划衔接范围。[1] 又如，京津冀三地的"十二五"规划中关于重点产业的发展存在同构现象，具体以京津冀三地发展高新技术产业集聚的京津塘高新技术产业带为例，区域内分布有中关村科技园区、北京经济技术开发区、天津经济技术开发区、天津港保税区、滨海新区、廊坊经济技术开发区、燕郊高新技术产业开发区、京滨工业园等多个高新技术产业园区，但从产品类别、品种和发展规划、产业引导政策来看，产业带内现有各开发区大都集中在电子信息、机电一体化、新材料和生物医药等领域，导致产业结构趋同，且自成体系、自我封闭，重复建设与无序竞争导致资源浪费。这实际上是缺乏合作沟通、缺乏规划政策衔接所致。再如，河北省在科研经费投入、科技型企业政策扶持、科技金融政策支持等方面，与京津区域未形成有效对接，存在着较大差距，造成京津科技资源外溢和企业的域外投资，[2] 而紧邻的河北未能充分获得"近水楼台先得月"的好处。

（三）资源成果共享需要落实

在京津冀三方或双方签署的各类有关科技合作的协议中，都倡导和强调区域科技资源和科技研发成果的开放共享，以及推动科技创新资源的跨地域流动与配置，但需要注意的是，资源成果开放共享工作受三地行政分割和利益博弈以及管理等因素的影响，推进效果不尽如人意，比较明显的例证是，早在2004年5月京津签订的《京津科技合作协议》中就明确提出"推进科技资源相互开放和共享"，十年后，2014年8月京津冀签署的《京津冀协同创新发展战略研究和基础研究合作框架协议》仍在重申"推进科技资源相互开放和共享"，并在下一步重

---

① 上海新一轮总体规划：实现长三角区域的规划衔接［N］．第一财经日报，2014-06-10.
② 民进河北省委课题组. 抓住首都经济圈规划机遇加快推动京津冀科技合作［J］. 河北省社会主义学院学报，2014（3）：54-55.

点聚焦科技资源共享等合作内容。① 可见，京津冀地区间要真正实现科技资源和研究项目成果的开放共享，还需要三地共同制定资源成果开放共享实施细则，将工作落到实处。

（四）协同创新平台需要提升

当前，协同创新是创新型国家提升自主创新能力的新模式、新手段，是全球科技合作与创新活动的新趋向。构建协同创新平台，提升自主创新能力，不仅能提升京津冀科技发展水平，建设创新型区域，推进经济社会转型升级，而且有助于增强区域综合实力，促进区域协同发展。而构建区域协同创新平台，可以充分释放和有效集成区内信息、技术、资本、人才等各种创新资源和要素，提升自主创新能力和科技创新整体效能，推进科技创新驱动发展，最终实现建立创新型区域的目标。京津冀地区近年来十分重视协同创新平台的建设，各省市搭建了科技服务平台，如天津市大型科学仪器共享开放平台、北京市科学仪器设备共享网、环渤海地区大型科学仪器协作共用网、环渤海区域科技条件信息平台、首都科技发展战略研究院、北京协同创新研究院、首都创新大联盟、河北大型科学仪器协作共用网、河北省大型科学仪器资源共享服务联盟、首都科技条件平台、国家科技基础条件平台中心、国家大型科学仪器中心平台，三地高校间合作构建了协同创新中心，如清华大学与南开大学等共建的生物治疗协同创新中心，天津大学和南开大学等共建的天津化学化工协同创新中心，由南开大学、中国人民大学、中国社会科学院和国家统计局等共建的中国特色社会主义经济建设协同创新中心，由中国政法大学和南开大学等共建的全球治理与国际法治协同创新中心等。但总的来看，协同创新平台建设还呈现散、小和服务效能不高的特征，缺乏渗透力强、带动力大、具有全球影响力的大型区域协同创新平台。未来要有效推进京津冀协同创新的发展，需要进一步加强协同创新平台的影响力、创新能力建设。

（五）人才培养合作需要加强

人才是科技发展和创新的第一资源与最活跃、最积极、最具创造力的因素，京津冀跨区域的科技合作最终实施得好与不好，关键在于是否拥有在三地能够对接的高素质人才，而这种高素质人才的快速获得途径之一就是京津冀三地发挥各自科技优势，强化对人才的联合培养。目前，京津冀地区已经通过一些区域合作协议建立了人才联合培养、合作交流、跨区域流动配置的若干机制。如《京津冀

___

① 河北省科技厅. 京津冀签署战略研究和基础研究合作协议共促三地协同创新 [EB/OL]. http://www.hebstd.gov.cn/news/dongtai/content_104803.htm，2014-08-21.

协同创新发展战略研究和基础研究合作框架协议》中明确了要"搭建科研人员交流与合作平台，促进科技人才的成长与交流"，《京津冀协同发展税收合作框架协议》也明确提出"拓展人才培养交流合作"，京津冀三地 2014 年完成的《京津冀院校重点实验室合作方案》推进了三地间专家交流机制的建立，2014 年 5 月京津两地签订的《专家资源共享协议》使得京津间一定程度上实现了专家资源共享。2014 年 4 月京津冀三地签署的《北京市科委、天津市科委、河北省科技厅共同推动京津冀国际科技合作框架协议》也明确提出三地要共享国际科技合作资源，开展包括人才在内的各类科技资源的合作与交流。但总的来讲，有关人才合作培养、交流、跨区配置的运作机制比较零碎化、不系统、不连贯，尚未形成系统的、持续的、覆盖各领域的区域人才合作培养、人才区域流动配置的通畅机制，还不能适应京津冀协同创新发展的需要。未来，区域人才合作与交流的机制尚待进一步完善，区域人才联合培养的品质和速度需要进一步提高。

（六）合作载体建设需要加快

空间合作载体是区域科技合作具体施展的场所和区域协同创新的共同支撑点。京津冀已经通过一些合作协议确定了若干空间载体，如曹妃甸协同发展示范区、滨海—中关村科技园、天津未来科技城京津合作示范区、永清产业园区、张承地区、清华大学重大科技项目（固安）中试孵化基地等。这些载体的共建对于推进京津冀区域科技合作、协同创新发挥了支撑性的作用，但尚不足以完全承担京津冀地区全方位科技合作和协同创新的重任。今后，应加快不同类型、不同层次、不同尺度、不同功能、各有侧重、网络协作的合作载体建设，形成支撑京津冀协同创新发展的空间载体系统。

（七）制度设计前瞻需要放远

一些区域科技合作的制度安排设计往往局限于解决现存的问题，战略性、前瞻性、长效性和预见性不足，对未来可能出现的问题和突发事件缺乏有效的应对准备。例如，近十年来，京津冀三地先后不断签订区域科技合作方面的协议，前面的协议尚未很好地执行，后面针对相似合作问题的协议又出台了，对之前的协议进行替代，这显示出合作中制度设计的前瞻性、长远性考虑不足。又如，一些地方为了鼓励发展高新技术产业，大建各类开发区和产业基地，通过所谓的区域合作，大张旗鼓地招商引资，但对开发区和产业基地未来发展的环境问题、能源问题和土地问题等则缺乏系统考虑和前瞻布局，最后导致开发区的技术和产业开发不足，而资源和环境开发过度。因此，区域科技合作的制度设计应着眼于长远，努力做好前瞻性工作，避免短视行为，避免朝令夕改造成浪费和混乱。

第三节　区域科技合作推动京津冀协同发展的
政策框架

要卓有成效地实现区域科技合作，推进京津冀协同发展，需要京津冀协同领导小组与京津冀三地政府共同制定系统的政策和措施，消除妨碍深入开展科技合作的体制和政策障碍，为京津冀科技合作和创新发展营造更好的环境。

一、政策推进目标

以促进京津冀区域协同创新和科技合作、增强自主创新能力为目标，着眼于推进京津冀区域率先发展、科学发展、协同发展，加速京津冀地区推进"科技创新引领区、科技资源开放区、科技成果共享区、科技产业创造区"目标的建设，尽快把京津冀打造成中国最具活力、最具引领力的创新型区域和具有国际竞争力的世界级城市群，显著增强和发挥其对全国发展的"引领、带动、辐射、示范"作用，使其真正成为我国推动经济发展新的增长引擎、我国自主创新的排头兵和主力军。到 2025 年，基本形成有利于促进区域协同创新和区域协同发展的科技创新政策体系，京津冀区域科技资源成果共享、科技规划计划相互衔接、科技资质和标准完全统一、政策落实和科技执法良性互动，全面提升科技创新政策的覆盖面和兑现率。

二、政策框架体系

按照"优势集成，互利互惠；市场导向，政府推动；高端引领，协同共赢；点轴支撑，合理布局；跨越式发展，一体化协同"的方针，以京津冀率先发展、科学发展、协同发展的科技需求为导向，突出科技创新政策的区域性、科学性、实效性和开放性，从国家、区域和地方三个层面完善科技合作的制度设计和政策法规，围绕科技项目、科技成果、科技人才、科技机构和科技投入等几个方面，构建一个运行高效、协调有序的京津冀科技合作与创新政策体系，充分发挥科技合作和创新政策对区域科技进步、经济协调发展的导向、引领及支撑作用。如图 12-1 所示。

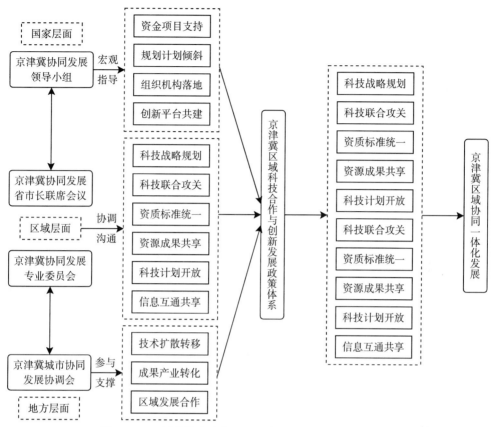

图 12-1 区域科技合作推动京津冀协同发展政策体系框架

（一）政策空间体系架构

区域科技合作推动京津冀协同发展政策的空间体系包括三个层次：最高层次为国家层面，即京津冀协同发展领导小组；第二层次为区域层面，包括京津冀协同发展省市长联席会议和京津冀协同发展专业委员会；第三层次为地方层面，即京津冀城市协同发展协调会。

1. 国家层面侧重宏观指导

国家层面即成立的京津冀协同发展领导小组，旨在组织贯彻落实中央政府关于京津冀地区发展的方针、政策和指示，审议京津冀协同发展战略、专项规划、重大问题和有关法规，研究审议京津冀地区协同发展的重大政策，协调京津冀发展的利益矛盾。在区域科技合作层上，其主要作用是对京津冀地区科技合作和创新发展进行宏观上的指导和协调相关地区的利益矛盾，并从国家层面对京津冀地区的科技合作按照需要提供资金项目支持，从国家发展规划和执行计划上予以投入倾斜，协调科技合作相关决策、咨询和执行组织机构的建立，并全局协调京津冀地区共建区域创新平台事宜。

2. 区域层面侧重协调沟通

区域层面由京津冀协同发展省市长联席会议和京津冀协同发展专业委员会组成，其推动区域科技合作的主要职责是对京津冀三地科技合作中科技战略规划制定、区域共性科技联合攻关、统一三地资质标准认定、推进科技资源和研发成果共享、推进区域科技计划开发、搭建公共信息平台推进科技信息互通共享等方面进行协调沟通，促进区域科技合作的顺利畅通。

3. 地方层面侧重参与支撑

地方层面是由京津冀地区 13 个地级以上城市组成的京津冀城市协同发展协调会，这些城市是区域科技合作推进的具体执行者和落实者，在区域科技合作中的主要职责是对接、参与和全面落实国家层面与区域层面的合作事务，其中推进技术扩散、技术转移、承接技术扩散转移、推进研发成果产业转化和具体区域发展合作事务是其重点。

（二）政策领域体系架构

政策领域内容主要包括组织工作机制建立、科技战略规划制定、完善合作机制、统一资质标准、资源成果共享、开放科技计划、推进信息互通共享、创新产业合作、强化知识产权管理、共建科技创新平台方面。

1. 组织工作机制建立

京津冀科技合作包含两层基本目的：第一层，通过科技合作为京津冀经济、社会、生态协同协调发展和打造世界级城市群提供科技支撑；第二层，通过科技合作不断增强区域自主创新能力，为打造国内具有引领性、国际具有影响力的创新型区域，为我国加速进入创新型国家提供支撑。京津冀科技合作会涉及跨地域科技、经济、社会、生态发展等众多重大领域、重大项目和重大工程。由于京津冀分属不同的平级行政单元，跨行政区域的科技合作要顺利推进，单靠三地政府间的协调，从历史经验来看，其效能不高，效率较低，为解决提供效能效率的问题，必须建立能够调和三地利益矛盾分歧的高层组织机构，以有效协调三地合作中的重大问题和重大决策，在此基础上建立三地科技合作联席会议制度、三地区域科技合作委员会制度和三地科技合作城市协调会制度，建立三地区域中心城市科技咨询合作工作机制和与国家部委工作联席机制，保障科技合作的顺利展开。

（1）成立京津冀科技合作领导小组。京津冀科技合作领导小组可设在京津冀协同发展领导小组办公室，由京津冀协同发展领导小组办公室主任（或副主任）担任组长，由京津冀三地主管副市长或科委（科技厅）主任及相关部门负责人为小组成员，负责科技合作中重大事项的决策和协调。近期可通过领导小组争取国务院及相关部委出台"推进京津冀科技创新与科技合作的指导意见"及相关实施办法，在科技项目、资金投入、中央科技力量落地等方面向京津冀地区倾斜。

（2）建立京津冀科技合作联席会议制度。建立和完善京津冀科技合作联席会议制度，定期召开由京津科技合作领导小组办公室牵头，政府主要领导及各类专家参加的京津冀科技合作联席会议，共同协商解决合作中的重大问题、重大决策，协调京津冀科技合作与创新发展各项工作的开展。联席会议商讨的主要议题有三个：一是对京津冀科技合作推进中共同关注的重大问题进行信息、观点交流，反映三地科技合作中的重大关切。二是对科技合作中的重大问题和重大政策议题进行协商，对可达成共识的议题尽快形成一致意见，并采取联合行动；对意见难以达成一致或需要更高层决断的议题，及时提交合作领导小组研究解决。三是就科技合作中的重大项目、重大工程设置和方案进行协商。近期可推进联合制定"北京市人民政府、天津市人民政府、河北省人民政府关于加快推进京津冀科技合作的指导意见"及实施办法，加强对科技合作的宏观指导。

（3）建立京津冀科技合作委员会制度。京津冀科技合作委员会上属京津冀协同发展领导小组下的京津冀协同发展专业委员会，由京津冀协同发展领导小组办公室、三地科委（科技厅）负责人、科技领域专家共同组成，负责京津冀科技发展战略规划、跨地区的大型研发合作项目、区域技术创新政策的制定，协调京津冀科技合作中的重大问题。委员会每年定期由三地政府（具体由科委/科技厅负责筹备）轮流召开科技合作会议，对于偶发性重大科技合作事项，可组织召开临时工作会议会商决策。委员会还负责京津冀三地科技相关部门的沟通、联系，掌握本地区科技合作的推进情况，定期向领导小组上报最新合作进展及存在问题。近期可推进联合制定"京津冀区域科技合作项目管理办法""京津冀区域科技资源相互开放与共享具体办法""京津冀区域跨地区产学研合作实施意见"等相关的科技合作管理规章和办法。

（4）三地科技合作城市协调会制度。京津冀科技合作的实施涉及三地各城市科技主管部门间的协调、沟通和配合，三地各城市科技主管部门是京津冀科技合作落实的主体。为增进三地各城市科技主管部门决策者和执行者的交流与合作，高效推进京津冀科技合作的各项工作，应设立科技合作城市协调会制度，具体负责协调推进京津冀科技合作相关规划政策在各城市的执行和落实，对科技合作项目的实施进行监测、监督和管理，并向科技合作领导小组和合作委员会报告各市科技合作工作推进情况。

（5）建立京津冀区域中心城市科技咨询合作工作机制。成立京津冀区域中心城市科技咨询委员会，由北京、天津和河北省 11 个地级市科协主要领导及有关科技专家人员组成。该委员会围绕促进和推动区域科技咨询工作的合作与发展、加速科技成果转化、为科技创新和产业发展提供服务等方面开展工作，有效发挥各市科协及科技工作者在区域科技合作中的作用。

（6）建立与国家部委的工作联席机制。利用邻近国家各部委的区位优势，在京津冀区域科技合作过程中，积极争取相关国家部委的支持和指导。三地科技合作联席会议以及重大合作决策应邀请科技部等相关部委主要领导出席，共商京津冀科技合作重大事项，为京津冀地区科技合作工作的顺利展开获取高层支持。

2. 科技战略规划制定

京津冀科技合作是一项系统工程，内部因素结构、作用关系极为复杂，一方面，京津冀区域科技合作如何选择确立合作的重点领域、如何设计合作机制，其过程非常复杂；另一方面，由于地方利益的存在、行政的分割，京津冀三地政府要在合作中达成共识是一个艰难复杂的过程。因此，为了克服这些复杂性，提高合作效率，必须先做好顶层设计，在京津冀协同领导小组的指导和协调下，做好区域整体角度下的科技合作战略规划，让领导层和具体执行层对科技合作的总体部署、总体目标和阶段性目标、重点领域、工作机制等内容体系形成系统、一致、清晰的认识，从战略规划层面上保障区域科技合作的顺利展开。

（1）组织编制京津冀科技合作总体规划。谋划全局，在京津冀已经签署的《贯彻落实京津冀协同发展重大国家战略推进实施重点工作协议》《北京市科委、天津市科委、河北省科技厅共同推动京津冀国际科技合作框架协议》《京津冀协同创新发展战略研究和基础研究合作框架协议》等的基础上，编制并实施《京津冀科技合作规划》是有效推进京津冀科技合作的有效方式。通过《京津冀科技合作规划》的研究和编制，明确京津冀科技合作的指导思想、发展目标和总体思路，明确合作的重点领域，形成从中央到地方、从地方政府到社会大众的一致认识。通过《京津冀科技合作规划》，将这些共识用具体发展规划的条文规定并以政府名义公开发布实施，为京津冀科技合作的推进奠定法律基础。

（2）制定推进京津冀科技合作路线图。根据上述《京津冀科技合作规划》，在京津冀科技合作领导小组和三地政府主管领导的主持下，由京津冀三地科委（科技厅）具体负责，会同发改委、财政局等政府职能部门，着手制定具体的科技合作路线图，编制具体的科技合作项目与工程指南、计划安排、资金配置办法等细则，并尽量争取将《京津冀科技合作规划》与相关专项规划列入国家五年规划，以重点科技合作项目为抓手，尽快启动实施。

在确立京津冀科技合作目标和路线图时，一方面要立足京津冀科技、经济和社会发展现状特点，另一方面要以国家创新目标为导向，大力提升区域自主创新能力，引领和服务于我国创新型国家建设的需要。在设计路线图的目标任务上，要以《贯彻落实京津冀协同发展重大国家战略推进实施重点工作协议》《北京市科委、天津市科委、河北省科技厅共同推动京津冀国际科技合作框架协议》《京津冀协同创新发展战略研究和基础研究合作框架协议》等协议和《京津冀科技合作规划》规定的重点任务为基础，进一步细化落实。其中应包括以下五大内容：一是联合解决发展中共性需求的重大科技问题；二是推动京津高新技术产业合作带、京唐秦现代制造技术合作带、京保石现代制造与高技术产业合作带建设，共同制定高新产业、现代制造业发展规划，加强分工与协调，以及产业带内产业集群的建设；三是科技资源和科技项目成果相互开放与共享；四是支持联合、共建各类科技创新机构，鼓励区县、科技园区、高校和企业发展多样化的产学研联合实验室、区域特色产业创新中心等各类研发机构和科技中介服务机构；五是鼓励科技成果、科技人才、创业资本等科技要素在区域内的有序流动，促进区域内科技交流与发展。

3. 完善合作机制

京津冀科技合作的推进是一个复杂的系统工程，涉及京津冀三地各行政职能部门、企业、高校、科研院所等多个参与主体的协调与配合，要顺利、高效、有序地完成这一工程，需要在官产学研系统中建立起开放性、多层次、多领域、全方位的科技合作机制作为保障。因此，合作机制的完善应由京津冀科技合作领导小组牵头，会同京津冀三地科委（科技厅）、发改委、国资委、财政局、教育部等部门，共同建立完善科技合作机制。

（1）引导和支持三地共建产学研合作组织。京津冀三地应引导和支持三地企业建立以合作项目为纽带的产学研合作组织，围绕三地经济、社会、环境、资源发展中的重大技术、关键技术和共性技术需求，展开联合攻关。

鼓励京津冀具有共同研究目标和需求的企业组成技术联盟，建立以市场为导向、以技术创新为目标、以合同契约为保证的合作研发实体，如以北京市科委倡导下成立的"首都创新大联盟"为基础扩大范围，吸引天津、河北相关的企业加入联盟，共享资源、协同创新、合作共赢，形成推进区域创新的整体合力。

支持有条件的企业建立京津冀共同支持的工程技术中心或研发中心，鼓励应用技术研发机构进入企业，发挥各类企业特别是中小企业的创新活力，鼓励技术革新和发明创造。

鼓励京津冀三地企业主动与高校签订科技合作协议，向高校投资，与高校共建一批工程研究中心，作为产学研结合的基地，实现高校技术产业与企业间的有机结合，推进企业的技术进步。

引导京津冀三地行业协会密切协作，组建跨区域的行业协会，发挥行业协会沟通市场信息、协调合作的功能，促进三地企业、科研单位为了解决重大共性问题建立市场化的研发攻关协作关系。

（2）鼓励京津冀高校、科研院所相互建立分支机构。京津冀地区聚集了大批优秀的高等院校和科研院所，是世界上罕见的智力科技资源富集区。通过一定的政策设计鼓励三地大学、研究院所互建分支机构，不仅有助于增进三地高校、科研院所在学术和科研领域的沟通与交流，整合区域优势科技资源，充分促进三地的优势学科和技术相互渗透与扩散，互通有无，优势互补，增强地区高校和科研院所的整体实力，而且有助于促进京津冀三地科技基础设施、条件平台、创新平台的共享，避免三地高校学科基础设施的重复建设和科技资源的浪费，同时也有助于京津冀三方全面深入地了解与分析三地科技和经济社会的发展现状、面临的问题，以进一步拓展京津冀科技合作的方向和领域，更好地实现科技服务于京津冀经济社会发展的目标。

（3）建立制度化的京津冀科技人才培养与交流机制。京津冀科技合作推进的关键是人才。京津冀地区拥有世界罕见的丰富科技人才，但人才优势并未完全转化成科技和产业优势。另外，京津冀地区科技人才总量、结构与空间分布不平衡问题突出。其原因在于京津冀三地间尚未建立人才流动机制，没有实现科技人才资源的合理配置，不能实现人尽其才、才尽其用。为此，京津冀三地可从共建"京津冀科技人才资源库"和"科技专家资源共享服务平台"着手，建立京津冀科技人才交流机制，打破地区人才开发体制性障碍，强化科技人才资源的交流和共享，优化三地科技人才资源的合理配置，促进三地科技合作和经济发展。

同时，为满足建设世界级城市群对科技人才的需要，京津冀三地应着力共建一个开放式、多领域、全球性的技术人才培养网络，打造京津冀区域科技合作与竞争的人才优势。充分发挥京津两市的科技资源、教育培训优势，建设一批适应未来科技发展需求的紧缺科技人才合作培训基地。借助京津高校的学科优势，加快培养知识产权、技术标准、科技项目管理等方面的紧缺人才和电子信息、生物工程、新能源、新材料、先进制造、环境保护等方面的高新技术专业人才。

（4）建立京津冀科技信息共享机制。由京津冀科技合作领导小组指导和协调，由三地科委（科技厅）轮流牵头，定期举办京津冀科技合作与发展论坛、京津冀科技合作洽谈会、京津冀科技信息联合发布会、京津冀科技成果交易会、展览会和国际性科技学术会议等，为三地科技合作提供有效的科技信息服务，消除信息不透明、不对称的现象，促进科技成果在区域内及时转化。

整合京津冀三地已有的科技信息平台，推进共建"京津冀科技信息资源共享服务平台"，结合国家科技基础条件平台、中国科技资源共享网的建设与实施，合力打造服务于京津冀地区的文献资源共享服务平台和技术信息平台，共享科技文献、科技成果、技术项目、科技报告、科技数据等科技信息资源。发挥信息资源共享与资源互补的优势，形成信息资源共享机制，开展科技信息服务的交流与合作。

4. 统一资质标准

在京津冀三地统一资质标准，实施科技相关领域的资质互认及同等待遇政策，促进现有技术标准、规范、资质认证制度的统一，相互认可经科技行政管理部门认定的有关资质，包括高新技术企业、高新技术成果、高新技术产品、科技型中小企业、外商研发机构、科技中介机构、专业技术职务任职资格和国际职业资格等，并享受同等的优惠政策。在科技项目招标中，按照公平、公开、公正的竞争原则，京津冀三地的企业、科研机构等法人均具有招标资格。

5. 资源成果共享

近数年来，京津冀三地围绕区域重点发展的基础研究和应用研究领域及高新技术产业集群，建立了系列机制，加强了各类科技资源共建共享，提高了科技资源的管理和使用效益，但依然还有很大的提升空间，下一步应继续推动科技资源开放和共享，实现科技资源效用最大化。

一是要共建共享技术创新平台。京津冀区域积极推动相互开放国家级和省级重点实验室、工程技术研究中心、中试基地、大型公共仪器设备、技术标准检测评价机构。实施了由京津冀等环渤海省市区参与的"环渤海地区大型科学仪器协作共用网"建设，在制度建设、组织保障体系建设、落实区域平台共享专用资金、资源整合和共享等方面取得明显成效。目前，京津冀三省市已建立的科技资源服务平台有天津市大型科学仪器共享开放平台、北京市科学仪器设备共享网、环渤海地区大型科学仪器协作共用网、环渤海区域科技条件信息平台、首都科技发展战略研究院、北京协同创新研究院、首都创新大联盟、河北大型科学仪器协作共用网、河北省大型科学仪器资源共享服务联盟、首都科技条件平台等。但需要进一步整合优化，由三地共建共享技术创新平台，消除现有平台分散、效能不高的弊端，为区域科技合作与创新提供更好的基础平台。

二是共建网上技术市场和技术产权交易中心。京津冀三省市的产权交易机构应以"自愿参加、市场主导、公平开放、互利共赢"为原则，在搭建统一的信息网络和服务平台、建立统一的信息披露标准和交易统计标准、加强联系人机制和项目推介等方面开展合作，着力打造集资本、技术、信息流动于一身的区域一体化产权交易服务平台，为以市场配置科技资源、转化科技成果、加速推进区域科技合作和创新发展创造条件。

6. 开放科技计划

科技计划开放是指一国政府为充分利用并整合全球科技资源来促进本国发展，除制订专门的国际科技合作计划外，允许拥有外国国籍的科学家、非本国独立法人或外资研究机构及企业参与本国的主体科技计划项目工作。京津冀开放科技计划除了上述含义外，还包括基于科技合作整合利用三地科教资源、相互间彼此开放科技计划，鼓励三地研究机构参与彼此的科技计划项目，允许区域内各类科研机构跨地区参加科技项目的招投标，积极鼓励和优先资助跨地区联合申报的科技项目，以达到最大限度地使用三地科技人才、设备和资金，利用和转化最新的科技知识，提升区域科技竞争力，促进区域融合协调发展。近期，京津冀三地可在交通基础设施、能源资源、环境保护、大气污染、人口疏解等重大问题上统筹协调区域科技资源，彼此开放科技计划，合作攻关。

7. 推进信息互通共享

为了加强京津冀三地的科技协作，及时沟通信息，需要加快京津冀区域信息一体化步伐，重点完善京津冀科技合作需要的信息化基础设施。为此，应做好三项工作：

（1）打造京津冀科技合作信息平台。为了有效整合京津冀区域科技信息资源，为三地科技合作提供沟通、交流及信息共享的平台，应创建立足京津冀、面向全国及全球的京津冀科技合作门户网站。为增加操作可行性，可依托京津冀三地科委（科技厅）官网载体，构建京津冀科技合作信息平台。在已有工作的基础上，补充京津冀三地相关科技信息的详细数据，增强信息平台的功能，系统、全面、及时地掌握京津冀科技合作和发展动态，提高科技信息资源的利用效率，更好地服务于京津冀地区科技合作及经济社会发展。

（2）完善公共信息平台信息发布与交流功能。为了使社会及时了解京津冀科技合作和科技发展状况及动态，充分调动社会资源，准确地引导京津冀地区及全国的高校、科研院所、企业积极地参与京津冀科技合作与发展，提高科技合作实施和科技项目招投标过程中的透明度，优化科技资源配置，应不断完善京津冀科技合作信息平台的信息发布和交流功能，及时面向社会公布京津科技合作的动态信息，如京津冀三地已经实施和合作实施过的项目，当前正在实施的项目及其进展情况，京津冀地区经济、社会发展面临的重大科技需求，三地科技项目安排信息，项目招投标公告，三地科委（科技厅）项目申报指南等。

在完善科技合作信息交流功能方面，可在公共信息平台上及时发布三地合作举办的如"京津冀科技合作与发展论坛""京津冀科技合作洽谈会"、京津冀科技信息联合发布会、各类科技成果交易会和展览会的相关信息，同时建立京津冀科技合作中存在问题和意见建议的征集与采纳渠道，为京津冀三地科技合作提高社会参与度创造条件。

（3）完善公共信息平台调研功能。通过建立和完善京津冀公共信息平台调研功能，加强与社会的双向沟通和交流，既有助于京津冀科技合作决策部门及时全面地掌握三地经济社会发展对科技的需求信息和发展趋势，科学地制定合作规划和政策，优化配置科技资源，聚焦解决京津冀经济社会生态发展亟待解决的重大科技问题、关键技术问题，也有助于根据调研反馈信息，及时调整科技合作的实施方向和重点，避免方向跑偏和资源浪费。

8. 创新产业合作

高新技术产业是京津冀科技合作的重点领域，京津冀应发挥各自优势，通过双边或三边的联合科技行动，扎实推进技术创新和产业合作，共同解决科技难题，推动三地高新技术产业发展。为更好地实现创新产业合作，一是就双边或三边共同关注的行业领域联合开展重大项目联合攻关。联合攻关应主要围绕区域内高新技术产业、支柱产业、潜力产业等重点领域，以共性技术、实用技术科技攻关为切入点，鼓励和支持京津冀三地高校、科研院所、企业联合承担国家重大科技项目，并围绕三地的特色资源和共性技术开展联合攻关。二是共建区域性技术创新和产业发展联盟。围绕京津冀区域内计算机与信息技术、移动通信、高端装备制造、临港工业、海洋生物产业、生物医药、生物种业、现代物流等特色优势产业，以国家重点高校、科研院所为核心，联合共建区域性产学研技术创新联盟。另外，应建立区域产业协作和战略联盟，制定高新技术产业发展规划，实行优势互补的高新技术产业链发展战略，形成区域内各具特色、分工协作的发展格局。围绕区域内的重点、优势产业，组织引导区域内大企业实行强强联手，促成跨省市的企业战略联盟。

9. 强化知识产权管理

加强京津冀地区知识产权领域的合作，共同构建京津冀区域知识产权保护体系，是推动京津一体化市场体系建设，促进京津冀科技合作和京津冀社会共同发展的基本保障。京津冀三地应充分发挥各方优势和特色，在知识产权领域加强交流与合作，提高知识产权创造、保护、管理和运用的水平，建立和完善京津冀地区知识产权创造和保护协作网络，打破地区保护，扩大京津冀知识产权保护联盟城市，加强跨地区行政执法，规范市场经济秩序。大力发展知识产权服务合作联盟，共同培养知识产权专业人才。加快产业及技术转移，增进地区间投资增长，促进京津冀科技合作和经济社会共同发展。开辟互联、互动、互补、开放的专利技术服务市场，建立专利技术转移平台。建立京津冀知识产权专家库，建立能满足社会不同需求的专利和非专利信息检索、研究、利用和传播平台。

10. 共建科技创新平台

科技基础设施和科技创新平台是推进区域创新发展必需的硬件支撑与基础，是区域创新服务体系的重要构成，直接关系到京津冀建设创新型区域的成败。京津冀地区作为我国科技资源最为富集的区域，应大力发掘这一优势，加强科技基础设施和科技创新平台的合作共建，打造适应京津冀地区经济社会发展需要的科技基础设施条件和创新平台，并建立各类科技基础条件平台和创新平台的共享机制，提高三地科技资源的使用效率，有效促进京津冀地区的科技合作，提高三地整体自主创新能力，为打造创新型区域奠定科技平台基础。为此，应重点抓好两个工作：一是进一步共同完善科技基础设施条件与创新平台；二是建立共享科技创新资源机制。

（1）进一步共同完善科技基础设施条件与创新平台。依托京津冀的科技资源和网络优势，立足已有的科技基础条件，探索跨区域的协同服务机制，在大型科学仪器设备运行保障、技术交易、科研试剂、实验动物等科学资源共享服务及若干行业共性技术服务等方面启动相关平台建设，研究制定科学、合理、统一的数据标准和技术规范，对京津两地及其区域内现有的大型科学仪器、设备、设施、科学数据、科技文献、自然科技资源等进行整合、重组和优化，实现资源的信息化、网络化，建立适当集中与适度分布相结合的资源配置格局。重点建设京津冀地区研究实验基地和大型科学仪器与设备共享平台、自然科技资源共享平台、科学数据共享平台、科技文献共享平台、成果转化公共服务平台、网络科技环境平台等。以共享为核心，推进管理方式创新，创造公共资源公平使用的法制环境，逐步完善京津冀科技合作基础设施条件和创新平台。

（2）建立共享科技创新资源机制。为加快京津冀科技合作基础设施条件和创新平台的建设与高效利用，三地应协商制定区域科技基础设施条件和创新平台共建共享的运行机制、管理办法，签署共享协议，推进科技资源相互开放和共享，建立有利于开展区域合作的服务体系，打造资源集聚、体系健全、功能完善、服务一流的共建共享平台。为此，京津冀三地应以整合资源为基础、创新机制为抓手、提高利用效能为目标，充分发挥市场配置资源的决定性作用，进一步激活京津冀的各种科技和创新资源，尽快推动相互开放国家级和市级重点实验室、工程技术研究中心、中试基地、大型公共仪器设备、技术标准检测评价机构、科技信息机构、科技经济基础数据和基础条件，以及软件评测等科技基础设施，共同建设完善京津冀大型仪器共用网（可在原京津冀三地各自大型仪器设备共享服务网的基础上整合）。鼓励三地高校、科研院所和企业开展多样化的产学研联合，联合建立实验室、股份制工程中心、企业研发机构、区域特色产业创新中心（或生产力促进中心）、博士后流动站（工作站）等各类研发机构和科技中介服务机构。

参考文献

［1］Alexander D. & Cosima B. （Eds.） Spotlight on： Science and Technology Cooperation between Southeast Asia and Europe ［C］. Centre for Social Innovation （ZSI）, Austria, 2011.

［2］Borts G. H. The Equalization of Returns and the Regional Economic Growth ［J］. America Economy Review, 1960 （6）： 61- 63.

［3］Brakman, Steven, Harry Garretsen & Charles van Marrewijk. The New Introduction to Geographical Economics （2nd ed.） ［M］. Cambridge： Cambridge University Press, 2009.

［4］Casetti E. & Semple R. K. Concerning the Testing of Spatial Diffusion Hypotheses ［J］. Goographical Analysis, 1969, 3 （1）： 254–259.

［5］Dale Neef. The Knowledge Economy ［M］. Butterworth−Heinemann, Boston, USA, 1997.

［6］Darwent D. F. Growth Poles and Growth Centres in Regional Planning： A Review ［J］. Environment and Planning, 1969 （1）： 5–31.

［7］Economic and Social Commission for Asia and the Pacific South and South−West Asia Office. Regional Cooperation for Inclusive and Sustainable Development South and South−West Asia Development Report 2012–2013 ［M］. Routledge, 2013.

［8］Erol E. & Naime I. K. The Importance of the Cooperation of Regional Development Agencies with Universities Founded in the Provinces in Terms of Entrepreneurship and Innovation Projects ［J］. Procedia−Social and Behavioral Sciences, 2012 （41）： 363–366.

［9］Fujita, Masahisa & Jacques−François Thisse. Economics of Agglomeration. Cities, Industrial Location and Regional Growth ［M］. Cambridge： Cambridge University Press, 2002.

［10］Fujita, Masahisa, Paul Krugman & Anthony Venables. The Spatial Economy. Cities, Regions, and International Trade [M]. Cambridge, Mass: MIT Press, 1999.

[11] Haruhiko Kuroda, Masahiro Kawai & Rita Nangia. Infrastructure and Regional Cooperation [R]. ADB Institute Discussion Paper No. 76, 2007.

[12] Hymer S. H. The International Operations of National Firms: A Study of Direct Foreign Investment [M]. The MIT Press, Cambridge, Mass, 1976.

[13] Krugman, Paul. Increasing Returns and Economic Geography [J]. Journal of Political Economy, 1991a, 99 (3): 483-499.

[14] Krugman, Paul. Geography and Trade [M]. Leuven: Leuven University Press, 1991b.

[15] Krugman, Paul. Development, Geography, and Economic Theory [M]. Cambridge, Mass: MIT Press, 1995.

[16] Krugman, Paul. The New Economic Geography, Now Middle-Aged [J]. Regional Studies, 2011, 45 (1): 1-7.

[17] Lundvall B. National Systems of Innovation: Toward a Theory of Innovation and Interactive Learning [M]. Anthem Press, 2010.

[18] Martin Tsamenyi. The Institutional Framework for Regional Cooperation in Ocean and Coastal Management in the South Pacic [J]. Ocean & Coastal Management, 1999 (12): 465-481.

[19] Michael Fritsch & Grit Frank. Innovation, Regional Knowledge Spillovers and R&D Cooperation [J]. Research Policy, 2003.

[20] Min B. S. Regional Cooperation for Control of Transboundary Air Pollution in East Asia [J]. Journal of Asian Economics, 2001 (12): 137-153.

[21] Mirzokhid Rakhimov. Internal and External Dynamics of Regional Cooperation in Central Asia [J]. Journal of Eurasian Studies, 2010 (1): 95-101.

[22] Morrill R. L. The Shape of Diffusion in Space and Time [J]. Economic Geography, 1970, 46 (1): 259-268.

[23] Myrdal G. Economic Theory and Underdeveloped Regions [M]. Gerald Duckworth, 1957.

[24] Niklas Swanstrom. Regional Cooperation and Conflict Management: Lessons from the Pacific Rim [D]. Uppsala Universitet, Department of Peace and Conflict Research, 2002.

［25］ Ohlin B. Interregional and International Trade. Harvard Economic Studies ［M］. Cambridge，MA：Harvard University Press，1967.

［26］ Pedersen P. O. Innovation Diffusion within and between National Urban Systems ［J］. Geographical Analysis，1970（2）：54-203.

［27］ Pedro de Faria，Francisco Lima & Rui Santos. Cooperation in Innovation Activities：The Importance of Partners ［J］. Research Policy，2010（39）：1082-1092.

［28］ Perroux F. A Note on the Notion of Growth Pole ［J］. Economie Appliquee，1955.

［29］ Richardson H. W. The Economics of Urban Size ［M］. Lexington：Lexington Books，1973.

［30］ Saleem M. K. South Asian Association for Regional Cooperation ［J］. Journal of Asian Economics，1999，10（3）：489-495.

［31］ Sela. ALBA-TCP as A Mechanism for Cooperation with A Regional Scope ［C］. XXXIX Regular Meeting of the Latin American Council Caracas，Venezuela，2013.

［32］ Siebert H. Regional Economic Growth：Theory and Policy ［M］. Scranton，Pennsylvania：International Textbook，1969.

［33］ Yu X. Regional Cooperation and Energy Development in the Greater Mekong Sub-Region ［J］. Energy Policy，2003（31）：1221-1234.

［34］ 边继云，陈建伟. 基于京津冀产业发展的河北科技合作领域及布局研究 ［J］. 特区经济，2012（8）：69-71.

［35］ 藏华. 天津高新技术产业创新效率现状分析及政策支持 ［J］. 商品与质量：理论研究，2012（S2）：22.

［36］ 陈曦. 天津制造业发展特征分析及结构调整建议 ［J］. 求知，2014（1）：50-52.

［37］ 邓庭辉. 粤澳科技合作研究 ［D］. 华中科技大学硕士学位论文，2008.

［38］ 何一. 探析中小县市在京津冀科技合作中的有效模式研究 ［J］. 企业导报，2011（22）：101-102.

［39］ 赫希曼. 经济发展战略 ［M］. 北京：中国经济出版社，2001.

［40］ 黄友爱. 泛珠三角科技合作如何适应中国与东盟合作形势的要求 ［J］. 科技管理研究，2007（12）：54-56.

［41］ 李国平，李岱松，薛领等编著. 京津冀区域科技发展战略研究 ［M］. 北

京：中国经济出版社，2008.

［42］李国平. 京津冀区域发展报告 2012 ［M］. 北京：中国人民大学出版社，
2013.

［43］李国平. 京津冀区域发展报告 2016 ［M］. 北京：科学出版社，2016.

［44］李嘉图. 政治经济学及赋税原理 ［M］. 北京：商务印书馆，1962.

［45］李景元等. 对接高端城市与都市区公共事业协同发展 ［M］. 北京：中国
经济出版社，2014.

［46］李廉水. 东西部科技合作的内涵与模式研究 ［J］. 东南大学学报（哲学
社会科学版），2002，4（3）：53-60.

［47］李廉水，徐建国. 东西部科技合作理论、模式与途径 ［M］. 北京：科学
出版社，2004.

［48］李廉水，殷群，徐建国，田野. 东西部科技合作的观念分析 ［J］. 中国
软科学，2002（7）：81-84.

［49］李廉水，郁明华. 东西部科技合作的六大反思 ［J］. 科学学与科学技术
管理，2002（8）：40-42.

［50］李平，王蒲生，杨君游. 传统产业共性技术平台构建模式研究 ［J］. 自然
辩证法研究，2007（9）：55-59.

［51］李卫芳. 基于 SWOT 分析的北京市都市型现代农业发展战略研究 ［J］.
经济师，2012（1）：12-17.

［52］李英，侯建军. 河北省现代农业发展中存在的问题及对策 ［J］. 安徽农
业科学，2007，35（26）：236-239.

［53］刘钒，易晓波，李光. 基于区域创新能力的长江中游城市群科技合作研
究 ［J］. 湖北社会科学，2013（2）：47-51.

［54］刘薇，陈孟平. 都市型现代农业在北京——现状、问题与发展思路
［J］. 中国农学通报，2005，增刊：95-98.

［55］卢国华. 河北省农业科技成果公益性转化存在问题及对策 ［J］. 北方园
艺，2013（9）：23-26..

［56］马海龙. 京津冀区域治理：协调机制与模式 ［M］. 南京：东南大学出版
社，2014.

［57］马歇尔. 经济学原理（下卷）［M］. 北京：商务印书馆，1965.

［58］潘新颖等. 意义、内容、思想与重点：京津冀区域信息化合作战略
［C］. 2012 京津冀晋蒙区域协作论坛论文集，2012.

[59] 皮宗平.长三角两省一市科技合作的现状及对策建议［J］.特区经济，2009（4）：45-47.

[60] 秦玉萍.基于开放式创新的日本产学官合作模式研究［D］.华中科技大学硕士学位论文，2012.

[61] 孙久文.北京参与京津冀区域合作的主要途径探索［J］.河北工业大学学报（社会科学版），2013（1）：1-6.

[62] 孙树杰.加强京津冀科技合作的对策与建议［J］.经济论坛，2013（3）：21-22.

[63] 孙长青，张仁开.长三角区域环保科技合作与协同创新对策研究［J］.科技管理研究，2008（8）：106-108.

[64] 王爱玲.新时期北京都市型现代农业发展的战略思考［J］.中国农学通报，2011，27（2）：112-118.

[65] 王蓓，刘卫东，陆大道.中国大都市区科技资源配置效率研究——以京津冀、长三角和珠三角地区为例［J］.地理科学进展，2011，30（10）：1233-1239.

[66] 王建华，郭莉姣.国外地方区域科技合作的成功范例及主要经验［J］.科技管理研究，2009（5）：220-222.

[67] 王劲峰.区域科技合作机制与政策创新研究［D］.湖南师范大学硕士学位论文，2006.

[68] 王磊，于川江.长三角电器行业科技合作模式及其趋势分析［J］.科技管理研究，2007（6）：64-66.

[69] 王彤，黄鲁成.北京现代制造业发展的 SWOT 分析［J］.统计与决策，2005（16）：113-115.

[70] 王元，巨文忠等.京津科技合作战略研究［M］.北京：北京出版社，2007.

[71] 魏进平，李子彪，胡宝民.京津冀区域科技合作的现状及对策研究［J］.天津科技，2005（5）：67-69.

[72] 魏秀芬，郑世艳，邸娜.天津现代农业科技创新基地绩效潜力的支撑机制分析［J］.天津农业科学，2012（3）：87-89.

[73] 文魁，祝尔娟.京津冀蓝皮书：京津冀发展报告（2013）［M］.北京：社会科学文献出版社，2013.

［74］武义青，李伟红.京津冀科技协同创新研究［M］//载文魁.祝尔娟主编.京津冀发展报告（2015）.北京：社会科学文献出版社，2015：94-110.

［75］吴贵生，魏守华，徐建国.区域科技论［M］.北京：清华大学出版社，2007.

［76］吴宇，孔东梅.京津冀科技金融的合作机制研究［J］.经济导刊，2012（3）：16-17.

［77］薛飞，皮宗平，杨耀武.长三角科技创新合作与发展战略研究［M］.南京：东南大学出版社，2010.

［78］薛捷等.基于"官产学研"合作的产业共性技术创新平台研究［J］.工业技术经济，2006（12）：4-6.

［79］杨立春.长三角创新体系建设与科技合作［J］.特区经济，2007（4）：51-52.

［80］杨翼.京津冀协同发展水利专项规划初稿已成 目标明确［EB/OL］.人民网（环保频道），2014-09-11.

［81］叶堂林.新时期京津冀区域经济发展战略研究［J］.区域经济评论，2014（1）：138-141.

［82］叶堂林.北京市高新技术产业量化分析及发展对策［J］.中国经贸导刊，2012（20）：5-7.

［83］于海珍.构建京津冀科技合作政策体系［J］.合作经济与科技，2013（3）：46-47.

［84］藏华.天津高新技术产业创新效率现状分析及政策支持［J］.商品与质量，2012（S2）：22.

［85］曾辉.关于加快天津总部经济发展的思考［J］.求知，2013（3）：45-48.

［86］曾伶俐.闽台农业科技合作主体完全信息静态博弈研究——基于台湾农业企业的视角［D］.福建农林大学硕士学位论文，2013.

［87］张华，刘波.基于大规模调查的长三角科技合作现状分析与建议［J］.科技进步与对策，2010（12）：46-49.

［88］张士勇.京津冀将建立互联网办税平台：加强税收征管合作［N］.河北日报，2014-12-24.

［89］张桐，张霁星.京津冀交通一体化中的天津作为及发展对策［J］.天津经济，2014（8）：12-15.

［90］张小菁，张天教，廖翔."泛珠三角"区域科技合作模式与机制［J］.经

济地理，2007（4）：562-564.

　　[91] 赵国岭. 京津冀区域经济合作问题研究 [M]. 北京：中国经济出版社，2006.

　　[92] 朱胜跃. 京津冀区域综合交通规划研究 [J]. 综合运输，2011（11）：41-45.

后 记

2014年习近平"2·26"讲话后，京津冀协同发展开始纳入国家重大战略轨道，一时间掀起了对京津冀协同发展相关问题的研究热潮，笔者也有幸加入了研究行列，并承担了一定的研究任务，"区域科技合作推动京津冀协同发展研究"是课题研究任务中的一部分。课题开题、中期咨询和结题汇报得到了多位专家的指导，包括北京市科学技术委员会张星处长、北京市委研究室余钟夫副主任、北京科学学研究中心张士运主任、中关村国家自主创新示范区核心区发展研究中心宋洁尘主任、中国社科院龚益研究员、中国科学院赵作权研究员、北京师范大学吴殿廷教授、首都经贸大学安树伟教授等专家提出了很好的意见和建议，对本书的完成大有裨益。

本课题在收集资料和调研工作得到了多方帮助和协调，特别要感谢北京市科学技术委员会的张熙女士、刘俊女士和盛明月女士，北京科技协作咨询服务中心的郭敏女士，北京市科委创业中心的王颖昭女士和谢泽先生等，他们为本课题的顺利完成提供了大力支持。

本课题研究过程中，笔者的几个研究生协助做了大量的文献收集与分类梳理、数据收集与统计处理工作，并参与了部分课题报告初稿的写作。后续本书写作过程中，他们又参与了数据校对、统计计算、部分图表的制作等烦琐工作，对提高本书写作效率提供了很大的帮助。这里对他们表示感谢，他们是：于俊雅、王雨琦、冀海宁、陈蔓、张博伦、张雪峥、王少龙和梅赛德斯。

本书写作连带课题研究历时两年多，初稿一年前已经完成，但由于近两年来京津冀协同发展的力度很大，尤其在交通、产业转移、科技合作等领域推进很快，内部结构和外部环境都在发生急剧变化，尽管笔者也试图将最新的变量纳入其中（如雄安新区），但毕竟难以完全掌控，因而书中纰漏之处甚至存在与现实不符的论述在所难免，敬请读者批评指正。

文余源

2017年5月